백낙청이
대전환의
길을묻다

백낙청이
대전환의
길을묻다

큰적공을 위한 전문가 7인 인터뷰

정대영 이범 김연철 김영훈 안병옥 조은 박성민 백낙청 지음

창비

대한민국이 구조적 폐단과 통치의 위기에 빠져 허우적거린다. 지난 십수년간 대기업의 소득은 치솟은 반면에 대다수 국민의 가계소득은 한없이 적어지고 연애·결혼·출산을 포기한 '삼포세대'가 생겨났다. 차별과 생존권 박탈의 울분 끝에 스스로 지상으로부터 유폐되는 노동자들의 고공농성도 빈번했다. 천안함사건이 일어난 2010년에는 과학적 논쟁은 실종되고 이념적 강권만 횡행하더니 드디어 연평도 포격사태로 남북관계는 틀어질 대로 틀어졌다. 돌아보면 2011년 3월 일본의 후꾸시마 핵발전소 폭발사고야말로 우리에게 매우 중대한 성찰의 기회였다. 그러나 당시 대통령은 도대체 생각이 없는 사람이었다. 4대강사업에 대한 국민의 원성도, 미증유의 원전사고 위험 경고도 철저히 외면했다. 국민들의 정권심판 열망이 높아졌고 그 힘은 2010년 6월 지방선거, 2011년 10월 서울시장 보궐선거에서 야권에 승리를 안겨주었다. 한국사회와 한반도는 새로운 전환을 요구받고 있었다. 백낙청이 '2013년체제를 만들자'고 주장한 것이 그때였다.

그러나 2012년 4월 총선은 집권 여당의 승리로 끝났고 그해 12월의 대통령선거에서도 새누리당 박근혜 후보가 당선되었다. 박근혜정부는 연이은 인사참사와 공약파기로 초기부터 민심을 배반하더니 급기야 304명이 희생된 2014년 4·16 세월호 대참사에 직면해서도 무대책과 진실은폐, 책임회피를 일삼을 뿐이었다. 세월호사건 이후 시민들은 가슴을 치며 탄식하고 자성했지만 대한민국호를 이끌고 있는 정부와 여당의 정책기조는 전혀 변화하지 않았다. 오히려 일각의 비뚤어진 적대감을 부추기고 이용해서 자신의 흔들리는 정치적 입지를 다지기에만 급급했다. 경제민주화의 실종과 '증세 없는 복지'라는 허구로 민생은 피폐해지고 사회적 갈등은 증폭되었다. 이명박정부 때부터 잘못 들어선 남북관계 파탄의 길에서도 출구를 찾지 못하고 있다.

우리가 백낙청을 앞세워 대전환의 길을 묻기로 한 것은 이런 시대인식 때문이다. 세월호참사에서 분명히 드러났듯이 이 나라는 '상식을 초월하는 반칙과 사익추구 행위'가 대대적으로 저질러지는 사회다. 낯부끄러움 없이 거짓말을 해대고 공공연히 적반하장을 해도 무방할 만큼 수구·보수의 기득권이 완강한 사회다. 운동의 방향을 정확히 설정하고 내실있게 적공(積功)을 해나가지 않으면 결코 그 뿌리를 건드릴 수 없는 분단체제 아래 우리가 살고 있음을 줄기차게 주장해온 인사가 백낙청이다. 마침 그가 세월호사건 이후 오랜 침묵을 깨고 「큰 적공, 큰 전환을 위하여」라는 글을 발표했기에 우리는 그 후속작업을 권유하고 기획하기로 했다.

『백낙청이 대전환의 길을 묻다』는 그 결과물인데 우리는 특히 그간 그가 추구해온 두가지를 더욱 드러낸다는 목표를 설정했다.

하나는 현장성이다. 2011년 3월 백낙청이 '2013년체제'에 대해서 처음 말했을 때 그에게는 시민활동가 100명의 '동지'가 함께 있었다. '평화를 생각해봐, 시민운동이 달라 보일걸!'이라는 표제를 건 활동가 모임에서 백낙청에게 요청하여 만들어진 글이 「2013년체제를 준비하자」였던 것이다. 2015년 오늘 그가 만난 사람들 역시 해당 분야의 현장에 밀착된 현장활동가나 전문연구자라는 점에서 현장성은 일관되게 유지되고 있다고 믿는다.

다른 하나는 과학성이라고도 부를 수 있는 현실분석의 적확함이다. 개혁과 분단극복의 동시성 속에서 시대전환의 계기를 찾는 큰 과제는 공간적으로 한반도와 동아시아와 세계를 망라하고 시간적으로는 단기-중기-장기로 구획지어질 수 있다. 각각의 층위와 시간대에 걸맞은 의제를 설정하면서 그 실행작업들 간의 상승효과를 내는 것이야말로 변혁 및 개혁 운동에서 결정적인 문제인 것이다.

이 책은 백낙청과 각계 전문가 7인의 대담집이다. 앞서 말했듯이 본서 기획의 계기가 된 「큰 적공, 큰 전환을 위하여」를 권두에 서장격으로 수록했다. 그리고 백낙청이 7인 전문가와 나눈 연속 대화를 그 뒤에 실었다. 참여한 분들은 정대영(경제), 이범(교육), 김연철(남북관계), 김영훈(노동), 안병옥(환경), 조은(여성), 박성민(정치)이다. 모두 각자의 분야에서 수십년간 정열적으로 활동하며 공력을 쌓아온 중견 내지 중진 인사들이다.

처음에는 평범하게 일대일 대담을 하는 구상이었는데 백낙청이 스스로 인터뷰어 역할을 맡는 방식을 제안했다. 문단과 시민사회의 원로로서 언제나 인터뷰의 대상이던 그가 인터뷰이가 아니라 인터뷰어를 한다는 것은 신선한 발상이었다. 이에 호응하여 기획팀은 7인의 전문가가 지난 수년간 발표한 글과 자료를 모아서 인터뷰어에게 전달했고 동시에 글쓴이들 자신에게도 제공했다. 어떤 활동가는 수년 동안 여기저기 흩어져 있던 자신의 글들을 받아보고 새삼스러운 감정을 느끼기도 했다고 한다. 백낙청과 기획팀은 이들 자료를 함께 읽고 질문 내용을 정했으며 인터뷰 현장에서 때로는 백낙청이 임기응변하며 대화를 진행했다.

인터뷰는 2015년 1월 19일부터 3월 23일까지 두달 남짓한 기간에 걸쳐 진행되었다. 녹취록을 만들고 발언을 정리하는 데, 그리고 추가적인 질문과 답변이 오가는 데 또 그만큼의 시간이 들었다. 쉽지만은 않은 일이었지만, 대선배의 질문에 즐거운 긴장감을 느끼며 답한 인터뷰이들이나 자신이 제시한 화두에 대한 반응을 설레는 감정으로 들은 인터뷰어, 그리고 대화마다 배석하고 정리작업을 수행한 기획팀 등 모두에게는 보람있는 작업이었다. 이 대담집은 그렇게 해서 세상에 나오게 되었다.

백낙청은 그가 쓴 것처럼 세월호 "이전처럼 침묵하기 힘들어" 이 작업을 시작했다. 그것은 저마다의 어려움 속에서도 이 기획에 흔쾌하게 참여해주신 일곱분 대담자들 역시 마찬가지일 것이다. 그분들의 노고에 감사드린다. 아울러 귀한 자문의 말을 아끼지 않은 『창작과비평』 편집위원들께, '큰 적공과 큰 전환'의 길에 함께 나서주실 독자들께도 깊이 감사드린다.

2015년 5월
기획팀 정현곤 염종선 박대우

큰 적공,
큰 전환을
위하여

―2013년체제론 이후

백낙청 白樂晴

문학평론가, 『창작과비평』 편집인, 서울대 명예교수.
주요 저서 『2013년체제 만들기』 『문학이 무엇인지
다시 묻는 일』 『어디가 중도며 어째서 변혁인가』 『백
낙청 회화록』(전5권) 등.

1. 적공과 전환: 세월호 이후

'2013년체제 만들기' 기획이 실패로 끝난 이후, 나는 시국에 관한 발언을 되도록 자제해왔다.[1] 성찰할 것이 너무 많고 국민 앞에 나설 면목도 없었으며 '2013년체제' 대신에 무엇을 내놓을지도 막연했기 때문이다. 그러나 2014년 4월 16일의 세월호참사를 겪으면서 나도 가만있지 말아야 한다는 생각이 들었다. 거의 모든 국민이 '세월호 이전'처럼 살 수 없다는 공감에 찬 상황에서, 이전처럼 생각하고 발언하는 것도 문제지만 이전처럼 침묵하기도 힘들어진 것이다.

'2013년체제 만들기'를 대체할 구호를 내놓아야 한다는 강박관념 자체가 낡은 사고라는 생각도 들었다. 필요한 구호는 때가 되면 나올 터이고 그것을 반드시 내가 내놓아야 할 까닭도 없다. 우선은 세월호 사건이 촉발한 우리 사회와 나 자신에 대한 성찰을 수행하고 이를 바탕으로 '세월호 이후'로의 전환을 이룩하려는 노력을 기울이면 되지 싶다.

실제로 사건 이후 우리는 전처럼 살지 않겠다는 공감과 결의만으로 현실이 바뀌지 않는다는 사실을 뼈저리게 느끼고 있다. 말로는 다 바꾸겠다면서 종전처럼 누리고 사는 삶을 전혀 바꿀 뜻이 없는 이들이 사회의 온갖 요처에서 버티고 있는데다가, 그들을 비판하고 심판하자는 야권의 정치인과 지식인도 여전히 '세월호 이전처럼' 생각하고 행동하기 일쑤이다. 그러한 양쪽에 다 실망한 국민도 대책없이 분노하거나 쉽사리 체념하면서 더러는 세월호 이전의 '일상'으로 돌아가자는 주장에 솔깃해지기조차 한다.

이런 상황에서 우리는 2012년에 그러했듯이 한국사회에 아직도 시대가 요구하는 큰 전환을 이룩할 적공(積功)이 부족함을 뼈저리게 느낀다. 물론 나름의 공덕과 공력이 그나마 쌓였기에 대한민국이 이만큼이라도 민주화되고 자력(自力)을 갖춘 사회가 되었겠지만, 또 한차례 큰 전환을 이룩해야 할 판국을 맞아 더 크게 적공할 필요가 절실하다. 아니, 적공과 전환이 결코 둘이 아니다. 적공하는 만큼 전환이 이뤄지는 것이며 전환해가는 과정 자체가 적공이기도 한 것이다.

어쩌면 세월호사건의 최대 교훈은 제때에 전환을 이루지 못할 경우 나라가 어떤 혼란과 난경에 빠지는지를 극명하게 보여준 것일지 모른다. 세월호특별법 제정을 둘러싸고 오랫동안 지속된 교착상태

---

1 본고는 제96차 세교포럼(2014.9.19. 세교연구소)에서 발제한 내용을 대폭 수정·보완하여 『창작과비평』 2014년 겨울호에 발표한 것이다. 포럼에는 강원택 서울대 정치학과 교수와 박성민 MIN컨설팅 대표가 약정토론자로 나왔고, 세교연구소 회원 외에도 김연철, 아오야기 준이찌(靑柳純一), 이기정, 이태호, 정현백 등 여러 분이 참석해서 토론에 동참했다. 그날 참여하신 모든 분들께 감사드린다. '2013년체제' 기획을 집중적으로 제시한 나의 저서로는 『2013년체제 만들기』(창비 2012, 이하 『만들기』)가 있지만 그밖에도 여러 발언을 통해 주장했고, '희망2013·승리2012 원탁회의'(2011.7~2012.12)라는 시민사회 각계인사모임의 명칭에도 일부 반영되었다. 본서의 '서장'으로 수록하면서는 세부적 교정이나 윤문 이상의 손질을 하지 않았고, 혹 현시점에서 덧붙일 말이 있을 경우에는 〔 〕 속에 넣었다.

가 그 단적인 예다.〔천신만고 끝에 법제정을 해놓은 뒤에 그 미흡한 법률마저 무의미하게 만들려는 시행령(안)과 다시 맞서 싸워야 하는 작금의 현실은 그 점을 더욱 실감케 한다.〕철저한 진실규명은 성찰의 기본이고 새 출발의 전제인데, 이 첫걸음을 앞두고 정부와 여당은 염치없는 버티기를 일삼았고 야당은 '세월호 이후'의 변화를 읽지 못한 채 '전에 하던 방식대로' 밀고 당기는 수준을 크게 벗어나지 못함으로써 국민의 신뢰를 잃고 혼란을 가중시켰다. 그런 가운데 사회는 '대통합'과 더욱더 멀어지고 공론의 질은 전에 없이 저열해졌다. 식민지와 독재 시대를 거치며 권력에 굴종하고 피해자를 오히려 멸시하는 습성이 많은 사람들에게 내면화된 면을 부인할 수 없는데 요즘처럼 그 점이 실감되는 때도 드문 것 같다.

하지만 '국민이 문제다' '우리 모두의 책임이다'라고 쉽게 말하는 것 자체가 진실규명과 대책마련의 소임을 게을리하는 방식일 수 있다. 모두가 죄인인 면이 없지 않다 해도, 위정자로서의 잘잘못부터 밝힐 책임, 적어도 진실을 밝히려는 시민들의 노력을 방해는 하지 말아야 할 지도자와 정치권의 특별한 책임을 흘려버려서는 안된다. 막강한 권한을 가진 저들이 그들 나름으로 쌓은 공력과 술수를 다해 훼방을 놓는다면 국민이 아무리 잘난들 어쩌겠는가!

동시에 다음 순간, '정녕 잘난 국민이라면 애당초 이런 정치가 가능했겠는가'라는 질문이 떠오르는 것도 외면할 수 없다. 이는 '그러니까 다음 선거에서는 지도자를 잘 뽑아야지' 하는 다짐만으로 해결될 문제도 아니다. 정치의 중요성을 인식하는 일은 선거로 뽑은 정치인의 책임을 제대로 묻되, 책임추궁을 해낼 넓은 의미의 정치활동에 각자가 일상적으로 정진하는 훨씬 어려운 적공을 요한다.[2]

다음 선거를 도외시하지 않으면서도 지금 이곳에서의 적공을 어떻게 할지를 몇가지 주제를 중심으로 검토하려는 것이 본고의 목적이다. 그러나 구체적인 의제를 상세히 논하려는 것은 아니고, **과제들에 접근하는 자세**를 주로 생각하고자 한다. 『만들기』에서도 강조했듯이(82면) 민주·평화·복지 같은 중요 의제들이 어떻게 유기적으로 결합된 하나의 큰 과제인지를 인식하는 일이 중요하다. 동시에 공간으로는 한국뿐 아니라 한반도와 동아시아, 나아가 전세계를 생각하면서, 시간상으로는 단기·중기·장기 차원의 과제를 식별하고 적절히 배합할 필요가 있다. 이때 '식별' 못지않게 '배합'이 중요하다. 단·중·장기 과제를 분류해서 단기과제부터 하나씩 수행해가자는 게 아니라 그 완성의 시점이 각기 다름을 인식하면서도 어떤 식으로 동시에 추진해야 최대한의 상승효과를 거둘지를 찾아내는, 그야말로 적공을 요하는 일이기 때문이다.

아무튼 우리 사회의 혼란이 극에 달했으나 어디까지나 혼란이요 교착이지 '세월호 이전'으로의 복귀가 아니라는 점이 희망이다.[3] 교착과 혼란 자체를 환영할 일은 물론 아니지만, 체념을 거부하고 '일상'으로의 편안한 복귀를 거절하는 움직임이 곳곳에서 벌어지고 있

---

2 시인 진은영은 세월호참사 이후 선거에서 '도와주세요' '살려주세요'라는 집권당의 호소가 상당정도 주효한 데 대해, "모든 힘의 관계를 시혜의 관계로 표상하도록 하는 언설들이 난무하는 순간, 우리는 베푸는 지배자, 약자들이 가여워 눈물 흘리는 인정 많은 권력자를 받드는 것이 최선의 선택이라고 생각하게 된다. (⋯) 물론 자리의 역전은 가능하다. 가령 우리는 유권자로서 선거기간 동안 우세할 수 있다. 그러나 모처럼 주어진 우세함은 합리적인 선택의 자리가 아니라 베풂을 받았던 자의 반대 표상, 즉 베푸는 자리가 된다"라고 하면서, "거룩한 선거에 정치적 의미를 돌려줄 수 있는 유일한 길은 선거로만 수렴되지 않는 정치적 활동을 활성화하는 것뿐이다. 우리는 선량함 밖으로 나아가 다른 활동의 기쁨을 느낄 수 있는 가능성을 사유해야 한다"라고 역설한다(진은영 「우리의 염원은 정오의 그림자처럼 짧고, 우리의 수치심은 자정의 그림자처럼 길다」, 『문학동네』 2014년 가을호 420면, 423면).
3 그 점에서 나는 "비극은 또다른 비극의 시작일 뿐"(이대근 칼럼 「우리는 어디까지 무너질 수 있나」, 경향신문 2014.9.4)이라는 단언이 적공과 전환의 가능성을 미리 차단하는 속단일 수 있다고 본다.

다. "얼마나 쉬운지 모르겠다. / 희망이 없다고 말하는 것은. 어차피, 라고 말하는 것은. 세상은 원래 이렇게 생겨먹었으니 더는 기대도 하지 않겠다고 말하는 것은. 내가 이미 이 세계를 향한 신뢰를 잃었다고 말하는 것은."[4] 그런데도 이렇게 토로하는 소설가 황정은(黃貞殷) 자신을 포함해서 수많은 시민들이 적공과 전환의 작업에 이미 나서고 있는 것이다.

나도 그 대열에 동참하려는데, 내 경우 2013년체제론에 대한 자기성찰에서 출발하는 것이 도리일 것 같다.

2. 2013년체제론에 대한 성찰

2013년체제 만들기의 취지

2013년 2월은 새 대통령이 새 정부를 출범시키는 때였다. 이 시기를 앞두고 단순한 정부교대 또는 정권교체에 만족하지 않고 6월항쟁이 일어난 1987년에 맞먹는 대전환을 소망한 것은 많은 국민이 공감한 바였다. 야당 후보는 선거운동 기간에 '2013년체제'를 직접 거론했고, 여당 후보도 '단순한 정권교체를 넘어서는 시대교체'를 약속하면서 당선되었다. 물론 당선인 자신의 체질로 보나 그 지지세력의 성격으로나 '시대교체' 약속을 이행할 가능성은 애초부터 적었다.[5]

---

4 황정은 「가까스로 인간」, 『문학동네』 2014년 가을호 447면.

5 박근혜 후보의 당선 직후만 해도 새 정부에 대한 기대는 적지 않았다. 『창작과비평』 2013년 봄호 좌담 「2012년과 2013년」의 참석자들(김용구 백낙청 이상돈 이일영) 사이에도 기대하는 분위기가 역력했다. 나 자신은 박후보 반대에 나섰던 사람으로서 취임도 하기 전에 부정적 예단을 하는 게 도리가 아니라고 판단했기에 정권의 전망에 한두가지 토를 다는 데 그쳤지만(37~38면), 돌이켜보면 당시의 우려가 대부분 현실화된 느낌이다.

그러나 의도적 기만책이든 자기최면이든 국민의 여망이 있기에 나온 약속이었고, 지금 우리는 시대교체가 이루어지지 못하면 국민이 불행해질 수밖에 없음을 체험학습하는 중이다.

2013년체제론은 87년체제를 극복하려는 기획이지만 어디까지나 87년체제의 성과를 딛고 넘어서자는 것이었다.[6] 따라서 항쟁을 통해 한국사회가 확보한 선거공간을 활용하는 일이 당연했고, 6월항쟁 때처럼 길거리 싸움을 주요 수단으로 삼을 수는 없었다. '희망2013'이라는 구호에 선거를 의식한 '승리2012'라는 표어가 붙어 다닌 것도 그 때문인데, 동시에 '희망2013'을 향한 철저한 준비가 없으면 '승리2012' 자체를 기대하기 어렵다는 점을 강조했다. 나아가 4월 총선의 결정적 중요성에 주목하면서 나는 범야권의 총선승리가 대선승리의 전제조건임을 명시하기도 했다(『만들기』 제4장 제4절, 85~87면).

불행히도 그 진단은 적중했다. 총선에서 진 야권이 대선에서도 패한 것이다. 패인의 구체적인 분석은 전문가들에게 맡길 일이나, 한마디로 '희망2013'을 향한 적공이 부족했다고 할 수밖에 없다. 예컨대 2013년체제론에는 87년체제가 1961년 이래의 독재정권을 종식시킨 뒤에도 독재시대와 여전히 공유한 53년체제(정전협정체제이자 분단체제)라는 토대를 변화시켜야만 87년체제가 극복될 수 있다는 주장이 중요하게 포함되었지만(『만들기』 79~80면, 162~64면), '2013년체제'를 구호로 채용한 인사들조차 그 점을 간과하기 일쑤였다. 그런데 이 주장은 분단시대의 역사에 대한 공부와 더불어 한국사회의 현실진단에서 남한사회를 기본 분석단위로 삼는 습성을 탈피할 것을 요구하는 것이었기에, 나아가 분단체제조차 최종적인 분석단위는 아니고

6　87년체제에 관해서는 김종엽 엮음 『87년체제론: 민주화 이후 한국사회의 인식과 새 전망』(창비담론총서 2, 창비 2009) 참조.

세계체제 위주로 사고하는 학문적 전환을 요구했기에, 단기간에 널리 공유되기 힘들었던 것이 사실이다.

『만들기』와 그 후속작업의 문제점들

2013년체제론이 너무 발본적인 성찰을 요구해서 공유되기 힘들었다고만 말한다면 남 탓이나 하는 꼴이 될 터이다. 실제로는『만들기』뿐 아니라 이후의 자기교정 시도에서조차 논자 스스로 많은 문제점을 드러내면서 기획의 실패에 일조했음을 부인할 수 없다.

선거승리에 집착해서는 선거조차 이길 수 없다는 것이『만들기』가 거듭 강조한 점이었다. 하지만 돌이켜보면 나 자신도 그런 집착이 없지 않았다. 예컨대 2013년체제론의 핵심개념에 해당하는 '변혁적 중도주의'는『만들기』에서 거의 실종되다시피 했는데(81면에 딱 한번 언급됐음), 이는 선거의 해 2012년에 책을 내면서 일부러 선택한 방식이기도 했다. "'변혁'과 '중도'라는 얼핏 상충되는 개념들의 결합"[7] 이 한반도 특유의 현실에 대한 공부심을 촉발하는 화두일지언정 선거구호로서는 무용지물이었기 때문이다.

바로 이런 집착의 다른 면일 테지만, 시대적 전환에 저항하는 기득권세력의 힘을 과소평가하는 어리석음도 보였다. 단적인 예로, 많은 사람들처럼 나도 서울시장 보궐선거에서 박원순(朴元淳) 후보가 당선된 데에 지나치게 고무되어 한나라당(후에 새누리당)의 박근혜(朴槿惠) 비상대책위원회가 발휘할 위력을 제대로 알아차리지 못했던 것이다(『만들기』63~64면 참조). 정치의 문외한으로서 틀릴 수도 있지 않느냐고 위로해주는 분들도 없지 않다. 그러나 문외한이니까 입 다물고

---

7 졸저『어디가 중도며 어째서 변혁인가』(창비 2009), 제7장「변혁과 중도를 다시 생각할 때」178면.

'본전'을 챙길 권리는 있지만 공개적 발언이 틀렸을 때 책임이 따르는 점은 누구나 마찬가지이며, 더 중요한 것은 나를 포함한 많은 이들이 우리 사회의 막강한 수구·보수동맹에 대한 인식이 충분치 못했다는 점이다.

아무튼 '변혁적 중도주의'를 선거구호로 채택하지는 않더라도 되도록 많은 사람들이 그 화두를 들고 씨름하도록 하는 일은 중요했다. 변혁적 중도주의에 대해서는 뒤에 더 논하겠지만, 그것이 말하는 '변혁' 곧 한반도 분단체제의 극복과 이를 위한 '중도' 곧 폭넓은 개혁세력을 형성하는 일이 바로 '희망2013'의 요체였기 때문이다.

이는 또한 '승리2012'의 전제조건으로 떠오른 연합정치 문제를 올바로 풀어나가는 지침일 수도 있었다. 실제로 2012년 총선에서의 야권 선거연대는 이후 많은 비판의 대상이 되었다. 특히 선거 후 불거진 통합진보당 공천경선 시비와 분당 사태를 통해 '주사파와 손잡은 묻지 마 연대'로 도마에 올랐다. 그러나 총선 당시에는 통합진보당이 특정 정파 일변도의 당도 아니었거니와, 야권연대와 후보단일화는 2012년 총선에서도 2010년 지방선거 때처럼 다수 국민의 지상명령이나 다름없었다. 그렇다고는 해도 변혁적 중도주의 같은 연합정치의 철학이 확립되지 못했기 때문에, 그 철학을 공유할 수 있는 모든 정당·정파의 통합 또는 연합과 그에 미달하는 수준의 전술적 연대를 구별해줄 분명한 원칙이 없었고, 한결 당당하고 효율적인 연합정치를 실행하지 못했던 것이다.

어쨌든 나는 총선 패배를 겪은 뒤에야 변혁적 중도주의 논의를 재개했다. 「2013년체제와 변혁적 중도주의」(『창작과비평』 2012년 가을호)라는 글이 그것인데, 이는 총선에 지면 대선도 지리라는 자신의 예측을 어떻게든 뒤집어보려는 발버둥이기도 했다. 결과는 모두가 아는 대로지만, 글 자체의 문제점도 반추하지 않을 수 없다.

하나는 시의성 문제다. 2012년초의 시점에서 변혁적 중도주의 논의가 선거에 부적합하다는 판단에 일리가 있었다면 대선을 코앞에 두고는 더욱이나 너무 늦었다. 다른 하나는 마지막 절 '『〔안철수의〕 생각』에 대한 몇가지 생각 ─ 마무리를 대신하여'의 경우다. 물론 안철수씨가 아직 출마를 선언하지 않은 시점이고 더욱이나 출마 뒤 어떤 행보를 보일지 모르는 상황에서 확실한 전망이나 대안을 내놓는 일은 불가능했다. 그렇다고는 해도, "설령 『〔안철수의〕 생각』이 매우 훌륭한 '문서파일'이라 해도 어떤 성능의 '실행파일'이 딸렸는지는 문서만으로 판단할 수 없고 실행파일을 돌려봐야 알 수 있다"(33면)라는 지적은 '평론가적' 발언으로 무난할지언정 실천 차원에서는 미흡하기 짝이 없었다. 하기는 이미 그 시점에서 안철수(安哲秀)씨의 능력에 대해 엄혹한 평가를 내리면서 그의 출마 자체를 반대한 일각의 반응이 더 적절했는지는 의문이다. 이 또한 '평론가적' 발언으로서의 날카로움을 자랑할 수 있을지는 몰라도, 안철수의 출마를 통해 비로소 '박근혜 대세론'이 한풀 꺾이고 종국에 야당 단일후보가 48퍼센트 득표율이나마 올리는 길이 열린 점을 무시할 수 없기 때문이다.

3. 2014년의 대혼란에 이르기까지

'이것이 나라인가'

세월호참사를 겪으면서 여기저기서 들려온 것이 '이것이 나라인가'라는 물음이다. 세월호특별법 제정을 둘러싼 갈등에서 좁은 의미의 '나라', 곧 대통령과 정부가 보여준 행태에다가 세월호 이후에도 잇따라 터진 안전사고와 당국의 변함없는 무능·무책임으로 그 질문은 더욱 절실해졌다.

이를 계기로 국가가 도대체 무엇이며 국가주의의 폐단이 무엇인가 하는 근본적인 성찰을 수행하는 것도 필요한 적공의 일부다. 그러나 국가 또는 국가주의가 만악의 근원이라는 식의 단순논리로 치닫는다면 실다운 적공이 아닌 관념의 유희로 빠질 위험이 크다. 매사를 신자유주의 탓으로 돌리는 '신자유주의 타령'도 마찬가지다. 국가주의, 신자유주의 등이 구체적으로 어떤 작용을 하고 있으며 현시점에서 그러한 것들이 온전한 통일국가의 부재라든가 자유주의보다 더 낡은 '봉건적' 요소[8] 따위와 어떻게 결합해서 작용하고 있는가를 연마할 필요가 있다.

'대한민국이 곧 세월호'라는 등식도 안이한 단순화다. 물론 대한민국이 세월호를 얼마나 닮았는가에 대한 처절한 인식은 긴요하다. 예컨대 소설가 박민규(朴珉奎)가 우리의 처지를 '내릴 수 없는 배'를 탄 공동운명으로 규정하면서 세월호와의 닮은 꼴들을 지적한 것은 곱씹어볼 만하다. "일본이 삼십육년간 운항하던 배였고 우리가 자력으로 구입한 선박이 아니었다. (…) 승전국이었던 미국은 군정을 통해 배의 평형수를 조절했고 배의 관리를 맡은 것은 예전부터 조타실과 기관실에서 일해온 선원들이었다. 그들은 자발적으로 벨로스터 밸브의 한쪽을 아예 비웠다. 평형수를 비우면 비우는 만큼, 배에 실을 수 있는 화물의 양은 증가했다. 적재와 적재와 적재와 적재…… 우리는 그것을 기적이라 생각했다." 그리고 "기울어진 배에서 평생을 살아온 인간들에게//이 기울기는//안정적인 것이었다. 제대로 포

---

8 예컨대 박창기 『혁신하라 한국경제: 이권공화국 대한민국의 경제개혁 플랜』(창비 2012), 제12장 「재벌봉건체제론」 참조.

박되지 않은 컨테이너처럼 쌓아올린 기득권과 기득권과 기득권과 기득권의 각도 역시 이 기울기와 각을 같이한 것이었다. (…) 당연히 문제가 많았으나 근본적인 수리를 한 적은 한번도 없었다. 땜빵과 땜빵과 땜빵과 땜빵…… 그리고 어느 날//마치 이 배를 닮은 한척의 배가 침몰했다."[9]

작가의 이런 통찰에 공감할수록 우리는 두 선박의 닮음과 다름을 한층 정밀하게 분석할 필요가 있으며, 이 나라가 원래 어떤 나라이고 어떤 역사를 전개해왔는가, 그나마 좀 나아진 게 이건가, 아니면 이보다는 나았는데 어느 시기부터 더 나빠져서 이 지경이 되었는가 등을 따져야 한다. 그러한 인식을 위해 일단 87년 이후로 국한해서 종전의 대전환 시도로 어떤 것이 있었고 어떤 궤적을 보여주었는지를 검토해보자.

1987년 이후 전환의 시도들

박민규의 말대로 대한민국이라는 배가 "근본적인 수리를 한 적은 한번도 없었"기는 하지만, 그나마 큰 폭의 수리를 하고 전환을 이룩한 것은 1987년 6월항쟁을 통해서였다. 앞선 4·19혁명이 미완으로 끝나고 5·18항쟁이 유혈진압을 당한 데 비해 이때의 전환은 '87년체제'라 불릴 정도로 지속성을 갖고 정착했다.

어쩌면 대전환의 가장 확실한 증거는, 대통령직선제가 부활한 뒤의 첫 선거에서 제5공화국의 핵심인사였던 노태우(盧泰愚) 후보가 당선되었고 다음 대선에서는 3당합당을 통해 여권에 합류한 김영삼(金泳三) 후보가 선출되었음에도 87년체제가 출범하고 진행했다는 사실

---

9 박민규 「눈먼 자들의 국가」, 『문학동네』 2014년 가을호 438~39면.

일 것이다. 이들 대통령의 개인적 체질이나 그 지지세력의 성향 차이에도 불구하고 두 정권 모두 87년이 이룩한 대전환의 물결을 타고 시대가 요구하는 변화를 상당부분 수행했던 것이다. 이 엄연한 사실을 외면하고 김대중(金大中)과 노무현(盧武鉉)의 '민주정부'만이 민주화를 수행한 것처럼 말하는 것은 나쁜 의미의 '진영논리'다. 나아가, 노태우·김영삼으로 대표되는 '보수의 시대'와 이명박(李明博) 이래로 민주당정권 10년을 부정하는 선을 넘어 87년 이전으로 돌아가려고 안간힘 쓰는 '반동(＝역행)의 시대'를 식별할 기준을 스스로 내던져버리는 오류이기도 하다.

1998년 김대중정부 탄생에 이르러 87년의 민심이 요구했던 대전환에 한걸음 더 다가간 것은 사실이다. 물론 이 시기를 한국 신자유주의의 출범기로 보는 견해도 없지 않다. 당시로는 IMF(국제통화기금) 관리를 벗어나는 일이 급선무였고 그 과정에서 IMF가 요구하는 각종 조치들을 수용했기 때문이다. 하지만 이는 김대중정부가 수용한 IMF측 요구에는 관치금융의 개혁처럼 실제로 필요한 구자유주의적 개혁도 포함되었음을 간과하는 논리다. 실은 그렇게 하고도 한국사회의 '봉건적' 이권경제를 청산하는 데 미흡했기 때문에 신자유주의의 횡포가 오히려 가중된 면도 있다. 게다가 세계적으로 신자유주의의 주된 타격목표인 사회복지가 한국에서는 그나마 확대된 것이 이때였다. 물론 최소한의 복지는 신자유주의의 원활한 작동을 위해서도 필요한 것이지만, 김대중정부의 복지 확대는 신자유주의에 맞춘 '최소한'이라기보다 박정희(朴正熙)시대에 시작한 몇가지 초보적 조치 외에 워낙 아무것도 없다시피 한 상태에서 출발한 결과라고 보는 게 맞지 싶다.

'진보적' 사회과학자들의 논의에서 곧잘 간과되는 또 한가지는 김대중정부가 경제위기 극복을 남북관계의 새로운 돌파와 연결시켰다는 사실이다. 이는 이명박정부가 2008년의 경제위기에 대응한 방식과 너무도 대조적인데, 김대중정부는 동독멸망 이후 김영삼정부 아래서 부풀었던 흡수통일의 헛꿈을 접고 2000년 남북정상회담과 6·15공동선언을 통해 남북 화해와 협력의 길을 엶으로써 스스로 공안통치의 명분을 줄이고 신자유주의의 압력을 더는 방식을 택했던 것이다.[10] 이로써 87년체제의 성립과 더불어 흔들리던 분단체제는 다음 단계로의 전환을 내다볼 수 있는 지점까지 왔다.

하지만 87년체제를 넘어서는 대전환으로 나아가지 못한 것 또한 분명하다. 원래 분단체제는 남북관계뿐 아니라 남북 각기의 내부조건 그리고 한반도를 둘러싼 국제관계 등이 맞물린 복합적인 구조이기 때문에 그 모든 방면에서 진전이 (문자 그대로 동시적일 필요는 없지만) 종합적으로 이루어지 않고서는 극복 단계로 들어설 수 없다. 그런데 6·15 이후 미국의 부시행정부 등장으로 남북관계에 발목이 잡혔고 국내에서도 DJP연합의 붕괴 등 수구세력의 반발이 만만치 않았다. 하지만 남북관계는 우여곡절을 거치면서도 전진을 계속했고 이에 따라 수구·보수동맹의 응집력이 약화되는 면도 엿보였다. 그런 가운데 국내에서는 이른바 4대부문(기업·금융·노동·공공) 개혁이 추진되었는데 집권세력이 이들 개혁을 좀더 내실있게 마무리할 공력을 갖추었더라면 87년체제 극복에 한결 근접했을 것이다.

이렇듯 고르지 못한 개혁성과와 구시대 정치의 폐습에 물든 집권세력의 부패사건 등으로 민주화세력의 재집권은 거의 불가능해 보였다. 그러나 87년체제의 동력을 그런대로 보존하고 확대한 실적이

---

10 1997년과 2000년의 관계, 그리고 김대중과 이명박 정부의 경제위기 대응방식의 차이에 관해 『어디가 중도며 어째서 변혁인가』, 제13장 「2009년 분단현실의 한 성찰」 278~79면 참조.

있었고 시대전환에 대한 국민의 열망이 뜨거웠기에 '참여정부'의 탄생이 가능했다. (물론 노무현 후보의 담대한 개인기도 한 요인이었다.) 그리고 이른바 3김시대를 청산하고 반칙과 특권 없는 사회를 만든다는 새 정부의 의제들은 대부분 김대중정부에 비해 발본적인 성격이었다. 다만 적공이라는 면에서는 오히려 한참 부족함이 드러났고, 많은 업적에도 불구하고 2006년 지방선거 참패가 상징하듯 소기의 대전환에 실패하고 말았다.

87년체제의 말기국면은 이때 시작했던 것이다. 물론 선거참패의 뿌리는 대통령 자신에 의한 여당분열 등에서 이미 심어졌고, 2005년 남북관계의 획기적 진전과 9·19공동성명을 성사시킨 외교성과로 마련된 동력은 '대연정' 제의라는 엉뚱한 몸짓으로 크게 훼손되었다. 그 결과 2007년 대선에서는 97년 금융위기 이래로 빈곤을 벗어나본 일이 없는 서민층과 그동안 정권밖에는 잃은 것이 없었던 기득권세력 간에 일종의 '국민연대'가 형성되었고 이명박 후보가 압승했다. 이로써 87년체제의 말기적 혼란이 더욱 가중되었지만, "이명박정부가 비판받아야 할 점은 이런 혼란을 처음으로 일으켰다는 것이 아니라, 2008년을 '선진화 원년'으로 삼겠다는 이명박씨의 약속이 애당초 실현성도 없고 시대정신에도 어긋나는 발상이었던데다가, 실제로 87년체제의 말기국면을 더욱 연장하고 그 혼란상을 '재앙' 수준으로 확대했다는 점"(『만들기』 51면)이다.

국민은 그런 양면을 직감하고 있었기에, 한편으로 MB정부 이후의 진정한 전환을 갈망하면서도 다른 한편으로 적공 부족의 야권을 신임하기보다 공력이 더 있어 보이고 실제로 선거운동 능력이 탁월한 여당 박근혜 후보의 시대교체 약속을 선호하는 '안전한 선택'을 했다. 결국 이것이 또 한차례 "87년체제의 말기국면을 더욱 연장하고 그 혼란상을 '재앙' 수준으로 확대"하는 오판이었고 '눈먼 자들의 국가'를 지속시킨 '눈먼' 선택이었음이 시간이 흐를수록 명백해지는 것 같다.

결손국가: 간추린 역사

이제 87년 이전으로 눈을 돌려보자. 이는 대한민국이 원래 어떤 나라였으며 지금은 어떤 나라인가라는 질문을 되새기는 방법이기도 하다.

분단체제론에 따르면 대한민국은(조선민주주의인민공화국도 그렇지만) 분단되지 않은 나라들과 달리 분단체제라는 중간항의 매개를 거쳐서야 근대세계의 '국가간체제'(interstate system)에 참여하는 변칙적인 단위다. 여기에 결손국가라는 용어를 쓰면 대한민국을 부정하는 비(非)애국(내지 종북) 행위라고 분개하는 이들이 있지만, 그것은 1948년 대한민국 정부 출범 당시에 어느정도 보편화되어 있던 인식이다.[11] 아니, 지금도 대한민국은 헌법 제3조의 영토조항이 지켜지지 않는(따라서 국제적으로 공인된 국경선에 중대한 공백이 있는) 결손상태를 겪고 있다(『만들기』, 제7장 「한국의 민주주의와 한반도 분단체제」 144~45면).

결손국가와 **불량국가**는 별개의 개념이다. 결손가정이 반드시 불량가정은 아닌 것과 같은 이치다. 다만 내가 보건대 4·19혁명 이전의 대한민국은 **결손국가인 동시에 불량국가**였다. 단지 이승만(李承晚) 대통령이 독재를 해서가 아니라, 그 정권이 독재정권으로서도 무능하

---

11 1948년 정부수립('건국'이라 하지 않았음!) 기념행사를 주관한 '국민축하준비위원회'의 현상모집에서 1등 없는 2등으로 선정된 표어가 "오늘은 정부수립 내일은 남북통일"이었다. 홍석률 「대한민국 60년의 안과 밖, 그리고 정체성」, 『창작과비평』 2008년 봄호 53면(국사편찬위원회 간행 『자료 대한민국사』 7권, 1974, 811~39면을 근거로 제시했음).

고 지리멸렬한 정권이었으며 이 시기의 대한민국 자체가 국가세입의 큰 부분을 미국 원조에 의존하면서 국가운영도 미국 고문관들의 현장개입에 좌우되기 일쑤였기 때문이다.

그 점에서 박정희시대에 대한 나의 평가는 좀 다르다.[12] 5·16은 민주헌정을 파괴한 군사정변임이 분명하고 박정희는 1972년의 두번째 쿠데타를 통해 이승만보다 훨씬 엄혹한 독재로 치달았지만, 무능하고 부패한 자유당정권에 대한 4·19의 단죄를 5·16이 계승한 면도 없지 않았다. 실제로 4·19 이전에 박정희 소장 스스로 반이승만 쿠데타를 계획했던 것으로 알려져 있기도 하다. 어쨌든 그는 군대복귀 약속을 뒤집기는 했지만, 1963년에 헌정이 복원된 상태에서 직접선거를 거쳐 대통령이 되었으며 선거기간에 '색깔공세'를 편 것은 오히려 윤보선(尹潽善) 후보였다. 물론 제3공화국 아래서도 인권탄압과 용공조작 등 불량정치가 자행되었지만, 유신선포 이후와는 다른 수준이었고, 경제발전과 통치체계 정비 등으로 대한민국이 불량국가의 티를 어느정도 벗어난 것은 이 시기가 아니었나 생각된다. 박정희시대 및 박정희 나름의 이러한 업적을 오히려 흐려가면서 박정희와 이승만을 한 묶음으로 찬미하는 경향은 박정희시대의 이데올로기가 아니었고 이명박과 박근혜의 시대, 길게 잡아도 이른바 뉴라이트가 대두하던 시기의 특징적 현상이다.

대한민국의 획기적 개량은 물론 6월항쟁을 통해 이루어졌다. 그 결과로 87년체제라는 한결 나아진 사회가 출범했다. 그러나 이때도 결손국가의 결손상태에 대한 '근본적인 수리'는 행해지지 않았다.

12 이에 관해 졸고 「박정희시대를 어떻게 생각할까」, 『한반도식 통일, 현재진행형』, 창비 2006; 및 백낙청·안병직 대담 「한반도의 미래에 대한 국민통합적 인식은 가능한가」, 『時代精神』 2010년 봄호 298~301면의 이승만과 박정희에 대한 비교 참조.

이처럼 개량은 되었지만 여전히 위태로운 체제가 제때에 새로운 전환을 이룩하지 못하고 이명박과 박근혜 정권 아래 역주행을 거듭하면서 불량국가의 면모가 다시 두드러지게 된 것이 오늘의 현실이다. 세월호참사 이후 '도대체 이것이 나라냐'라는 물음이 퍼진 것은 국민이 이를 실감하고 있음을 말해준다. 이 물음에 대한 나의 답을 짧게 요약한다면 세마디가 될 것이다. 첫째, 원래 별로 나라답지 못하던 나라를 국민이 피 흘리고 땀 흘려 한결 살 만하게 만들어놨다. 둘째, 그것이 근년에 와서 도로 망가진 면이 많아졌다. 셋째, 그래도 아직 더 망가질 여지가 충분히 있는 나라다.

따라서 이제는 바닥을 쳤다고 안도할 일도 아니고 구제불능이라고 절망할 일도 아닌 것이다.

4. '3대위기' 재론

이명박정부 첫해를 거치면서 김대중 전 대통령은 '민주주의의 위기, 중산층과 서민경제의 위기, 남북관계의 위기'라는 3대 위기를 경고했다. 이를 두고 '보수정권'에 대한 '진보' 쪽의 파당적 비판이었다는 시각도 있겠지만, 이명박정부가 노태우·김영삼 정부 같은 '보수정부'라기보다 87년체제의 큰 흐름을 되돌리는 '반동의 시대'로 들어서고 있음을 간파했다고 보는 게 옳을 듯하다. 불행히도 그의 경고는 적중했다. 게다가 이른바 '4대강살리기사업'에 의한 전대미문의 국토파괴라는 제4의 위기도 겹쳤다. 박근혜정부에 들어와서 이들 위기가 얼마나 나아졌는지, 또는 도리어 가중되고 있는지를 냉정히 파악하는 일이야말로 시대가 요구하는 적공의 일부라 생각된다.

그러한 현실진단과 함께 우리의 대응책에서 단기·중기·장기 과제를 배합하는 일에 초점을 두고 살펴볼까 한다.

민주주의의 위기와 '진영논리'

한국 민주주의의 위기는 박근혜정부 2년차를 통과하면서 더욱 심화되었다는 것이 많은 사람의 진단이다. 공정한 법집행과 국민의 기본권 존중 등 민주주의의 초보적인 원칙마저 날로 훼손되고 있다. 박근혜 대통령과 이명박 대통령 중에 누가 더 잘못하고 있느냐를 따지려는 게 아니다. 박근혜정부는 이명박정부 5년을 통해 자유와 민주주의 훼손이 한껏 진행된 결과를 딛고 출발했기에 앞선 정부보다 한결 수월하게 반민주적 행태를 자행하게 되었다는 것이다.

여기서 그러한 행태를 하나하나 열거할 필요는 없으리라 본다. 그보다는 87년체제가 이룩한 불충분한 민주주의마저 이곳저곳에서 역전되는 현실인데도 어째서 '민주 대 반민주'의 구도가 한국정치에서 작동하지 못하는가를 살펴봄직하다. 이 구도가 힘을 잃은 지는 오래며, 오히려 야당에 '독약'이 되고 있다는 진단이 나온다. "민주당이 수십년째 신봉해오고 있는 '민주 대 반민주'라는 신념이자 구호는 민주당에 '독약'이 되고 있다. 설사 이런 이분법 구도에서 민주 쪽에 속한 사람일지라도, 민주당을 지지하면 '민주'요 반대편을 지지하면 '반민주'라는 도식은 시대착오적인 정도를 넘어 속된 말로 '찌질'하다고 생각한다."[13]

강준만(康俊晚) 교수 자신도 예의 대립구도를 전면 부정하는 것은 아니다. 다만 이 구도가 통하는 경우에조차 민주당〔새정치민주연합〕

---

13 강준만 『싸가지 없는 진보: 진보의 최후 집권 전략』, 인물과사상사 2014, 200면.

지지가 곧 '민주'라는 발상은 청산해야 한다는 것이며, 이 자기만족적 발상에서 온갖 '싸가지 없는' 행태가 나와서 선거에서의 잇따른 패배를 자초한다는 것이다. 이는 야당 집권전략의 치명적 약점을 찌른 말이다. 다만 예절과 '싸가지'의 문제로 접근해서 해결책이 나올지는 의문이다. 강교수도 지적하듯이 싸가지 없는 행태는 상당부분 잘못된 구도에서 파생하는데 그것이 어떻게 얼마나 잘못된 구도이며 어떤 대안이 가능한지를 더 정밀히 따져볼 필요가 있다.

'민주 대 반민주' 구도가 선거패배에 오히려 기여한다면 적어도 단기 전략으로 잘못 설정된 구도임이 분명하다. 그러나 이는 여당인사들이 곧잘 주장하듯이 우리가 민주화를 벌써 이루었으므로 이제는 오로지 '민생'을 챙길 일만 남았기 때문이 아니라, '민주 대 반민주'의 내용이 '독재타도 대 독재유지'에서 '민주화의 새로운 진전 대 민주주의 퇴보'로 바뀌었기 때문이다. 따라서 '민주'에 해당하는 세력도 과거의 반독재운동가들이나 반독재투쟁 전통의 계승자를 자처하는 야당과 동일시할 수 없고, '민주'의 방법 또한 훨씬 다양하고 유연하며 '싸가지'가 있어야 하게 되었다. '민주'의 그러한 재정의와 재편(및 확장)이 없이는 '정쟁 대 민생'이라는 기만적 프레임 앞에서 번번이 패퇴하기 마련이다.

'민주 대 반민주' 구도가 호응을 못 받는 또 하나의 이유는 국민이 일체의 '편가르기' 또는 '진영논리'에 식상해 있기 때문이다. 바로 그 까닭에 반민주적 행태를 규탄하는 정치인보다 아무런 적공도 전환의지도 없이 '사회대통합' '100% 국민통합' 따위를 호언하는 정치인이 득세하기 일쑤다. 2007년의 이명박 후보가 그랬고 2012년의 박근혜 후보가 그랬으며, 민주세력이 '반민주'의 문제를 달리 제기하는 방안을 찾아내지 못하는 한 앞으로도 그런 거짓 공약으로 당선되어 사회분열을 더욱 심화시키는 현상이 지속될 것이다. 이런 경우야 말로 단기·중기·장기 과제를 정확히 식별해서 슬기롭게 배합하는 일이 절실한 예다.

먼저, '100% 국민통합'은 허상일 뿐 아니라 위험한 발상이다. 아주 장기적인 비전으로는 (대한민국이나 한민족이 아닌) 인류사회의 조화로운 삶, 그런 의미로 100%는 아니지만 꽤 높은 수준의 통합을 꿈꿀 수 있다. 이는 여러가지 여건을 감안한 종합적이고 원대한 설계를 요하는바, 정치인도 자기 나름의 원대한 꿈을 갖고 한국사회의 일정한 사회통합을 제창할 수는 있다. 그러나 현존 87년체제, 특히 그 말기국면에서 그것을 당장 실행하는 길은 없다는 사실을 직시해야 한다. 한국사회의 통합은 새로운 대전환을 수반할 **중기적** 과제로 설정하는 것만이 정직하고 현실적이다. 『만들기』에서 사회통합을 우리 사회의 절실한 현안으로 제기하면서도 본격적 통합은 당장에 실현할 과제라기보다 '2013년체제의 숙제'로 남겨둘 수밖에 없다고 했던 것도 그런 뜻이다(73~75면). 하지만 그러다보면 사회통합에 반대하고 권력쟁취에 급급한 싸움꾼으로 몰리는 난관에 부닥친다. 말하자면 일종의 진영대결에서 이겨야 비로소 통합의 숙제를 풀 수 있는데, 그 싸움이 '진영논리'에 빠진 싸움이 아니며 추진자들이 "싸우기만 하고 선거에서 이길 생각만 하는 집단이 아니라 통합을 능히 이룩할 세력임을 미리 보여줄 수 있어야 하는 것이다."[14]

실제로 우리 사회의 '진영' 문제는 정말 제대로 따져볼 사안이다. 오늘날 진영논리가 비판받아야 하는 이유가 우리 사회에 진영이랄 것이 없기 때문이라 믿는다면 그것이야말로 엄청난 착각이다. 결손

---

14 졸고 「사회통합, 불가능한 일은 아니다」, 『창비주간논평』 2013.12.27(http://weekly.changbi. com/?p=1609&cat=5).

국가이자 분단체제의 일환인 한국사회는 '정상적'인 사회들이 보여주는 '보수 대 진보'의 대립구도가 성립되기 이전의 상태인 대신에, 분단체제의 수구적 기득권세력이 상당수의 진정한 보수주의자마저 포섭해서 막강한 성채를 구축하고 있는 특이한 현실이다. 그 정치적 집결체인 새누리당은 현직 대통령과 국회의원 과반수 등 선출직은 물론, 관료와 군부, 검찰과 사법부 등의 비선출 권력기구와 경제계, 언론계, 종교계, 법조계, 학계 등 사회의 유리한 고지를 대부분 선점하고 있다. 여기서 간과하지 말아야 할 점은 이들이 단순한 국내세력만이 아니라는 사실이다. 세계자본과 직접 연계된 대기업들은 더 말할 나위 없고, 심지어 학계처럼 객관적인 진리탐구를 표방하는 영역에서도 미국의 주류 학계와 그들이 전파하는 각종 이데올로기의 영향력이 압도적이다. 이는 연구비나 출세기회에 매달려 학자의 양심을 파는 (결코 드물지 않은) 행태와도 또다른 문제로서, 이런 현실에 대한 분석과 대응 또한 시대가 요구하는 적공·전환의 일부다.

여기서 '극우세력' 문제를 잠시 들여다볼 필요가 있다. 수구·보수 동맹이, 수구세력이 진성 보수주의자들마저 포섭한 거대 카르텔이라고 할 때, '수구'는 이념상의 '극우'와 구별되어야 한다. 수구세력 대다수는 이념을 초월하여 자신의 기득권을 지키는 데 골몰한 인사들이지, 극우 이념의 신봉자는 소수라 봐야 하기 때문이다. 다만 분단이 고착화되는 과정에서는 극심한 이념대립이 극우분자에 대한 기득권층의 의존도를 높였고, 87년체제의 말기국면에 이르러 색깔공세말고는 기득권 수호의 명분이 희박해졌다. 극우가 '장사가 되는' 세월이 다시 찾아온 것이다. 이에 이념적 극우 이외에 생계형 또는 출세지향형 극우마저 창궐하게 되었다.[15]

그렇다면 이에 맞설 진영을 어디서 찾을까? 무엇보다 긴요한 것은 이 수구·극우·보수 동맹의 거대진영에 맞서 1대1의 '진영대립'을 구성할 만한 다른 진영이 없다는 점을 인식하는 일이다. 저 막강한 성채에 균열이라도 일으키라고 국민이 차려준 진지 몇개가 여기저기 있는 정도다. 그런 지형에서 진지조차 없는 대중이 광장이나 SNS(소셜네트워크써비스)에 모여 이따금씩 함성을 지르고 때로는 개인이나 사회단체를 통해 목소리를 내고 있다. 그런데도 야당이 마치 자기네도 하나의 진영을 갖춘 듯이 편가르기로 나서서는 국민의 빈축을 사기 십상이며, '진영논리를 벗어나 국민통합을 이룩하자'는 기득권진영의 그럴듯한 구호 앞에 깨지기 마련이다. 더 나쁘게 보면, 그나마 진지를 보유한 처지에 안주하여 싸움을 피하거나 건성으로 싸우는 국민배신 행위가 된다. '민주당도 기득권화되었다'는 말이 파다한 것도 그 때문인데, 새정치민주연합의 입장에서 이런 비판을 상쇄해줄 최대의 무기로 '민주 대 반민주' 구도가 동원되는 것이다. 그러나 야당의 '기득권화'를 두고 그들이 곧 성채 안으로 들어가 수구세력과 공동지배를 하고 있다고 보는 것 또한 착각이다. 어디까지나 성채 언저리의 부차적 기득권집단이요, 그런 집단으로서의 알량한 기득권을 대단한 것인 양 생각하는 딱한 인사들이 너무 흔할 따름이다.

제1야당 말고도 싸움을 제대로 못해서 — 더러는 싸우지 말아야 할 때와 장소를 골라 싸움을 겲으로써 — 수구세력을 오히려 돕는 사례가 많다. 대기업이나 공기업 노조들이 영세 자영업자와 비정규직의 삶에 무관심한 채 자기네 기득권 지키기 싸움(및 담합)에 열중한다든가, 과격한 단순논리로 무장한 일부 '진보정당' 또는 '진보논객'들이 국민으로부터 외면당하면서 수구보수진영의 지배를 오히려 거

---

15 물론 생계형, 출세지향형은 극좌에도 있다. 지금이 그들의 세상이 아닐 따름이다.

들어주는 경우가 그런 예일 것이다.[16] 다만 이 경우에도 거대한 진영을 갖춘 정통 수구세력과 이들을 동일시할 일은 아니다. 그들이 어떻게 결과적으로 수구적인 작용을 하는지에 대한 정교한 분석과 적절한 대응이 요구되는데, 이때 수구·보수동맹 외에는 따로 진영이랄 것도 없게 된 분단한국 특유의 현실에 대한 과학적 인식이 요구된다.

　과격하고 편협한 진보가 도리어 보수의 헤게모니 연장에 일조하는 사태는 물론 어느 나라에나 있다. 그러나 한반도에서는 공산주의와 반공주의를 각기 표방하는 남북의 지배세력이 대결하는 가운데 내부 지배력을 서로 강화해주는 묘한 공생관계가 작용하는데다 남쪽에서는 진보주의가 북한에 대한 태도를 중심으로 분열하면서 제각각의 단순논리로 치닫는 현상이 발생했다. 곧, 한편으로 북측 정권도 분단체제의 일익이라는 인식이 결여된 채 그들이 표방하는 자주통일노선을 진보의 최고 척도로 보는 '민족해방'의 논리가 있는가 하면, 북측의 현실이 같은 분단체제 속에 사는 우리에게 남의 일이 아니라는 인식 없이 그 반민주·반민중적 면모를 강조하고 분단 안된 선진국들의 '좌파적' 의제에 몰두하는 또다른 단순논리가 성행한다. 그리하여 둘다 '의도와 달리' 분단체제의 기득권세력을 굳혀주는 '수구적' 효력을 발휘한다. 그러나 이런 통찰이 거대야당과 군소야당, 진보운동 들의 다양한 자살골을 느긋하게 즐기며 그때그때 유도하기도 하는 진짜 수구진영의 존재에 대한 인식을 흐려놓아서는 안될 것이다. 남한 현실의 파악에서 세계적인 시각과 더불어 한반도적 시각이 중요한 까닭이기도 하다.

---

16 "진보, 의도와는 달리 수구반동, 이 사실 모르는 게 비극", 김대호 사회디자인연구소장 인터뷰, 오마이뉴스 2014.10.6(http://www.ohmynews.com/NWS_Web/View/at_pg.aspx?CNTN_CD=A0002039894) 참조.

이 싸움에서 단기적 과제와 중기적 과제를 혼동하지 말아야 할 예로 최근 부쩍 눈길을 끄는 개헌문제를 들 수 있다. 87년 헌법을 시대의 요구에 맞게 개정하는 일이 87년체제 극복의 중요한 일부임은 더 말할 나위 없다. 그러나 이는 최소한 2016년 총선을 통해 '87년체제 이후'로의 전환에 대한 국민적 의지가 확인되었을 때나 실현 가능한 과제로, 지금 상황에서 '제왕적 대통령'을 견제한다는 명분으로 87년체제 최대의 기득권집단 가운데 하나인 국회의원들끼리 추진하는 개헌이라면 기득권자들의 담합 이상이 되기 어렵다. 현행 헌법 아래서도 가능하고, 헌법개정을 할 때 반드시 수반되어야 할 선거제도 개혁은 외면한 채 이원집정제 또는 내각제 개헌을 하자는 발상이 바로 그렇다. 그것보다는 승자독식제 완화와 대통령의 임의적 인사권 행사 견제, 국회 개혁, 지방분권 강화 등에서 당장에도 가능한 성과를 내도록 최선을 다해야 하고, 그러면서 한층 민주적인 권력구조를 향한 여러 방안을 공론화하여 2016년 총선 이후에 제대로 된 헌법개정을 한다는 중기적 목표를 세우는 것이 정도(正道)일 것이다.[17] 반면에 중기적 과제로서의 개헌을 지금 논의하는 것조차 대통령이 방해하는 것 또한 '제왕적'(또는 '제왕 지망적') 작태를 다시 한번 보여주는 것밖에 안된다.

요약하자면 '더 좋은 대의정치'를 통해 민주주의를 증진하고 사회통합을 추구하는 작업이 중기적 목표가 되고, 그동안 진행된 민주주의의 역전을 저지하며 새로운 반전을 만들어낼 기회를 잡는 일이 단기적 목표가 되는 셈이다. 효율적인 싸움을 위해 단기·중기 목표의 식별과 적절한 배합이 필요함을 강조했는데, 덧붙일 점은 **장기적** 목

---

17 이런 주장의 한 예로 김남국 「개헌은 언제 무엇을 위해 필요한가?」(한겨레 2014.11.3) 참조.

표를 올바로 설정하고 이를 중·단기 과제와 결합하는 일도 못지않게 중요하다는 것이다. 예컨대 이상적인 대의민주주의가 최종적인 목표인지 아니면 그보다 더 발본적인 '민(民)의 자치', 곧 전지구적 차원의 전면적 주민자치를 지향할지를 숙고할 일이다.

이것이 절박한 싸움터에 공연히 원대한 이야기를 끌어들이는 한가한 짓거리로 비칠지 모른다. 그러나 무엇을 최고의 지향점으로 잡느냐에 따라 단기적으로 벌어지는 여러 노력에 대한 평가도 달라진다. 예컨대 지방자치의 실질화를 위한 각종 풀뿌리 운동은 '민의 자치'가 이상적 대의민주주의의 보완재(補完財)라기보다 인류가 공유할 꿈이라고 할 때 더욱 힘을 얻게 마련이다. 밀양송전탑 반대운동이나 제주도 강정마을의 주민운동도 국가권력에 대한 일부 주민의 과도한 반발과는 전혀 다른 의미를 띠게 된다. 다만 '이상적인 대의정치'보다 '민의 자치'가 왜 더 바람직한지, 바람직하더라도 어떻게 가능할지, 그 가능성을 열어주는 세계체제 차원의 어떤 변화가 진행 중인지 등에 대한 독실한 연마가 뒷받침해야만 한다. 그럴 때 '주민참여의 상대적 확대'와 '더 나은 대의정치 구현'이라는 중기적 목표와의 한층 착실한 결합도 가능해질 것이다.[18]

민생의 위기와 '민생 프레임'

박근혜 후보가 애시당초 정치적 민주주의에 대해 별 관심이 없었던 데 비해 민생위기 해결과 '경제민주화'는 그의 핵심 선거공약이었다. 그만큼 김대중 전 대통령이 경고한 '중산층과 서민경제의 위

---

18 굳이 부연한다면 '단기' '중기' '장기'는 상대적인 개념들이다. 예컨대 당장에 이룰 수도 있는 과제를 '단기'라 부르고 인류 차원의 궁극적 목표를 '장기'라 부르면 그 중간의 모든 것이 '중기'에 해당하지만, 우리가 당장은 아니고 수년의 적공을 통해 이룩할 만한 것들을 '중기'로 한정한다면 그 이상의 과제는 여러 다른 차원의 '장기' 과제가 된다.

기'가 이명박시대에 심각해졌다는 증거일 것이다. 그런데 취임 이후 그의 잇따른 공약파기 탓도 있지만, 어쨌든 서민경제가 나아진 조짐은 없고 이명박 식 '대기업 프렌들리' 정책으로의 전환에도 불구하고 이제는 수출전망을 포함한 한국경제의 전체적 위기를 염려하는 목소리마저 들리게 되었다. 이 경우에도 딱히 박근혜 개인이 이명박보다 더 반민생적이어서라기보다 전환이 이루어질 시기에 그것을 이루지 못하면 현상유지가 아닌 사태악화가 도래한다는 교훈에 해당할 것이다.

경제와 복지정책의 문외한인 나로서 그 문제들을 자세히 거론할 생각은 없다. 그보다는 본고의 논지대로 민생의 위기가 다른 위기들과 유기적으로 연관됨을 인식하며 장·중·단기 목표를 배합하고 한반도와 동아시아지역 및 지구 전체를 동시에 생각하는 자세의 중요성을 강조하는 데 치중하고자 한다.

박근혜정부의 경제민주화 포기가 민주주의 전반에 대한 경시와 역행에 밀접히 연관됨은 새삼 설명할 필요가 없다. 민의와 민주적 절차를 존중하는 정부라면 이처럼 공공연하고 일방적으로 경제정책을 바꾸면서 '믿거나 말거나' 식의 둘러대기로 넘어가지 못했을 것이다.[19] 민생의 악화는 남북관계의 위기와도 직결된바, 남북경협과 유라시아대륙으로의 진출이라는 한국경제 고유의 가능성이 대북강경노선(내지 관리능력 부재)에 여전히 막혀 있고 천안함사건 이후 5·24조치의 자해(自害) 효과가 지속되고 있다.

---

19 87년체제가 '정치적 민주주의'를 이루었지만 '경제사회적 민주주의' 달성에 실패했다는 일부 진보파 논객의 주장은 그러한 유기적 연관성을 놓치고 '정쟁보다 민생'이라는 프레임을 도리어 강화하는 면이 있다. 87년체제는 정치적 기본권 신장에 크게 기여함으로써 — 87년 7, 8월 노동자대투쟁과 일련의 이후 상황전개에서 보듯이 — 경제의 민주화와 지속적 발전에도 획기적인 전환점을 마련했다.

동시에 한국경제의 현황은 한반도 차원뿐 아니라 동아시아지역, 나아가 세계경제 차원과 직결되어 있다. 세계경제의 파급효과는 정부 당국에서도 서민경제 위기의 책임을 전가하거나 대기업 위주의 정책을 변호하는 논리로 곧잘 들먹여지곤 한다. 물론 전혀 근거없는 이야기는 아니다. 그 점마저 무시한 채 매사를 정부 책임으로 돌린다든가 경제는 제쳐두고 민주주의만 외쳐대서는 '민생을 외면한 정쟁'이라는 역공에 걸려들게 마련이다. 따라서 단기적으로 서민생활의 어려움이 어디까지가 세계적 불황 탓이고 어디까지가 예컨대 중국의 성장둔화(또는 기술경쟁력 강화) 탓이며 어디서부터는 그런 세계적·지역적 여건 속에서도 정부와 기업 및 여타 경제주체들이 능히 타개할 수 있는 것조차 못하는 탓인지를 정밀하게 분석해야 한다. 나아가 타개를 위한 중기적 전략을 세우면서 장기적으로는 어떤 경제생활, 어떤 지구적 경제를 지향할지를 아울러 연마할 필요가 있다. 이와 관련해서 나는 한국인의 입장에서 경제성장 자체를 부정하기보다 "현존 세계체제에 대한 적응과 극복의 '이중과제' 수행이 요구하는 만큼의 적당한 성장, 그런 의미에서 공격적이라기보다 방어적인 성장으로 패러다임을 바꾸어나가야"[20] 한다고 주장한 바 있는데, 전문성을 갖춘 분들에 의한 진지한 토론이 있기 바란다. 다만 성장을 위해 전력투구를 해도 모자랄 판에 처음부터 '적당한 성장'을 겨냥해서 무엇이 되겠느냐는 반론이라면, 정신없이 전력투구만 해대는 것이 장기적으로 허망한 전략일 뿐 아니라 중·단기적으로 현명한 선택을 하는 데도 불리함을 상기시키고자 한다.

물질적 불평등 문제와 관련해서도 발본적이면서 복합적인 시각이

---

20 『만들기』 77면. '이중과제'에 관해서는 이남주 엮음 『이중과제론: 근대적응과 근대극복의 이중과제』(창비담론총서 1, 창비 2009) 참조.

요구된다. 한국에서 빈부의 양극화는 단기적으로 높은 자살률과 실업률 등 심각한 민생문제를 낳을 뿐 아니라 내수경제의 둔화 등 경제성장에도 역효과를 내고 각종 사회비용을 키우는 실정이다. 그런데 이것이 한국뿐 아니라 일본이나 중국같이 비교적 성공적인 경제를 이룩한 지역국가들과 여전히 세계경제의 중심인 미국에서도 벌어지는 현상이라면, 중기적으로 한국이 국내정책뿐 아니라 국제무대에서 신자유주의의 대세에 순응하는 길을 택할지 말지를 심각하게 고민하지 않을 수 없다. 나아가 자본주의 세계체제가 도대체 양극화를 막을 수 있는 체제인지, 적어도 일정정도 이상의 빈부격차가 있어야 작동하는 그 체제가 자신의 붕괴를 피할 만한 수준에 빈부격차를 묶어둘 능력을 보유하고 있는지,[21] 만약에 아니라면 우리는 어떤 대안사회를 지향하고 설계할지 등의 장기적 과제에 마주치게 된다.

길게 봐서 균등사회가 이상(理想)이라고 말하는 것은 쉽다. 그러나 완전한 평등이 실현되는 사회가 과연 가능한가, 가능하더라도 만족스러운 문명사회가 될 것인가 등은 쉽게 답할 질문이 아니다. 나는 물질적 평등이야말로 온전한 민주주의와 인간 개개인의 자기발전에 필수적이지만 동시에 "민중이 스스로 다스리는 대안적 질서 내지 '체계'에 대한 경륜"[22]이 마련되지 않고는 평등을 위한 싸움이 성공하기 어려움을 역설한 바 있는데, 여기서는 이러한 장기 전망과 경륜을 갖는 것이 중·단기적 과제의 수행에도 도움이 됨을 강조하고자 한다. 원대한 장기적 과제로 가는 길의 멀고 복잡함을 인식할수록

---

21 이에 대한 찬반논의를 두루 담은 저서로 Immanuel Wallerstein 등 공저 *Does Capitalism Have a Future?* (Oxford University Press 2013), 한국어판 『자본주의는 미래가 있는가』, 창비 2014 및 부정적인 전망을 각도를 달리해 제시한 Wolfgang Streeck, "How Will Capitalism End?", *New Left Review* 87 (2014년 5-6월호) 참조.

22 졸고 「D. H. 로런스의 민주주의론」, 『창작과비평』 2011년 겨울호 408면.

중·단기 싸움에서 더 유연하고 슬기로워질 수 있다. 섣불리 '무조건 평등'을 외쳐대거나 일국 차원의 평등사회 실현을 내걸 때 당장에 먹고사는 일이 급한 대중의 외면을 받고 기득권진영의 '민생 프레임'을 오히려 강화해주기 때문이다.

남북관계와 자주, 평화, 통일

이명박정부가 조성한 위기를 박근혜정부가 개선할 수 있을지 조금 더 지켜볼 만한 대목이 남북관계다. 아직까지는 레토릭의 풍성함에 비해 이룬 것은 별로 없다. 그러나 김대중정부와 노무현정부가 상대적으로 잘하던 분야에서 거의 급전직하의 퇴행을 보이고 드디어 5·24조치라는 초헌법적 조치로 노태우정부 이래 20여년의 흐름을 뒤집은 채 나머지 임기 2년반을 허송세월한 것이 이명박 대통령이다. 따라서 후임자가 전쟁을 시작하지 않는 한 더 악화시킬 여지도 많지 않고 더이상의 악화는 주변 강대국들도 심려하는 바가 되었다. 약간의 개선은 그리 어려운 일도 아닌 형국이다.

그런데도 아직껏 진전이 없는 것을 정부나 여당은 북측의 책임으로 돌리고 있고, 또 남북관계가 악화될수록 북측 책임론이 여론에 쉽게 먹히는 것이 현실이기도 하다. 남한에서 반민주적 정치가 위세를 떨치면서 유독 남북관계만 획기적 진전을 이룰 수 없다는 것은 분단체제론의 오랜 주장이다.[23] 따라서 박근혜정부가 남북관계를 획기적으로 진전시키거나 제대로 복원이라도 해주리라는 기대는 접는 것이 낫다. 다만 북한 때리기로 여론지지도를 높이는 방식도 다분히 심

---

23 그런데도 이명박정부 초기에 나 자신 대북경협만은 '실용주의자답게' 잘해줄지 모른다는 기대를 일시 품었던 데 대해 자기비판을 한 적이 있다(「2009년 분단현실의 한 성찰」, 『어디가 중도며 어째서 변혁인가』 267~68면).

드렁해졌고 무엇보다 남북경협이 없이는 한국 자본주의의 미래가 암담하다는 인식이 기득권세력 내부에도 퍼진 만큼 다소간의 개선은 여전히 가능할지 모른다.

이때 국내 민주주의와 별도로 — 민주주의와 결코 무관하진 않지만 — 또하나의 문제가 있다. 남북문제를 국가간의 관계로 다루건 통일을 전제한 특수관계로 접근하건 문제를 자주적으로 풀겠다는 의지와 능력이 필요한데, 이 대목에서 박근혜정부는 이명박정부보다 더욱 한심한 선택을 한 것이다. 노무현정부가 미국과 2012년으로 합의했던 전시작전권 환수를 이명박정부가 한차례 연기했는데 박근혜정부는 이를 거의 무기한으로 연기하는 새 결정을 내렸다. 이를 두고 공약파기라는 비난이 이는 건 당연하지만, 공약파기 차원에 국한할 문제가 결코 아니다. 좋건 싫건 국가가 있는 한은 주권이 있어야 하고 국가의 주권에는 유사시 자기 군대의 움직임을 통제할 수 있는 권한이 핵심적인데, 그러한 군사주권이 회복되기로 예정되었던 것을 국회 및 국민의 동의도 없이 일방적으로 번복한 것은 6·25전쟁의 와중에 이승만 대통령이 작전통제권을 통째로 미국에 넘겨준 것보다도 더욱 심각한 주권양도행위라 하지 않을 수 없다.[24] 이제 한국은 남북간 협상테이블이나 6자회담에 나가서도 온전한 당국자로 행위하기 어렵게 되었고, 더 큰 문제는 온전한 행위자가 될 의지조차 없는 군부에 대해 문민정치가 별다른 통제권을 발휘하지 못하는 현실이다.

우리 사회에서 자주성 문제가 이렇게 심각한데도 그에 대한 진지

---

24 이 점에서도 박근혜정부는 박정희시대보다 차라리 이승만시대를 닮아가는 면모를 보여준다. 박정희 대통령은 비록 이승만이 양도한 군사주권을 되찾아오지는 못했으나 그럴 의지가 강했고 수시로 공언하기도 했다. 이런 대조에 대해 김종구 칼럼 「부끄러움을 모르는 '박정희 키즈' 군 수뇌부」(한겨레 2014.11.4)가 통렬하다.

한 논의가 태부족인 실정 또한 분단체제와 무관하지 않다. 알려졌다시피 '자주'는 북측 체제의 최대 자랑거리이고 '우리민족끼리 자주통일'을 당장의 실행목표로 내거는 일부 통일운동세력의 주된 관심사이기도 하다. 그러나 한반도 분단이 외세에 의해 강요되었기에 분단체제가 본질상 비자주적인 체제인 이상, 한쪽은 민족해방을 기다리는 식민지인데 다른 쪽은 자주의 표상이라 보는 것은 분단체제의 복잡성을 간과한 논리다. 조선민주주의인민공화국의 경우 군통수권을 자국 지도자가 보유함은 물론 외국군의 주둔도 없고 외교·군사정책에 대한 타국의 간섭이 잘 안 먹힌다는 점에서 '자주노선'을 자랑할 만은 하다. 그러나 자주성의 개념을 넓게 잡아서, "개인이건 집단이건 진실로 자신에게 필요하고 자신이 소망하는 바를 남들의 간섭 없이 성취할 수 있는 상태가 자주라고 한다면, 조선민주주의인민공화국과 그 주민들이야말로 오늘날 (누구의 잘못 때문이든) 매우 심각한 자주성의 제약을 겪고 있다고 보아야 한다."[25] 또한 '자주통일'은 7·4공동성명과 6·15공동선언 제1항에 거듭 천명된 원칙이지만 이는 어디까지나 외세에 의존한 통일을 하지 말자는 **원칙적 선언**이요 구체적인 통일방안 합의를 담은 것은 6·15선언 제2항이다. 그럼에도 선언적 조항을 구체적 방안인 듯 내두르는 것은 점진적·단계적인 '한반도식 통일'을 추진할 의지나 경륜의 부족이 아닐 수 없다. 그러다보니 자주성 자체를 '친북적' 의제로 보는 정서마저 낳게 되었다. 하지만 남북관계 발전과 평화 및 통일을 논할 때 빼놓지 못할 주제로 되살려야 할 의제가 자주성이다.

실은 통일문제 자체가 근년의 선거에서 특별한 쟁점이 되지 못했

---

25 졸고 「분단체제의 인식을 위하여」, 『분단체제 변혁의 공부길』, 창작과비평사 1994, 19면.

다. 이는 평화통일을 염원하는 세력이 그것을 국민의 생활문제와 밀착된 현안으로 제시하지 못한 탓도 있지만,[26] 내가 강조하고 싶은 것은 선거에서 어떻게 유권자를 설득하느냐 하는 문제와 별도로 분단체제극복이라는 중기적 목표를 정확히 설정하는 일의 중요성이다. 그렇게 할 때 국민이 통일에 무관심하니 '통일'보다 '평화'로 승부를 걸자는, 선거전략으로도 '도망가는 피칭'에 해당하고 이론적으로도 허술한 주장의 유혹에서 벗어날 수 있을 것이다.[27]

그러나 **장기적**으로는 역시 통일보다 평화다. 단순한 전쟁부재가 아니라 인류가 고르게 화합해서 잘사는 상태로서의 평화이며, 그때는 국가도 지금 우리가 아는 형태는 사라질 터라 '국가의 자주성'도 중·단기적 목표 이상이 되기 어려울 것이다. 하지만 그리로 가기 전에 한반도 주민과 한민족은 분단체제극복이라는 중기 과제를 먼저 수행해야 한다.[28] 이를 위해 당장에 가능한 남북관계 개선작업과 자주·평화

---

26 세교포럼에서 김연철 인제대 교수와 권태선 허핑턴포스트코리아 대표가 모두 이 점을 지적했다. 특히 김교수는 병역연령 인구가 급속히 줄어들고 이른바 '관심사병'이 병사의 대다수를 차지할 전망이 우세한 한국현실에서 모병제로의 전환이 젊은이와 그 부모들을 동시에 움직일 수 있는 의제임을 설명했는데, 나도 대체로 공감했고 그런 식으로 개발할 수 있는 의제들이 얼마든지 더 있으리라고 생각한다.

27 물론 원론적으로는 평화가 통일보다 보편성이 높은 개념이다. 그러나 분단된 한반도에서 평화를 실제로 구현하고자 할 때, '통일'을 절대시해서 평화를 위험에 빠뜨려도 안되지만 분단체제극복의 과제를 외면하고 평화에만 골몰해서도 평화가 실현되지 않는다. 이에 관해서는 졸고 「한반도에 '일류사회'를 만들기 위해」, 『창작과비평』 2002년 겨울호(졸저 『한반도식 통일, 현재진행형』, 창비 2006, 제10장); 서동만 「6·15시대의 한반도 발전구상」, 『창작과비평』 2006년 봄호 219~22면; 유재건 「역사적 실험으로서의 6·15시대」, 같은 책 288면 및 같은 저자의 「남한의 '평화국가' 만들기는 가능한 의제인가」(『창비주간논평』 2006.8.22) 등 참조.

28 주18에서 말했듯이 '중기'는 상대적 개념이다. 세계체제의 변혁보다 앞선다는 의미로 '중기'라고 했지만 87년체제로부터의 전환을 이루면서 국가연합──그중에서도 현실성이 있는 '낮은 단계의 연합'──으로 나가는 작업을 '중기'로 설정한다면, 분단체제극복은 거기서 더 나아가야 한다는 의미로 한층 장기적인 목표가 될 수밖에 없다.

통일과정의 진전을 도모하고 장·중·단기 과제의 적절한 배합을 이루어내야 함은 물론이다. 『만들기』에서 '포용정책 2.0'을 제의하는 등 이 문제를 비교적 상세히 논했으므로 본고에서는 줄이기로 한다.

5. '더 기본적인 것들'

상식, 교양, 양심, 염치… 그리고 교육

「'2013년체제'를 준비하자」에서도 나는 정치나 경제 문제보다 '더 기본적인 것들'에 주목했다.

그런데 2013년체제의 설계에는 남북연합이니 복지국가니 동아시아 공동체니 하는 거창한 기획보다 훨씬 기본적이고 어쩌면 초보적이랄 수 있는 것이 포함되어야 한다. 인간의 사회생활에 기본이 되는 것들을 되살리는 시대가 되어야 한다는 것이다. 예컨대 대통령을 비롯한 고위공직자와 지도적 정치인들이 너무 터무니없이 거짓말을 하지 말아야 한다는 것. 물론 정치인이 모두 성인군자가 되라거나 국정운영을 완벽하게 공개하라는 말은 아니다. 다만 너무 자주 너무 뻔한 거짓말을 한다거나 너무 쉽게 말을 바꿔서는 곤란하다는 것이다. 이래서는 사회가 제대로 돌아갈 수 없고 정상적인 언어생활마저 위협받게 된다.(27면)
크게 보면 이 모든 것이 상식과 교양 및 인간적 염치의 회복이라는 문제로 돌아온다.(31면)

박근혜 후보의 당선에는 그가 적어도 이런 기본, 곧 개인적 정직성과 교양을 어느정도 갖춘 후보라는 이미지가 크게 기여했다. 그런데 대통령이 된 후에는 국민과의 약속을 뒤집고 말바꾸기를 해대는 사태가 잇따랐고, '거짓말을 않는 정치인'이라는 이미지가 '거짓말을 일삼는 장사꾼'의 이미지보다 국민기만에 오히려 더욱 효과적으로 작용한 면마저 있다. 게다가 뻔히 거짓말을 하고 국민을 우롱하는 고위공직자들을 곁에 두고 감쌈으로써 힘있는 자는 그래도 된다는 분위기를 사회 전반에 확산시켰다. 이 문제가 정치권만으로 해결될 수 없는 성질임이 분명하지만,[29] 대통령이 어떤 행태를 보이고 그의 치하에서 어떤 사람들이 득세하느냐가 막대한 영향을 미친다는 점을 실감하지 않을 수 없다. 세월호 유가족을 무자비하게 모욕하고 조롱하는 정치권 안팎의 수많은 행태가 실증하듯이, 요즘처럼 몰염치한 인간들이 자신의 몰염치를 뻔뻔하게 과시하는 시절은 없었던 것 아닌가 싶다. 독재시대에는 훨씬 강력한 물리적 타격과 강압이 자행되었지만 그래도 대다수 사람의 마음속에는 그것이 잘못되었다는 정서가 있었던 것으로 기억한다.

그렇다고 다음 대통령선거를 치르는 일에 지금부터 몰입하는 정치중독증, 선거중독증은 이런 사회풍조를 키우는 요인이 될 뿐이다. 진은영(陳恩英)이 말한 "선거로만 수렴되지 않는 정치적 활동"의 일상화를 포함해서 더 근본적이고 다각적인 대응을 연마해야 한다. 이때 직접적으로 큰 영향을 미치는 분야로 언론이나 시민운동을 생각할 수 있지만, 길게 보면 교육과 문화예술을 통해 사회의 체질을 바꾸는 일이 중요하지 싶다.

---

29 "그리고 그것이 정권교체나 정치권 주도의 노력만으로 될 일이 아님은 명백하다. 몇몇 인사들의 무교양과 몰상식 그리고 부도덕에서만 문제가 비롯되었다기보다 국민들 다수의 생명경시 습성과 정의감 부족, 그리고 비뚤어진 욕망에 뿌리를 둔 것이기 때문이다. 하루이틀에 바로잡힐 일이 아니며, 세상과 자신을 동시에 바꿔나가는 노력을 각자의 삶에서 꾸준히 진행할 필요가 있는 것이다."(『만들기』 31~32면)

그중에서도 학교교육은 국가의 막대한 재정투여가 이루어지는 분야고 중학교까지는 의무교육이기 때문에, 나라의 장래를 설계함에 있어 포괄적이면서도 정교한 교육구상이 필수적이다. 뛰어난 인재 배출을 최종적으로 좌우하기로는 훌륭한 대학의 존재가 결정적이지만, '기본적인 것'을 생각하는 마당인 만큼 초·중등교육을 중심으로 생각해볼까 한다.

그동안 여야가 모두 이렇다 할 비전을 내놓은 바 없는 것이 교육분야이므로 학교교육 정상화의 획기적 방안이 나올 때 선거승리의 중대 변수가 될지 모른다는 기대감을 2013년체제론에서도 표명했었다 (『만들기』 84~85면). 물론 어느 후보도 2012년 선거에서 그런 방안을 내놓지 않았고 교육이 중요 쟁점이 되지도 못했다. 하지만 2014년 지방선거에서 이른바 진보교육감이 대거 당선됨으로써 새로운 국면이 펼쳐질 조짐이다. 교육영역에서는 유권자가 정치권의 여야대립과는 다른 차원으로 접근한다는 사실이 확인되었고 교육이야말로 풀뿌리 민생문제에 해당한다는 인식이 공유되기에 이르렀다. 또한 앞으로 3년여에 걸친 교육감들의 실험과 행적이 교육의제의 정리와 구체화에 더없이 소중한 자료가 될 것이다. 예컨대 2008년 촛불시위를 촉발한 여중생들의 '밥 좀 먹자, 잠 좀 자자'는 절규가 일부 교육청에서 반향을 일으키기 시작했는데, 내 자식이 밥 좀 덜 먹고 잠 좀 덜 자더라도 경쟁에서 이기는 꼴을 봐야겠다는 학부모들을 얼마나 설득할 수 있을지 두고볼 일이다. (등교시간 늦추기에 대한 찬반을 이렇게만 정리할 수 있다는 건 아니고, 우리 교육현실에서 학생들의 복지와 다수 학부모들이 대표하는 현행 교육이데올로기 사이에 모순이 존재한다는 뜻이다.) 아무튼 교육감과 교육청 차원에서 할 수 있는 일, 좋은 중앙정부에 좋은 교육부 수장이 나서야 가능한 일, 그리고 온 사회가 힘을 모아서 장기적으로 추구할 일 들을 식별하고 한층 치밀하게 추구하는 작업이 가능해진 형국이다. 2017년 대선에서야말로 '교육을 잡는 자가 대권을 잡는다'는 명제가 성립할지 모른다.[30]

교육현실의 세부적 점검과 의제의 구체화 작업은 경험과 식견을 갖춘 이들에게 맡기고 나는 의제설정에서 단기·중기·장기 과제들의 정확한 식별과 적절한 배합이 필요함을 다시 한번 강조하고 싶다. 예컨대 전교조와 일부 진보적 교육운동단체가 제시하는 '평등교육'의 이념도 상이한 시간대별로 검증할 필요가 있다. 먼저 그 단기적 의의는 점점 더 기득권층 위주의 경쟁으로 일그러져가는 교육현실을 반대하는 명분일 텐데, 그 효과가 반드시 유리한 것만은 아니다. 이념편중의 떼쓰기라는 반박에 쉽게 노출되기 때문이다. (실제로 지난번 교육감선거에서 전교조 출신 후보들조차 '평등교육' 대신 '혁신교육'을 표방했다.) 중기적으로는 예컨대 핀란드처럼 한국보다 훨씬 평등하면서도 학습 성취도가 높은 교육체제를 도입하자는 주장이 될 수 있고 이는 충분히 설득력을 갖는 주장이다. 다만 핀란드와 크게 다른 한국의 현실에 맞게 설계된 방안을 내놓는 숙제가 안겨진다.

'더 기본적인 것'과 교육의 긴밀한 연관은 인성교육의 중요성이 요즘 부쩍 다시 강조되는 데서도 엿보인다. 인성교육을 빌미로 민주시민교육을 약화시키려는 여당 일각의 움직임은 그들이 생각하는 인성의 수준을 짐작하게 할 뿐이려니와, 참된 인성의 문제가 도덕수업이나 교사에 의한 훈화로 해결될 수 없음은 자명하다. 그렇다고 인문학자들이 곧잘 강조하는 인문학 독서도 온전한 답은 아닐 것 같다. 전통적으로 인격완성의 과정에서 인문학 고전의 독서를 가장 중시

---

30 이기정 『교육을 잡는 자가 대권을 잡는다』, 인물과사상사 2011. 같은 저자의 『교육대통령을 위한 직언직설』(창비 2012)도 일독에 값한다.

한 것이 유교지만, 유교에서도 예(禮)와 악(樂)을 더욱 기본으로 보았고 고전학습의 출발이 된 『소학(小學)』을 통해 몸가짐을 바로 하는 데 초점을 두었다. 내 생각에 현대의 초·중등교육에서는 어린 시절 학교 와서 건강하고 즐겁게 뛰노는 경험이 기초를 이루며, 여기에 학생 각자의 소질과 취향에 맞는 예술교육, (실용적 신체활동 작업을 통해 일을 존중하는 정신과 일을 잘해내는 소양을 기르는) 노작교육(勞作教育)이 적당한 분량으로 가미되어야 할 것이다. 그리고 학년이 올라가면서 조금씩 늘려가는 지식교육이 합세하되, 현재처럼 시험점수를 높이는 고정된 지식의 습득보다 인문적 독서가 한층 큰 비중을 갖는 게 옳다.

이만큼만 돼도 우리 사회는 큰 전환을 이루고 '기본'을 갖춘 인간들의 삶터가 될 것이다. 하지만 단기적으로 가능한 일은 아니다. 특히 결손국가를 보정(補正)하는 분단체제극복 작업이 수반되지 않고 남한에서만 전환을 이룰 수 있다고 믿는다면 이 또한 '후천성 분단인식결핍증후군'[31]의 전형적인 예가 될 것이다. 또한 역으로 분단체제극복의 과정 자체가 이런 적공과 전환을 요구하기도 한다.

적어도 장기적으로는 완전한 평등사회 속의 평등교육을 목표로 삼는 것이 진보주의자의 당연한 자세라 생각할 수 있다. 물론 지금과 같은 불평등교육은 당연히 시정되어야 한다. 그러나 앞서 말한 대로 민중이 스스로 다스리는 온전한 민주사회에 과연 어떤 위계질서가 허용 또는 소요될지의 문제를 떠나서,[32] 적어도 교육의 경우에는 무

---

31 이는 '후천성 면역결핍증후군'(Acquired Immunity Deficiency Syndrome, 약칭 AIDS)에 빗대어 내가 지어낸 신조어다. 영어로 한다면 Acquired Division Awareness Deficiency Syndrome, 약칭 ADADS가 되겠다. 졸고 「2009년 분단현실의 한 성찰」, 『어디가 중도며 어째서 변혁인가』 271~72면 참조.
32 주22에 언급한 졸고 「D. H. 로런스의 민주주의론」 참조.

엇이든 더 잘하는 사람에게서 배우고 덜 잘하는 사람을 가르치는 수
직적 관계의 개입이 불가피하다. 그런데 이렇게 배우고 가르치는 내
용에는, 일체의 물질적 또는 신분적 불평등이 배제된 사회를 건설하
고 유지하기 위해 필요한 지혜의 편차를 인지하고 존중하는 습성이
포함되어야 하지 않을까. 따라서 교육기회의 불평등을 극복하는 작
업이 평등 자체를 최선의 장기목표로 삼을지는 숙고해볼 문제다. 아
무튼 교육의제의 설정에서도 그런 여러 차원의 검토와 성찰을 거쳤
으면 한다.

'돈보다 생명'

세월호 사건을 겪으면서 큰 울림을 얻은 구호가 '돈보다 생명'이
다. 여기에는 여러 종류의 욕구가 담겨 있는바, 그중 어느 하나만을
절대화해서는 구호의 호소력이 손상되기 쉽다.

일차적으로 그것은 신체적 생명의 안전이야말로 민주니 복지니
통일이니 하는 것에 앞선 '기본'에 해당한다는 깨달음이요 절규다.
이 기본조차 지켜주지 못하는 사회와 국가에 대한 분노의 표출이기
도 하다. 이에 정부와 정치인들은 너도나도 '안전한 사회'를 약속하
고 있지만 아직껏 별로 실효성이 감지되지 않는데, 실은 '안전'에만
몰두하는 것이 정답도 아니다. 안전사고는 줄일 수 있을지언정 근절
되기 힘든 것이려니와, '생명' 또한 아무리 목숨의 보존이 기본이라
해도 모험을 감내함으로써 생명다워지는 면을 지녔고 때로는 더 큰
뜻이나 '영원한 생명'을 위해 희생할 수도 있는 것이다.

바로 그렇기 때문에 '무조건 안전'이 아니라 **돈보다 생명**이다.
곧, 무의미한 생명손실을 초래하는 개인 및 기업의 탐욕에 대한 거부
다. 그러나 돈에 대한 인간의 욕망을 무턱대고 죄악시할 일은 아니

며, 세월호참사의 책임을 온통 '신자유주의'로 돌리는 것도 '돈보다 생명'의 공감대를 오히려 축소하는 길이다. 세월호참사의 경우 기업가의 탐욕과 신자유주의적 규제완화, 금전만능 풍조에 물든 사회의 타락과 책임회피가 원인이 된 것은 분명하다. 그러나 뒤이어 드러난 윤일병 사건 등 참혹한 병영사건들이 신자유주의보다 해묵은 군사주의 문화의 소산이며, 세월호 문제를 외면하는 대통령의 태도가 차라리 전근대적 권위주의를 상기시키듯이, 신자유주의는 복잡한 현상을 분석할 때 동원할 여러 개념도구 중 하나에 불과하다.

신자유주의의 비중이 한층 확연한 안전문제로는 빈번한 노동현장에서의 안전사고와 파업노동자들을 이른바 손배소가압류(손해배상소송에 따른 재산가압류) 따위로 압박하여 자살사건을 야기하는 사태를 들 수 있겠다.[33] 또한 의료민영화에 따른 의료비 인상도 가난한 사람들의 생명과 안전에 대한 심각한 위협이다. 그러나 이들 경우에도 '신자유주의 반대'만으로 효과적 투쟁이 가능할지는 재고할 일이다. 생명의 손실은 정규직, 비정규직을 안 가리고 참담하지만 근로현실은 정규직 여부에 따라 엄청 다른데, 모든 노동문제를 기업의 탐욕으로 돌린다거나 비정규직의 근절을 외쳐대서는 다수 국민의 공감을 얻기 어렵다. 의료문제도 현재의 진료관행과 의료체계, 나아가 현대의학의 한계에 대한 성찰을 생략한 채 모든 국민이 현행 의료의 혜택을 누리게 해주는 것이 공공성이라고 주장해서는 현실적인 답이 나올리 없다.

안전과 관련해서 특히 유념할 문제는 당장에 눈에 들어오는 사건

33 "노동자가 돈과 고립에 눌려 스스로 목숨을 끊는 사회에서는 누구도 안전하지 않다. 핵 사고의 전례 없는 죽음이 두렵긴 하지만 일상에서 서서히 죽어가는 것도 두렵다."(하승우「세월호 참사 이후 한국의 안전 담론」, 『실천문학』 2014년 가을호 98면)

사고들 외에, 서서히 임계점을 향해 가다가 한번 터지면 수습이 거의 불가능한 대형참사가 되는 원전사고에 대비하는 문제다. 그동안 원전 당국 및 관련업계가 보여준 무책임과 부정직성, '생명보다 돈' 우선 사상 및 그로 인한 적폐는 사고의 개연성을 착실히 높여가고 있으며, 부산, 울산 등 대도시 인근의 원전 밀집구역에서 한번 사고가 터지면 일본의 후꾸시마 참사가 무색한 대참극이 벌어질 판이다. 이런 원전문제야말로 단·중·장기 대책의 배합을 자연스럽게 요구한다. 단기적인 일로 한국수력원자력, 원자력안전위원회 등의 투명성과 책임성 확보, 노후 원전의 연장가동 금지, 삼척시처럼 주민 반대가 뚜렷한 곳에서의 원전건설 저지 등이 있겠고, 조금 더 길게는 모든 원전의 신규건설을 포기하고 점차 원자력발전에서 탈피하는 일, 그리고 더욱 장기적으로는 인류사회가 생태친화적인 삶으로 전환하는 과제가 동시에 주어져 있는 것이다.

생태친화적인 삶으로의 대전환에 원칙적인 합의라도 해낼 필요가 절실한 것은, 예컨대 기후변화로 인한 지구적 재앙은 원전사고보다 더 먼 일처럼 느껴지기 쉽지만 한번 임계점을 넘으면 인간의 능력으로 도저히 어찌 해볼 수 없는 것이기 때문에 당장의 행동이 시급하다. 하지만 그럴수록 기후변화의 실상에 대해 과학적으로 알아낼 수 있는 만큼 알아내면서 앎이 부족하면 부족한 대로 그때그때 필요한 행동을 하는 지혜의 연마가 요구된다. 아울러 생명의 개념 자체도 바뀌어야 한다. 비록 인간에게는 인간의 목숨이 우선이고 따라서 '인간중심적'인 각종 행위가 불가피할 수 있지만, 사람은 또한 지구상의 모든 생명체와 공동운명인 측면이 있으며 실제로 모든 생명체가 동포이고 인간이 무생물의 은덕마저 입고서 생존한다는 사상이 절실해진다. '돈보다 생명'이라는 구호는 필경 이런 차원의 생명사상, 생태운동으로까지 전환해야 그 온전한 뜻이 살아날 것이다.

'돈'의 문제도 결코 단순치 않다. 돈에 대한 욕망이 어디까지가 재화에 대한 생활인의 정당한 욕구고 어디부터가 '탐욕'에 해당하는지 구별이 쉽지 않다. 물론 자본의 무한 축적을 기본원리로 가동되는 사회체제는 '생명보다 돈'이라는 거꾸로 된 원리를 추구하는 체제임이 분명하지만,[34] 자본주의 세계체제 속에 기왕 던져진 사람들은 그 원리를 무시하고 살아가기가 어렵다. 그러기에 자본주의 근대세계에 적응하되 극복을 위해 적응하며 극복의 노력이 적응 노력과 합치하는 예의 '이중과제'가 긴요해지는 것이다.

성차별 철폐와 음양의 조화

앞서 노동현장에 만연된 사고위험을 언급했지만, 요즘 가장 절박한 신변안전 문제 중 하나는 여성들이 마음놓고 길거리를 걸어다니기조차 힘든 현실이다. 심지어 어린아이와 초등학생마저도 강간과 성적 폭력에 항시적으로 노출되어 있고 그 과정에서 살해되기도 한다. 이는 우리 사회에서 여성차별 문제가 심각함을 보여주는 동시에[35] 성평등 문제의 특이한 성격을 암시하는 사례다. 이럴 때의 안전

---

34 이러한 자본주의 자체의 문제를 '신자유주의'로 규정하는 것은 문제의 핵심을 비껴가는 일이기 쉽다. 물론 "자본주의의 인간화를 위한 노력이 결국은 단편적이고 한시적인 것일 수밖에 없음을 어쩌면 솔직하게 고백하고 나온 것이 신자유주의"라는 점에서 그것을 '인간의 가면을 벗어던진 자본주의'라고 말할 수는 있다(졸고 「다시 지혜의 시대를 위하여」, 『한반도식 통일, 현재진행형』 104면). 아무튼 핵심적인 공부거리는 자본주의이고 신자유주의 연구는 그 일환으로 자리매겨져야 한다.

35 특히 국가의 경제력이나 국민의 교육수준에 비해 한국의 여성지위가 터무니없이 열악하다는 점은 세계경제포럼의 2014년도 세계남녀격차지수(Global Gender Gap Index)에서―이것이 무슨 절대적인 척도일 수는 없지만―대한민국이 142개국 중 117위에 올랐다는 사실에서도 실감된다(http://reports.weforum.org/global-gender-gap-report-2014/rankings/). 유네스코 교육통계자료에서 한국의 '인간개발지수'가 32위인 반면 '성별권한

문제는 기업의 탐욕이나 개인의 물욕과 직접 관련이 없는 경우가 많은 것이다.

성차별의 내용도 다양하다. 성범죄 피해자의 압도적 다수가 여성이라는 사실 이외에 노동자에 대한 억압도 여성근로자 차별이 가중되어 이루어진다. 게다가 성과 관련된 차별은 딱히 남녀 양성의 문제만이 아니다. 성적 정체성과 지향을 달리하는 여러 개인의 문제가 있고, 이성애자의 경우도 미혼모나 혼외 동거자에 대한 차별문제가 있다. 이러한 여러 문제 사이에 우선순위를 어떻게 정하며 어떤 방법으로 해결할지는 많은 연마와 적공을 요한다.

중·단기적으로 상당정도의 개선이 이루어지더라도 성평등사회의 실현은 쉽지 않을 전망이다. 남녀평등은 계몽주의의 중요한 유산이고 자유주의 정치사상의 일부를 이루지만, 빈부격차를 자신의 존재조건으로 삼는 자본주의 체제는 그 본질상 성별과 인종, 지역 등 각종 차이를 차별의 근거로 전용함으로써 빈부격차를 유지하며 호도하는 체제이기에 자본주의 아래서 성차별주의의 폐기는 불가능하다는 시각이 있다.[36] 나아가 성차별은 자본주의 이전의 먼 옛날부터 존재했던 것이기에 계급철폐보다 훨씬 뒤에야 가능한 것이 성평등이라는 주장도 있다.

내가 특별한 연구도 없이 이 주제를 언급하는 것은 우리의 궁극적

척도'는 73위를 기록한 1997년의 시점에서 나는 이런 기형적 사태 역시 분단체제와 무관하지 않다고 주장한 바 있다(「분단체제극복운동의 일상화를 위해」, 『흔들리는 분단체제』, 창작과비평사 1998, 45~52면).

36 예컨대 이매뉴얼 월러스틴 『유토피스틱스: 또는 21세기의 역사적 선택들』, 백영경 옮김, 창작과비평사 1999, 37~42면 '민족주의·인종주의·성차별주의의 대두'(Immanuel Wallerstein, *Utopistics: Or, Historical Choices of the Twenty-first Century*, The New Press 1998, 20~25면) 참조. 여성해방도 이중과제론의 시각으로 접근할 필요성을 제기한 글로는 김영희 「페미니즘과 근대성」, 이남주 엮음 『이중과제론』 118~37면 참조.

인 목표를 어디에 두느냐 하는 '더 기본적인' 물음을 던지는 것이 특히 중요해지는 대목이라 믿기 때문이다. 위에 열거한 각종 차별의 철폐는 당연히 추구해야 하지만, 계급 자체의 철폐를 최종목표로 삼는 계급운동과 달리 성평등운동은 성별의 철폐를 목표로 삼을 수 없다. 또한 남녀의 결합 없이 따로 살자는 '분리주의'도 여성주의운동 일각을 넘어 보편화될 수 없다. 고등동물의 종족보존 과정에서는 암수의 결합이 필요하며(물론 예외가 있지만), 인간세계에서의 행복한 삶을 위해서는—이 경우 더욱 많은 예외를 인정하고 충분히 배려해야겠지만—남녀의 조화로운 관계가 막중한 비중을 차지한다. 오늘날 한국을 포함한 세계 여러 곳의 삶이 그러한 조화로운 관계와 거리가 먼 것이 남녀간 권리의 차이, 또 이로 인한 힘의 차이, 다시 말해 대부분의 경우 여성에 대한 부당한 차별 탓임을 인정한다면, 성평등사회의 추구라는 과제가 단기적 현안을 넘어서는 큰 일임이 분명하다. 다만 궁극적인 목표를 '성평등'에 둘지 '남녀의 조화로운 관계'에 둘지는 논의의 여지가 있으며, 그 결과에 따라 단기 및 중기 과제의 설정과 추진방식에도 상당한 차이가 발생할 수 있다. 성평등을 지상목표로 삼을 때 무엇이 '차별'이고 무엇이 '차이'인가에 대한 논쟁이 끊이지 않기 십상이며, 자신의 성숙과 행복을 위해서도 여성해방에 기여해 마땅한 남자들을 설득하는 데도 불리할 수 있기 때문이다.

여기서 '남녀'보다 '음양(陰陽)'이라는 동아시아의 전통적 개념을 동원해보면 어떨까 한다. 현실적으로 존재해온 전통사회가 가부장적 질서였던 것과 별도로, 태극(太極)의 음과 양은 지배·피지배가 없는 상보관계이며, 대체로 양이 승한 것이 남자요 음이 승한 것이 여자이긴 하지만 양쪽 각기 음양 두 면을 다 지녔고 음양의 조화를 통해서만 생명이 지속되는 것이라고 이해된다. 따라서 성평등 자체보다 음양의 조화가 구현되는 사회를 〔궁극적〕 지향점으로 삼을 때 음양의 조화를 저해하는 성차별에 대한 싸움을 당연히 포함하지만 평등이 해당되지 않는 대목에조차 평등을 고집할 우려가 줄어들며 조화를 증진할 방안을 남녀가 함께 추진할 여지도 넓어질 것이다.

음양조화의 개념을 진지하게 도입하다보면 인간세계를 뛰어넘는 훨씬 큰 문제에 가닿는다. 알다시피 음양(또는 음양오행)은 인간관계뿐 아니라 우주 전체에 적용되는 개념이다. 따라서 질량과 운동 등 양적 특성 외에 다른 특성을 인정하지 않는 근대과학의 우주관과 모순된다. 이 모순을 우리는 어떻게 생각할 것인가? 근대교육을 받은 많은 지식인들이 여기서 벽에 부딪치곤 하는데, 정작 현대과학의 세계에서는 뉴턴에서 아인슈타인에 이르는 기계적 우주관이 심각한 도전에 직면했고 '세계에 다시 주술을 걸기'(reenchantment of the world)가 요청되고 있다.[37] 프리고진 등의 이 개념이 곧바로 동아시아의 음양론으로 통하는 것은 물론 아니다. 반면에 '복잡계 연구'(complexity studies)라는 그들의 새로운 과학 또한 '세계에 다시 주술을 걸기'의 첫걸음에 불과한 만큼 중성적이지만은 않은 시공간이 어떤 특성을 갖고 운행되는지에 대해 추후 많은 연구가 필요할 것이다. 어쨌든 우주관 자체가 변화하고 인간과 자연의 조화로운 삶이 모색되고 있는 오늘날, 인간사회에서의 음양조화에 해당하는 남녀관계의 추구가 동아시아적 우주관의 잠재력을 끌어내는 노력과 합쳐

---

[37] 이 문구는 Ilya Prigogine and Isabelle Stengers, *Order Out of Chaos: Man's New Dialogue with Nature* (Flamingo 1985; 원저는 *La nouvelle alliance*, Gallimard 1979)에 나왔고, 근대 세계체제의 변혁을 이끌 새로운 학문의 정립을 강조하는 월러스틴이 곧잘 인용하는 표현이다(예컨대 이매뉴얼 월러스틴『지식의 불확실성: 새로운 지식 패러다임을 찾아서』, 유희석 옮김, 창비 2007, 154면; Immanuel Wallerstein, *The Uncertainties of Knowledge*, Temple University Press 2004, 125면).

질 때 세계관의 전환이라는 인류사적 과제에 이바지함과 동시에 목전의 성차별 철폐 및 성평등 구현에도 힘을 실어줄 수 있지 않을까 한다.

6. 무엇이 변혁이며 어째서 중도인가

결론을 대신하여 변혁적 중도주의에 관해 몇마디 덧붙이고자 한다. '변혁적 중도주의'는 2009년의 졸저 『어디가 중도며 어째서 변혁인가』의 주제말이나 다름없었다. 그런데 앞서 말했듯이 선거의 해에 낸 『2013년체제 만들기』에서는 잠복하다시피 했는데, '변혁'과 '중도'의 일견 모순된 결합이 당장에 다수 유권자를 설득할 수 없을 것이었기 때문이다. 그 점은 여전히 사실이고 현장의 선수들이 적절한 방도를 찾아야 할 테지만, 우리가 큰 적공, 큰 전환을 꿈꿀수록 전지구적인 원대한 비전과 한국 현장에서 당면한 과제들을 연결하는 실천노선으로서 변혁적 중도주의 말고 무엇이 있을지 짐작하기 힘들다.

'변혁'은 딱히 '중도'와 묶이지 않더라도 오늘의 한국에서 쉽게 받아들여질 말이 아니다. 전쟁발발 같은 급격한 변화가 경계의 대상임은 물론, 남북이 공존하는 가운데 남한만이 혁명 내지 변혁을 이룩한다는 주장도 공감하기 어렵기 때문이다. 실제로 그런 주장을 펼치는 소수세력이 없지 않지만 이는 공상에 가깝고 예의 '후천성 분단인식 결핍증후군'의 혐의가 짙다.

이렇게 남북한 각기의 내부 문제가 한반도 전체를 아우르는 분단체제 속에서 작동하고 있고 이 매개항을 빼놓고는 전지구적 구상과 한국인의 현지 실천을 연결할 길이 없다는 것이야말로 분단체제론의 요체이다. 따라서 우리의 적공·전환 과정에서 이러한 한반도체제의 근본적 변화, 곧 남북의 단계적 재통합을 통해 분단체제보다 나은 사회를 건설하는 작업이 핵심적이기에 '변혁'을 표방하는 것이다.[38] 그리고 이를 위해 남한 단위의 섣부른 변혁이나 전지구적 차원의 막연한 변혁을 주장하는 단순논리를 벗어날 때 광범위한 중도세력을 확보하는 '중도주의'가 성립할 수 있다는 것이다.

　실제로 그것이 가능할까? '다 좋은 말씀인데 그게 가능할까요?'라는 물음은 내가 토론모임 같은 데서 수없이 마주치는 질문이다. 그럴 때 나는 '물론 불가능하지요, 여러분이 그렇게 묻고만 있다면'이라고 답하기도 하지만, 살펴보면 변혁적 중도주의는 절실히 필요할뿐더러 유일하게 가능한 개혁과 통합의 노선이다.

　졸고 「2013년체제와 변혁적 중도주의」에서는 '변혁적 중도주의가 아닌 것'의 여섯가지 예를 번호까지 붙여가며 열거했는데(『창작과비평』 2012년 가을호 22~23면), 그런 식으로 이것저것 다 빼고서 무슨 세력을 확보하겠느냐는 반박을 들었다. 있을 법한 오해이기에 해명하자면, 그것은 배제의 논리가 아니라, 광범위한 세력 확보를 불가능하게 만들거나 진지한 개혁을 이룰 수 없는 기존의 각종 배제의 논리들을 반대하되 각 입장의 합리적 핵심을 살림으로써 개혁세력을 묶어낸다는 **통합의 논리**였다. 다만 변혁적 중도주의가 이러저러한 것이라는 정의를 정면으로 내세우기보다 무엇이 변혁적 중도주의가 **아닌지**를

---

38 '변혁적 중도주의'나 '중도적 변혁주의'를 별 생각 없이 섞어 쓰기도 하는데, 이는 용어의 생소함 탓이겠지만 변혁적 중도주의가 그나름의 엄밀성을 지닌 하나의 **개념**임을 놓치게 만드는 일이다. 남한 현실에서의 실천노선으로서 변혁적 중도주의는 변혁주의가 아닌 개혁주의인데, 다만 남한사회의 개혁이 분단체제극복운동이라는 중기적 운동과 연계됨으로써만 실효를 거둘 수 있다는 입장인 것이다.

적시함으로써 각자가 스스로 깨닫도록 하는 불교『중론(中論)』의 변증방식을 시도해본 것이다. 다만『중론』의 방식에 진정 충실하려면 변혁적 중도주의자로 자처하는 사람도 자신의 생각을 끊임없이 성찰하면서 스스로 고정된 이데올로기에 빠지지 않도록 부정 작업을 계속하는 자세가 필요하겠다.

여기서는 먼젓글을 안 읽은 독자를 위해 예의 1~6번을 간략히 소개하면서 약간 부연하고자 한다.

1) 분단체제에 무관심한 개혁주의: 대체로 이런 성향을 지닌 국민이 비록 개혁의 내용이나 추진의지는 천차만별이더라도 전체의 대다수지 싶다. 여기에는 새누리당 지지자의 상당수도 포함될 테며, 이른바 진보적 시민단체도 다수가 이 범주에 속한다. (물론 특정한 개혁의제를 채택한 활동가가 거기 집중한다고 해서 '후천성 분단인식 결핍증후군' 환자로 몰아붙일 일은 아니다.) 어쨌든 1번은 사회의 다수를 차지한 만큼이나 자기성찰에 소극적일 수 있는데 변혁적 중도주의의 성공을 위해서는 이들을 최대한으로 설득하는 작업이 긴요하다.

2) 전쟁에 의존하는 변혁: 한반도의 현실에서 전쟁은 남북 주민의 공멸을 의미하기 때문에 당연히 배제되는 노선이다. 그런데 전쟁불사를 외치는 인사들도 대부분 전쟁이 안 일어나리라는 생각들이고 스스로 한국군의 작전권을 행사하여 전쟁을 치를 생각은 더욱이나 없음을 감안하면, 2번을 실제로 추구하는 사람은 극소수라고 봐야 한다.

3) 북한만의 변혁을 요구하는 노선: 이 부류도 '북한혁명' 또는 '북한인민 구출'을 적극 추진하는 강경세력으로부터 북한체제의 변화를 소극적으로 희망하는 사람들까지 스펙트럼이 넓다. 후자는 1번과

의 경계선이 모호한 경우도 많다. 그런데 전자의 경우도 2번과 마찬가지로 비현실적이기 때문에 남한의 개혁을 막는 명분으로나 작용하기 십상이다.[39] 하지만 변혁적 중도주의는 2번 또는 3번의 **노선**에 반대할 뿐, 그 현재 추종 **인사들**이 노선의 편향성을 자각하고 '중도'를 잡게 될 수 있으리라는 기대를 처음부터 접을 일은 아니다.

4) 남한만의 독자적 변혁이나 혁명에 치중하는 노선: 80년대 급진운동의 융성기 이후 계속 영향력이 감소해온 노선이지만, 아직도 추종하는 정파나 정당이 없지 않고 특히 지식인사회의 탁상 변혁주의자들 사이에 인기가 상당하다. 어쨌든 "이는 분단체제의 존재를 무시한 비현실적 급진노선이며, 때로는 수구보수세력의 반북주의에 실질적으로 동조하는 결과가 되기도 한다."(앞의 글 22면) 반면에 세계체제와 한반도의 남북 모두를 변혁의 대상으로 삼고 계급문제의 중요성을 환기한다는 점에서 분단체제의 변혁을 핵심현안으로 인식만 한다면 중도를 찾을 여지가 있다.

5) 변혁을 '민족해방'으로 단순화하는 노선: 이 또한 팔구십년대 운동권에서 성행했고 근년에 영향력이 대폭 줄어들었는데, 다만 일제식민지에서는 민족해방이 당연한 시대적 요구였고 8·15 이후에도 '민족문제'가 엄연한 현안 중 하나였다는 점에서 그 뿌리가 한결 튼실하다. 다만 분단체제 아래 북녘사회가 겪어온 퇴행현상들에 눈을 감고 심지어 주체사상을 추종하는 일부 세력이[40] 진보세력의 연합정

---

39 "실현 가능성이 거의 전무한 이런 구상(2번 또는 3번)이 일정한 위세를 유지하는 것은 그런 식으로 남북대결을 부추기는 일이 남한 내에서의 기득권을 유지하는 데 도움이 되기 때문이다. 다시 말해 북의 변혁은 명분일 뿐, 실질적으로는 분단체제의 변혁과 그에 필요한 남한 내의 개혁을 막는 데 이바지하고 있는 것이다."(「2013년체제와 변혁적 중도주의」 29~30면)

40 이들에게 '종북'의 혐의가 씌워지는 것도 그 때문이지만, '종북'이라는 모호한 표현보다 '주체사상파'라는 정확한 개념을 사용하는 게 옳다는 주장이 설득력을 갖는다(이승환 「이석기사건과 '진보의 재구성' 논의에 부쳐」, 『창작과비평』 2013년 겨울호 335면).

당이던 민주노동당과 통합진보당을 장악했다가 진보진영의 분열로 치달으면서 자주와 통일 담론 전체가 약화되는 상황을 초래했다. 그러나 '후천성 분단인식결핍증후군'과 줄기차게 싸워온 인사들이 온통 한묶음으로 매도당해서는 안되며, 이들이 강조해온 자주성 담론을 분단체제에 대한 원만한 인식에 근거하여 변혁적 중도주의로 수렴하는 노력이 진보정당 안팎에서 이루어지기 바란다.

6) 평화운동, 생태주의 등이 "전지구적 기획과 국지적 실천을 매개하는 분단체제극복운동에 대한 인식"(같은 글 23면)을 결여한 경우: 이들도 각양각색이지만 전인류적 과제로서의 명분과 현지실천에 대한 열의를 지녔다면 예의 '매개작용'에 대한 인식의 진전을 통해 변혁적 중도주의에 합류 또는 동조하는 일이 얼마든지 가능할 것이다.

이런 식의 논리전개를 『중론』에 빗대었지만, 더 속된 어법으로 바꾸면 선다형(選多型) 시험에서 틀린 답을 지워나감으로써 정답을 맞히는 방식과 흡사하다. 실제로 현장에서 갖가지 극단주의와 분파주의에 시달리면서도 더 나은 사회를 만들려는 열정을 포기하지 않은 활동가일수록 변혁적 중도주의의 취지를 금세 알아차리기도 한다. 정작 어려운 문제는 정답을 맞히는 일보다 정답에 부응할 중도세력을 만들어내는 일이다. 이것이야말로 각 분야의 현장 일꾼과 전문가가 연마하고 적공할 문제인데, 여기서는 선거를 좌우하는 정당정치의 현실에 관해 한두가지 단상을 피력하고 넘어갈까 한다.

한국사회의 대전환을 위해서는 전환을 막으려는 세력의 힘을 일단 부분적으로나마 꺾어야 하는데, 87년체제 아래 국민의 최대 무기는 6월항쟁으로 쟁취한 선거권이 아닐 수 없다. '1원 1표'가 아닌 '1인 1표'가 작동하는 드문 기회이기 때문이다.[41] 그렇다면 기존의 야당, 특히 제1야당인 새정치민주연합을 어찌할 것인가. '웬만만 하면'

찍어줄 텐데도 지금으로서는 도저히 찍어줄 마음이 안 난다는 사람들이 절대다수가 아닌가.

이에 대한 답이 내게 있을 리 없고, 변혁적 중도주의론이 그런 차원의 물음에 일일이 답을 주는 담론도 아니다. 다만 몇가지 오답을 적시하는 기준이 될 수는 있다. 예컨대 야당의 낮은 지지율을 요즘 젊은 세대의 '보수화' 탓으로 돌리는 경향이 있는데, 물론 사회풍토의 변화로 젊은 세대가 유달리 개인적 '성공'에 집착하고 가정교육에서도 사회적 연대의식이 경시된 면이 없지 않다. 여기다 87년체제의 말기국면이 지속되면서 냉소주의가 만연하고 사람들의 심성이 더욱 황폐해진 것도 사실이다. 하지만 소수의 예외를 빼고는 젊은이들이 기성현실에 대해 지금 이대로 살 만하다고 긍정하거나 정부·여당의 낡은 작태가 '웃기다'고 생각하지 않을 정도로 보수화된 건 아니지 싶다. 오히려 지금과는 다른 세상에 대한 목마름이 간절하다고 보며, 게다가 저들은 앞세대에 비해 훨씬 식견이 넓고 발랄한 기상을 지녔다. 그런 젊은이들에게 야당이 '민주 대 반민주' 구도를 들이대며 자기 편을 안 들어준다고 보수화 운운한다면 점점 더 외면받는 게 당연하다. 차라리 변화에 대한 저들 자신의 욕구에 맞추는 일을 '진보'의 척도로 삼고 그에 걸맞은 정책의제를 제시한다면 오히려 그들이 너무 과도한 반응을 보여서 나이든 세대의 적당한 견제가 필요해질지 모른다.

'변혁적 중도주의가 아닌 것'에 대한 설명을 원용한다면, 야당이 1번 노선에 안주하면서 '우클릭'을 통해 '보수화'된 젊은 유권자를

---

41 세교포럼 토론에서 박성민 대표는 수구·보수 카르텔의 "가장 약한 고리"가 선거임을 강조하면서, 현재 야당이 인기가 너무 없지만 국민은 "웬만만 하면" 야당을 찍어줄 준비가 되어 있다고 주장했다.

사로잡으려 해서는 여당과의 비교열세가 더욱 돋보이게 될 뿐이다. 그렇다고 혁신을 한답시고 4~6번 중 어느 쪽으로 '좌클릭'하는 것도 소수세력에 매력을 지닐 따름이다. 다수 국민이 그렇겠지만 특히 젊은 세대로 갈수록 '변혁적 중도주의'라는 문자에는 무지하거나 냉담할지언정 1~6번이 모두 안 맞는다는 점만은 직감하고 있는 것이다.

이런 인식은 없이 새정치민주연합에 대해 과도한 혁신을 주문하거나 기대하는 것도 낡은 타성일 수 있다. 제1야당이 자체혁신만 해내면 수구보수진영에 맞설 수 있는 독자적 진영을 이루고 있다는 환상이기 쉽고, 새정치민주연합이 곧 '민주'의 총본산이라는 고정관념에 사로잡힌 결과일 수도 있다. 제1야당의 혁신은 물론 필요하지만 혁신한다고 수구·보수 카르텔을 제압할 힘이 생기는 것은 아니며, 단기간에 변혁적 중도주의 정당으로 거듭날 처지도 못 된다. 카르텔의 거대한 성채에 약간의 균열부터 내는 일이 급선무인데, 이를 위해 나서야 할 광범위한 연대세력 중에서 가장 큰 현실정치 단위가 새정치민주연합이라는 인식을 갖고 그 몫을 수행할 만큼의 자체정비와 혁신을 해내겠다는 겸허한 자세가 필요한 것이다. 본격적인 변혁적 중도주의 정당(들)의 형성은 일단 선거승리라도 이룬 다음의 일이지만,[42] 선거승리를 위해서도 변혁적 중도주의에 대한 지향성을 어느정도 공유해야 하고, 이를 위해 자신보다 현실적 힘이 약한 정파나 집단의 목소리라도 변혁적 중도주의에 대한 인식이 더 투철하다면 경청하는 자세가 있어야 할 것이다.

끝으로 변혁적 중도주의라는 남한 단위의 실천노선이 불교적 '중

---

[42] 2013년체제가 성립되더라도 변혁적 중도주의 세력을 총망라한 단일 거대정당이 아니라 기본적인 지향을 공유하는 다수 정당의 존재가 바람직하다는 점을 밝힌 바 있다(같은 글 30~31면).

도'—또는 유교의 '중용'—같은 한결 고차원의 개념과 연결되어 있음을 상기하고자 한다(같은 글 제2절 '분단체제 속의 마음공부·중도공부' 참조). 이로써 본고가 동원한 여러 개념 사이에 일종의 순환구조가 성립한다. 곧, 근대세계체제의 변혁을 위한 적응과 극복의 이중과제를 한반도 차원에서 실현하는 일이 분단체제극복 작업이고, 그 한국사회에서의 실천노선이 변혁적 중도주의이며, 이를 위해서는 집단적 실천과 더불어 각 개인의 마음공부·중도공부가 필수적인데, 중도 자체는 근대의 이중과제보다도 한결 높은 차원의 범인류적 표준이기도 하여 다른 여러 차원의 작업을 관통하고 있는 것이다. 굳이 이 점을 지적하는 까닭은 체계의 완결성을 기해서가 아니라, 지금 이곳의 우리에게 주어진 복잡다기한 적공·전환의 과제를 시간대와 공간규모에 따라 식별하면서도 결합하는 작업이 오히려 순리에 해당함을 강조하고 싶어서이다.

한국경제가
당면한
이중의 과제

정대영–백낙청 대담

정대영 鄭大永
경제학자, 송현경제연구소장. 한국금융연수원 교수,
한국은행 금융안정분석국장 및 프랑크푸르트사무
소장 역임. 저서로 『한국경제의 미필적 고의』 『신위
험 관리론』 『동전에는 옆면도 있다』 등이 있음.

백낙청 바쁘신데 시간 내주셔서 감사합니다. 경제 분야로 인터뷰를 하자니 좀 고민입니다. 경제라는 게 워낙 분야가 넓은데다 제가 경제를 잘 몰라요.(웃음) 다행히 정대영 소장님께서는 원래 금융전문가이시지만 지금은 송현경제연구소를 만들어서 꼭 금융문제만이 아니라 한국경제 전반에 대해 연구하고 책도 펴내시는 등 실물경제에 대한 지식과 이론적·학술적인 식견을 겸한 분이세요. 저도 『한국경제의 미필적 고의』(한울 2011)라는 책을 읽고 상당히 많이 배웠고 또 얼마 전에는 금융문제를 주제로 『동전에는 옆면도 있다』(한울 2013)를 내셨죠. 하여간 대중들이 알아듣기 쉽게 얘기해주시는 탁월한 능력이 있는 분이십니다. 오늘 그 능력을 발휘해주시기 바랍니다.(웃음)

정대영 예, 과분한 칭찬이고 최대한 노력해보겠습니다.

백낙청 지금 정부에서는 국정의 최우선과제일 뿐 아니라 우리 민족의 역사적 사명이 '경제 살리기'인 것처럼 말하고 있는데 우선 거기에 대해 질문하고 싶어요. 한국경제가 어렵다, 특히 서민경제가 어렵다는 얘기는 많이들 하지요. 제가 관여하고 있는 출판계도 요즘 책이 통 안 팔리고요.(웃음) 그래서 경기가 없다는 것은 알겠고, 어쨌거나 경제 살리기라는 게 이명박 시절의 4대강 살리기처럼 멀쩡하게 살아 있는 강을 죽이는 그런 일하고는 다소 구별될 듯한데,(웃음) 실상은 어떻습니까? 한국경제가 살려야 할 만큼 죽어가고 있는 건지, 또 죽어가고 있다면 어떻게, 어떤 면에서 그런지 말씀해주세요.

한국경제, 도대체 어떤 위기인가

정대영 한국경제가 일제 식민지배를 겪고, 6·25전쟁 후 거의 폐허가 된 상황에서 지금까지 대단한 걸 이룩한 건 사실입니다. 그런데 그 과정에서 어떤 것은 여기까지 빨리 오기 위한 수단이었고, 어떤 것은 기득권층이 자기 이익을 지키기 위해 과도하게 욕심을 부린 것도 있어요. 이것들이 섞이면서 이뤄온 성과가 이제는 거의 한계에 이르러서 굉장히 어려운 시기 같다는 것입니다. 아직은 수출·성장 등 경제지표는 그렇게 나쁘지 않습니다. 괜찮은 일자리 부족, '미친 전세값'이란 말같이 국민의 살림살이가 매우 안 좋은 것이지요. 경제가 더 악화돼서 지표 자체도 나빠질 때쯤 되면 한국경제는 돌이킬 수 없는 위기를 맞을 것 아니냐, 이런 생각을 해보게 됐습니다.

한국경제는 십수년 전부터, 그러니까 2005년 전후로 IMF 위기를 대부분 극복하고 나서부터는 거의 선진국 문턱에 와 있어요. 그런데 그때부터 지금까지 거의 10년을 그 문턱을 못 넘고 있고 잘못하면 영원히 못 넘을 수도 있지 않을까 합니다. 일본 같으면 지금 어렵다 하지만 이미 선진국의 지위를 오랫동안 유지하면서 나빠진 것이기 때문에 견딜 수 있어요. 하지만 우리는 그렇지 않을 가능성이 점점 커지는 상황인 것 같습니다.

백낙청 선진국의 문턱에 왔다가 결국은 못 넘고 만 사례들이 더러 있죠. 그런 데하고 비교하면 어떻습니까?

정대영 대표적인 게 아르헨띠나예요. 지금 아르헨띠나와 비교한다면 우리가 훨씬 뛰어나지만, 그 나라가 1910년경 선진국의 문턱에 있을 당시엔 유럽대륙에서 거기로 이민 가는 게 꿈이었거든요. 우리가 미국에 이민 가듯이 말이에요. 당시에는 아르헨띠나가 발행한 국채가 영국 국채보다 더 잘 팔렸고, 1인당 소득도 세계 7~8위 정도였어요. 그러던 게 지금은⋯ 우리 경제가 잘못되면, 그 나라 사람들이 가장 싫어하는 말이라는데, '아르헨띠나 꼴' 날 가능성이 있지 않을까 하는 두려움이 있습니다.

백낙청 지금은 세계경제도 저소비·저성장·고실업 추세로 굳어지는 것 같다고 하는데, 거기에 비하면 한국경제는 그보다는 좀 낫게 하고 있는 겁니까, 아니면 그런 추세 속에서도 훨씬 더 잘할 수 있는데 못하는 겁니까?

정대영 경제를 어느 측면에서 보느냐인데요. 지금도 외형적인 측면, 수출이나 성장, 그다음에 삼성전자·현대차 같은 세계적인 기업의 분포 등을 본다면 세계경제에서 한국 전체가 못하고 있다고 할 정도는 아니에요. 그런데 서민의 살림살이 즉 민생경제가 어려워지고, 중산층이 붕괴되는 것들이 한국경제의 문제가 되는 거죠.

좀더 구체적으로 말씀드리면 오래된 주제지만 양극화 문제가 있고, 그다음에 당연히 그와 연관되는 불평등 문제가 있고, 뒤이어 일자리 문제, 특히 아주 좋은 직업이 아니더라도 그냥 나쁘지 않은, 괜찮은 일자리가 매우 부족한 상황 등이 겹쳐 있어요. 그래서 아까 말씀드린 대로 경제지표는 그렇게 나쁘지 않지만 국민들이 느끼는 실제 생활은 매우 어렵습니다. 대표적인 지표가 자살률인데요. 한국의 자살률이 OECD 회원국 중 최고거든요. 그다음으로는 '3포세대'라는 말이 보여주듯 청년들이 많은 것을 포기하고 있다는 것이죠. 결혼, 출산, 취업 등 당연히 해야 할 것들을 단념하고 있지요. 출산율도 이미 세계 최저고요. 미래에 대한 희망이 있으면 지금 어려워도 아이를 낳을 텐데… 이런 문제들을 본다면 지금 경제는 위기에 가까운 거죠.

백낙청 정부는 이 상황을 어떻게 진단하고 있습니까? 그리고 그에 대한 처방에 대해서는 어떻게 평가하시나요?

외형적인 성장 속에 피폐해지는 생활경제

정대영 정책에 대해 큰 줄기만 평가해보면, 한국경제는 기본적으로 성장률을 높이고 수출을 많이 하고, 세계적인 대기업과 대형 금융기관, 즉 언론에서 좋아하는 '동양 최대, 세계 최고'의 기업 같은 것들을 만드는 쪽으로 정책을 끌어왔습니다. 이건 어느 정권이나 비슷했는데 이를 위해 펼친 정책은 중화학공업 육성, IT나 벤처산업 지원

등 여러가지가 있지만, 거시경제 쪽에서 보면 세가지가 핵심이었습니다. 60년대 이후 최근까지 비슷했는데, 첫째가 물가를 올리면서 성장률을 높여왔고, 둘째는 환율을 계속 올리면서 수출을 늘려왔다는 것이죠. 물가나 환율이 오르면 우리 돈의 가치가 떨어지고 개인의 소득이나 자산가치도 줄어들죠. 셋째는 부동산 가격을 올리고 건설경기를 부추기면서 성장했습니다. 이런 세가지 정책을 쓰면 단기적으로는 성장률이 조금 더 나아질지 모르지만, 장기적으로 보면 자산이나 소득의 분배구조를 크게 왜곡합니다.

물가가 올라가면 실물자산을 많이 가진 사람과 채무자가 굉장히 유리하고 채권자나 정액소득자는 불리한 거죠. 그다음에 환율이 올라가면 수출기업은 굉장히 유리해지지만 내수기업이나 소비자, 즉 수입 물건을 쓰는 사람들은 손해를 보거든요. 환율이 오르면 수출기업 수익이 늘어나는데 이때의 수익은 해외에서 들어오는 것이 아니죠. 국내 소비자들이 더 부담한 비용이 안 보이게 뒤로 돌아서 수출기업으로 흘러간 것이거든요. 부동산 가격이 오르면 당연히 부동산 소유자는 좋지만 집 없는 서민들은 상대적으로 굉장히 손해를 보는 거 아닙니까? 지금까지 한국경제는 꽤 빨리 성장해왔습니다만, 속으로 세가지 정책의 부작용이 쌓여왔던 것이지요. 그런 부작용들이 모여서 아까 말씀드린 양극화나 불평등 문제 같은 게 나타나는 거라고 볼 수 있죠.

백낙청 그 세가지 처방이야말로 금물이라는 말을 어디엔가 쓰셨던 것 같은데, 그중에서 물가는 지금 오히려 안정돼서 디플레이션을 걱정하는 수준이 아닌가요?

정대영 예, 그렇습니다. 현재로서는 디플레이션 가능성도 커지고 있죠. 이명박정부 때에는 물가가 꽤 올랐습니다. 5퍼센트 정도 오른 해도 있으니까요. 이명박정부 역시 이 세가지 정책을 펼치려 했죠. 물가는 일시적으로 많이 올랐고, 환율은 세계금융위기와 맞물리면서 아주 많이 올랐어요. 반면에 부동산 가격은 열심히 올리려고 했는데 의도대로 안된 거죠.

박근혜정부도 기본적인 입장은 이명박정부와 비슷합니다. 그런데 물가는 기름값 하락 등 해외여건 때문에 안 오르는 거고, 부동산 가격은 온갖 수단을 다 써서 올리려고 하는데 이미 거대한 경제의 흐름 때문에 그러지 못하고 있는 거고요. 그 대신 전세값이 엄청 오르고 있지요. 다만 환율문제는 이명박정부와 조금 다르게 바뀐 듯합니다. 아마 달러 기준 1인당 국민소득을 올리기 위해서일 텐데, 환율은 일부러 크게 올리지는 않을 것 같습니다. 기본적인 정책의 틀은 바꾸지 않으면서 어떻게든 수출이나 성장 같은 경제의 외형만 살려보자 하는 거지요. 국민의 생활을 어렵게 하는 문제를 해결하는 데는 별로 관심이 없다고 볼 수 있죠.

백낙청 물가는 당장에는 큰 문제가 아니고 또 해볼 길도 없고, 환율에 대해서는 이명박정부와는 그래도 달라진 면모를 보이고 있고, 부동산 가격에 대해서는 똑같다는 거군요. 결과가 안 나온다는 점에서도 똑같고 그래도 뭔가 해보려고 전력을 다하고 있다는 점에서도 똑같은데, 그것 말고는 '경제 살리기' 처방으로 뭐가 있나요?

정대영 최경환 부총리가 처음에 추진하려 했던 것으로, 기업소득을 가계소득으로 돌려보는 것이 있었죠. 제 책 『한국경제의 미필적 고의』에서 언급한 내용이지만, 우리 경제의 양극화 요인 중의 중요한 하나가 기업소득은 빨리 늘어나는데 개인이나 영세 자영업자의 소득은 거의 안 늘어난다는 것입니다. 2000년 이후에 그런 구조적인 현상이 심하게 나타나고 있는데, 이 문제를 이제 많은 사람들이 알게 된 거죠. 어떻게든 기업의 소득을 조금이라도 가계로 돌려보자고 생각해서 처음에는 뭔가 하는 듯했습니다. 그런데 그것도 실제 방안을 살펴보니 거의 실효성이 없습니다. 현 정부가 기업의 눈치를 많이 보니까 실효성 있는 정책을 펼치지 못하는 것이죠.

기업 내부의 돈이 임금이나 배당이나 투자 등으로 흐르게 하기 위해 내부에 돈을 많이 쌓아두고 있는 기업은 세금을 더 내게 했는데… 기업이 부동산을 산 것도 투자로 인정해준 거예요. 이런 식으로 됐으니 아마 이 정책도 효과가 없을 듯합니다. 여기에다 정책 자체가 때를 놓쳐 실효성이 줄어드는 면도 있어요. 2011~13년 이때까지는 굉장히 의미가 있었는데 지금 세계경제가 움츠러들면서 기업도 상황이 나빠지고 있기 때문이죠. 조금 지나면 여유있는 기업도 몇 되지 않을 것 같아요. 이 정책도 근본적인 처방은 아니지만 그마저도 제대로 안하고 있는 것입니다.

백낙청 어느 칼럼에선가 수출의 국내 부가가치 유발 비율을 높이는 게 중요하다고 말씀하셨는데, 그게 어떤 방안이 있을까요?

정대영 거시경제 구조를 볼 때 소비·투자·수출 같이 생산물이 쓰이는 쪽에서 경제를 분석하는 방식이 있고, 생산하는 측면에서 농업·제조업·광업·서비스업이 각각 얼마를 하느냐를 분석하는 방법이 있습니다.

투자나 소비나 수출 쪽에서 본다면 우리나라는 투자가 적은 게 아니고, 소비가 굉장히 적습니다. 당연히 수출은 굉장히 많은 나라고요. 수출에서는 제조업 제품이 대부분입니다. 그런데 제조업 생산 중에서도 알다시피 석유화학·반도체·자동차·조선·휴대폰같이 설비투자가 많이 필요한 장치산업 비중이 큽니다. 이러한 장치산업의 핵심 설비와 수출품의 주요 부품들은 상당수를 수입합니다. 이러니까 수출을 해도 실제 국내에 남는 부가가치가 그렇게 많지 않습니다. 예를 들어 우리가 100을 수출하면 실제 국내에 인건비나 이윤 등으로 남는 건 20~30밖에 안되는 겁니다. 우리가 많이 비교하는 독일이나 일본 같은 나라는 내부적으로 부품이나 소재 산업이 뛰어나기 때문에 100을 수출하면 30~40이 국내 인건비나 이윤 등의 부가가치로 남는 것이지요.

백낙청 이치는 그러한데, 부품이나 소재 산업이 워낙 독일이나 일본에 비해 뒤떨어지는데 그걸 갑자기 높이는 방안이 있나요?

정대영 우리가 이 문제를 안 건 오래됐죠. 벌써 1980년대부터 부품·소재 산업을 육성하려고 노력했는데 안되고 있죠. 그 이유는 한국경제의 여러 고질적인 문제가 지금까지 해결되지 못하는 것과 비슷해요. 부가가치 비율을 단기간에 쉽게 높이는 방안은 없다고 생각해요. 여러가지 제약요인이 해결돼야 가능할 것 같아요. 우선 중소기업들이 기업하기 어려운 여러 요인들이 있죠. 창업도 어렵고, 창업 후엔 중견기업, 대기업으로 키워가기도 어렵고요. 그리고 환율을 높여 수출을 늘리는 정책도 요인이에요. 기술을 오래 축적해 부가가치를 높이려는 기업보다 가격이 낮더라도 수출물량이 많은 기업이 쉽게 돈을 벌게 되거든요.

　부동산 가격이 빨리 올랐기 때문에 중소기업이 한군데서 사업을 오래 하기 어려웠던 것도 원인이에요. 수도권, 서울 변두리에 과거에는 조그만 부품기업이나 기계공장이 모여 있는 지역이 있었습니다. 가까이는 청계천도 있었고, 영등포 문래동 같은 곳도 과거에 꽤 괜찮은 인프라가 있었는데, 이것이 높아지는 부동산 가격 때문에 유지할 수가 없으니까 다 흩어진 거거든요. 아파트로 바뀌고 빌딩으로 바뀌고… 그게 미국처럼 씰리콘밸리가 된다거나, 독일처럼 기계산업이나 부품산업의 기지가 됐어야 하는데… 부동산개발이 되면서 어떤 사람들은 보상받아 빌딩 주인도 되고, 그냥 쫓겨나가는 사람도 있고요. 이런 것들이 바뀌어나가야 부가가치 비율이 오르고 한국경제도 좋아질 거예요.

백낙청 부동산 가격을 올려서 경제난을 타개한다는 게 자살골, 오히려 자충수라는 걸 실감하겠는데요. 그런데 다른 한편에 이런 얘기도 있지 않습니까? 부동산 가격이 좀 내려가긴 해야 하는데 갑자기 뚝 떨어져버리면 은행도 망하고 다 망해서 경제적 혼란이 일어나니까, 그나마 이 정도라도 손을 써서 유지해야 한다는 논리죠.

정대영 현 정부의 주장이기도 하고 많은 사람들이 그렇게 생각하는데, 부동산은 그 가격변화가 경제에 미치는 영향이 일반 상품하고는 좀 다릅니다. 우리가 쓰는 소비재 같은 일반물가는 오르는 정도 즉 상승률이 중요하지만, 부동산이나 주식 같은 자산가격은 상승률뿐 아니라 수준 자체도 굉장히 중요합니다. 생필품에서는 거품이 생겼다 혹은 터졌다는 말은 잘 안 쓰는데, 주식이나 부동산에서는 거품이 있다 터졌다는 말을 자주 합니다. 거품이 터지는 과정에서 2008년 세계 금융위기 같은 큰 경제위기가 오기도 합니다. 부동산 등 자산은 계산하기 어렵지만, 내재가치에 의한 정상가격이라는 것이 있습니다. 부동산시장의 가격이 거품 탓에 정상가격보다 과도하게 높은 수준을 오래 유지하면 경제에 큰 부담을 주는 거죠.

결국 급격한 위기가 와서 고통을 단기로 받느냐, 일본처럼 부동산시장의 장기침체로 오랫동안 고통 받느냐의 차이입니다. 부동산 가격이 단기간 많이 떨어지더라도, 조금 힘은 들겠지만 은행이 망하지 않게 하고 개인들의 피해도 줄이면서 잘 수습할 수 있을 것입니다. 이렇게 할 수 있는 정부가 위기관리능력이 있는 정부이죠. 더구나 부동산 가격을 높게 유지한다고 해서 부작용이 없어지는 게 아니거든요. 결국 부동산의 실질가격은 물가상승에 따라 조금씩 떨어질 거고, 대출이 많은 사람은 이자를 계속 내야 하고, 전세값은 계속 오르고, 소비는 줄면서 눈에 안 보이지만 높은 부동산 가격이 주는 악영향이 계속 나타날 겁니다.

백낙청 말하자면 요즘 많이 얘기하는 비만증이 지나친 꼴인데,(웃음) 물론 뱃살 뺀다고 지방흡입수술 같은 위험한 짓은 하지 말아야 되지만 누군가 확고한 신념과 정교한 지식, 의술을 갖고 고통스러워도 빼나가야지 그냥 내버려두거나 저절로 조금씩 빠지길 기다리면 겉으론 멀쩡한 것 같아도 온갖 성인병들이 나온다는 말 아닙니까?

정대영 그렇죠. 적절한 비유인 것 같습니다.(웃음)

세금문제와 '반값 집세' 복지

백낙청 요즘 또 많이 얘기되는 게 세금과 복지 문제예요. 오늘도 박근혜 대통령이 또 '증세 없는 복지'를 주장하면서 경제 살리기를 제대로 해보지도 않고 세금을 올리려는 것은 '국민에 대한 배신'이라고까지 얘기했더군요.(웃음) 텔레비전으로 그걸 봤는데, '내가 경제 살리려고 이렇게 애쓰고 있는데, 여당도 야당도 협조 안하고 국민들도 협조 안해서 그렇지, 경제만 살리면 세수가 저절로 늘어나고 복지문제도 다 해결될 텐데, 안 도와주는 게 말이 되느냐' 하면서 좀 투정하는 어투 같더군요.(웃음)

세금문제는 법인세 올리자는 얘기가 주로 나오는데요. 우선은 법인세를 올리는 것, 아니 올린다기보다는 감면을 철회하는 것이 세수 확보에 가장 중요한 길인지, 또 그렇게 할 때 여러 부작용이 생긴다고, 기업들이 장사도 안되고 외국으로 나간다는 얘기들을 하는데 그건 어느 정도 근거있는 이야기인가요?

정대영 세금은 간접세·법인세·소득세 세가지로 나눌 수 있습니다. 먼저 부가가치세나 특별소비세 같은 간접세는 세율이나 조세수입이 OECD 회원국의 평균 수준입니다. 큰 문제가 없는 것 같아요. 그런데 일부 사람들은 이걸 올리고 싶어해요. 이번 담뱃세 인상처럼 상대적으로 쉽게 할 수 있기 때문이지요. 아직 우리의 간접세가 높은 편이 아니고 중간 정도니까 유혹이 클 수밖에 없지요. 그렇지만 제 생각으로는 이건 후세를 위해 남겨둬야 한다고 봅니다. 앞으로 통일이라든가, 복지를 더 늘리기 위해 재정수요가 크게 확대될 수 있는데 그때를 위해 남겨둬야지 이걸 지금 손대는 건 후세들의 몫을 당겨 쓰는 것이라고 생각합니다.

다음으로 법인세는 최저세율이 10퍼센트고 최고세율이 22퍼센트입니다. 이 또한 OECD 평균수준이죠. 그러나 감면 받는 것들을 빼고 기업이 실제 법인세를 내는 실효세율은 많이 낮은 편입니다. 실효세율이 현대자동차나 삼성전자의 경우 16퍼센트 정도밖에 안됩니다. 돈 많은 대기업에 적용되는 실제 세율은 굉장히 낮은 셈이지요. 그런데 국민소득 대비 법인세의 비중 자체는 OECD 회원국 중에서 조금 높은 편에 속해요. 그래서 기업들이 우리가 법인세를 많이 내고 있다, 그러니까 더이상 세금부담을 늘려선 안된다고 주장하는 거죠.

그런데 대담 초입에서 말씀드렸듯이 2000년 이후 기업소득은 많이 늘었습니다. 개인소득은 별로 안 늘고요. 한국경제의 구조적인 문제의 하나죠. 당연히 소득이 늘면 세금을 많이 내는 거거든요. 법인세의 과세대상이 되는 기업의 소득이 늘어나니 세율은 낮아도 세금은 많이 내게 된 것이지요. 또 하나는 우리 세율 구조를 보면 소득세는 한해 3억원 초과 최고세율이 38퍼센트, 8800만원만 넘어도 세율이 35퍼센트입니다. 그런데 법인세는 소득 2억원까지는 세율이 10퍼센트밖에 안됩니다. 그러니까 소득이 어느정도 늘어나면 개인사업자들은 법인으로 전환하는 게 훨씬 유리합니다. 그래서 우리나라에서는 웬만하면 다 법인으로 전환하려 하죠. 이것도 법인세 수입이 늘어나는 이유가 되는 거예요. 법인세 수입이 상대적으로 많은 것은 결국 세율 문제는 아니고, 기업소득이 늘고 법인세를 내는 기업들도 늘어나서죠.

당연히 세율을 올릴 수 있고 공제를 줄일 여유도 있는데, 현실적으로 세금을 올리면 기업들이 해외로 나갈지 모른다는 걱정이 있죠. 하지만 그 가능성은 크지 않아 보입니다. 스위스의 세계경제포럼

(WEF)이라는 게 있지 않습니까? 거기서 여러 나라의 국가경쟁력을 비교한 자료를 보면 우리나라에서 기업하기 나쁜 조건 중에서 세금 부담이 크다는 것은 한참 아래에 있어요. 기업들에 별로 문제가 안된다는 뜻이거든요. 세금을 올리면 외국인 기업이 중국이나 동남아 쪽으로 조금 갈 수는 있겠지만 그렇게 걱정할 건 아닌 것 같아요. 참고로 세계경제포럼에 따르면 우리나라에서 기업하기 가장 나쁜 조건은 정책의 불투명성과 관료의 비효율성이지요.

문제가 큰 것은 소득세입니다. 소득세의 세율 자체는 최고세율이 38퍼센트로 OECD 국가의 중간 정도 됩니다. 그런데 실제 조세수입은 아주 적어요. 국민소득 대비 소득세로 받는 세금의 비중이 OECD 평균의 절반 이하입니다. 소득세를 내는 사람의 비중도 많지 않고요. 구조적인 문제가 있다는 거거든요. 우리 소득세 제도가 참 잘못되어 있다는 건데, 첫째는 아무 이유도 없이 안 받는 세금들이 많아요. 가장 덩치가 큰 게 아마 주택임대소득에 대한 세금일 겁니다. 주택임대소득에는 세금을 안 받고, 정부가 관심이 없어서 그런지 액수가 얼마인지도 알지 못해요. 제가 추정해보면 적어도 50조, 많으면 100조 근처에 갈지도 모릅니다. 이렇게 거대한 규모인데 세금은 거의 안 받습니다, 이것만 제대로 받아도 우리의 세수부족 문제는 많이 해결될 수 있을 겁니다. 그다음에 양도소득세도 1가구 1주택 양도소득세를 포함해서 제대로 안 받고 있고요. 잠시 논란이 됐다 사라진 종교인 소득, 주식 양도차익 등도 세금을 안 받고 있지요. 여기에다 한국은 소득세 제도상 음성적인 소득은 세금을 받기 어렵게 되어 있어요. 이런 이유로 해서 소득세 수입의 비중이 다른 나라에 비해 크게 낮은 것이지요. 이렇게 본다면 세금과 관련해서 법인세 인상도 중요하지만 소득세 제도를 개혁해 조세기반을 넓히는 것이 더 시급한 일이지요.

백낙청 정소장님께서 그간 제안하신 것 중에 하나가 반값 등록금도 중요하지만 '반값 집세' 지원을 하자는 거예요. 그게 복지로서도 중요하고 지금 말씀하신 주택임대소득을 투명화하는 데에도 기여하죠. 재원이 어디서 나오느냐는 반론이 예상되긴 하지만, 저는 아주 훌륭한 발상이라고 생각했습니다.

정대영 일정 소득 이하의 세입자들에게 집세의 50퍼센트 정도를 정부가 복지제도의 하나로 지원해줘야 한다는 주장이지요. 발상의 시작은 2012년 초쯤 같은데 인천에서 한 세입자가 집세 독촉에 쫓기다가 집주인을 살해하고 본인은 자살한 사건입니다. 집주인도 넉넉한 사람이 아닌 것 같았는데 양쪽 모두에게 참 슬픈 일이었죠. 주거는 사람의 기본권이지 않습니까? 어떻게든 해결해야 사람이 살아갈 수 있는데…

지금 젊은이들이 결혼 못하는 이유 중 하나가 결혼해서 살 보금자리가 없는 거예요. 유럽 등의 선진국에서는 당연히 저소득층의 주거비를 정부가 어느정도 보조해주는데, 이렇게 보면 우리도 그 어느 복지보다 주거를 우선시해야 하는 거죠. 특히 한국은 정부의 연이은 주택정책 실패로 집값과 집세가 아주 높아진 나라잖아요. 반값 등록금이나 기초연금은 특정 세대와 계층을 위한 거잖아요? 그런데 반값 집세는 집 문제로 고통을 받는 모든 사람이 혜택 받을 수 있어요. 그리고 주거비를 조사하다보면 집세가 드러나니까 세무서에서 세금을 안 받을 수 없거든요. 그러면 세수가 늘어나고 그 늘어난 조세수입으로도 세입자들에게 지원이 가능할 수 있습니다. 물론 이것은 지원제도를 어떻게 만들고 세금을 얼마나 걷을 수 있는지에 달려 있겠지

만… 제가 볼 땐 복지제도 중 가장 중요하고 우선적으로 추진해야 할
정책이 아닌가 합니다.

정규직-비정규직 차별보다 근원적인 문제가 있다?

백낙청 주제를 좀 바꿔보겠습니다. 정소장님의 말씀 중에서 매우 인
상적인 것이 있어요. 지금 한국경제 또는 사회에 가장 심각한 문제의
하나로 정규직-비정규직 차별을 꼽고 있지 않습니까? 그런데 정소
장님은 이게 오히려 지엽적인 거고, 사실은 지금 말씀처럼 주로 부동
산으로 불로소득을 얻는 사람들과 그런 것 없이 자기가 벌어서 사는

사람들 간의 격차가 더 중요하다, 또한 좋은 직업과 그렇지 못한 직업 사이에 보수의 격차가 너무 크다, 이런 지적을 하셨어요. 상당수의 독자들이 놀랄 거예요. '아니, 정규직-비정규직 문제가 이렇게 심각한데…' 하는 일반의 느낌과는 언뜻 다르거든요.

그런데 저는 그 말씀을 들을 때 어떻게 보면 정규직-비정규직 차별이라는 것은 우리 사회의 큰 틀에서 갑에 해당하는 사람들이 을들을 분열시켜서 전체 을의 힘을 약화하면서 동시에 그중에 비정규직에 해당하는, 을 중에서도 더 을인 사람을 쥐어짜는 일석이조의 방안인 것 같아요. 그렇게 좀 크게 봐야겠구나 하는 생각을 한편으로 했고, 다른 한편으로는 어쨌든 정규직-비정규직 차별이 너무 심하고 심각한 게 아니냐, 우리 사회의 시급한 현안 아니냐는 생각을 버릴 수는 없어요.

정대영 비정규직 차별은 굉장히 큰 문제죠. 공평·공정이라는 차원에서 큰 문제인데, 그걸 정규직 대 비정규직으로만 봐선 안되고 전체적인 구조로 보자는 거죠. 경제 전체로 봤을 때 기층부 즉 아래 계층에는 비정규직과 함께 중소기업 노동자들, 영세 자영업자들이 있습니다. 이 사람들의 처지는 거의 비슷합니다. 중소기업의 정규직들은 대기업의 비정규직이랑 보수나 처우에서 별 차이가 없죠. 오히려 숫자는 대기업 비정규직보다 중소기업 노동자가 훨씬 많거든요. 영세 자영업자들도 굉장히 많고요. 이렇게 기층부에 있는 사람들이 우리 사회에서 70~80퍼센트 정도는 될 겁니다.

반대쪽 상층부터 보면 재벌로 시작해서 기업 경영자, 금융기관 경영자, 임대사업자가 있고, 직업으로 의사나 변호사 등 전문직, 교수, 공무원, 공기업 직원, 그다음에 대기업 정규직이 있습니다. 대기업

정규직도 사무직·기술직·연구개발직이 있고 생산직·판매직이 있는데, 여기서 정규직-비정규직 문제가 되는 부분은 주로 대기업의 생산직이나 판매직입니다. 왜냐하면 대기업의 기술직·사무직에는 비정규직이 적고, 있어도 사무보조가 주이기 때문에 업무가 달라서 그걸 뭐라고 얘기하기가 어렵습니다. 대개 문제되는 부분이 판매나 생산 담당 부문이거든요. 그러면 좋은 직업들을 서열구조로 보면 대기업 정규직은 사실 거의 맨 마지막 단계에 있는 겁니다.

위에서부터 쭉 보면 재벌에서 시작해서 전문직 등을 거쳐 내려오다가 대기업 생산직 정규직과 대기업 생산직 비정규직 사이의 갈등이에요. 결국 정규직-비정규직 차별만 본다면 문제를 너무 작게 만드는 것이죠. 경제를 볼 때 정규직 대 비정규직 차이가 큰 게 아니라, 오히려 왜 의사나 교수가 자동차 정비공이나 배관공보다 월급을 그렇게 많이 받아야 되느냐라는 질문이 나와야 해요. 교수나 의사는 사회적 지위와 명예를 많이 갖고 있지 않습니까? 제가 볼 때 보수는 조금만 많으면 될 것 같은데, 실제는 열배에 가깝게 많거든요. 이런 식의 직업간 과도한 격차가 더 문제라는 거죠. 더군다나 중소기업 노동자들이나 영세 자영업자들의 문제는 정규직-비정규직 문제로 해소되는 것이 아니니까요.

이런 경제 전체의 문제를 해결하지 않고는 아까 선생님 말씀처럼 조금 나은 서민하고 조금 더 못한 서민 사이의 싸움만 되는 건데, 이 문제는 왜 직시하지 않느냐는 겁니다. 좀더 부연한다면 근래에 신자유주의가 많이 언급되는데, 경쟁과 시장원리라는 신자유주의 원칙을 강하게 적용하면 가장 힘들어지는 게 사실 의사나 교수, 공무원입니다. 의사나 교수나 공무원은 경제적인 성과를 많이 내서 높은 보수를 받는 게 아니거든요. 전부 제도적·정책적인 요인에 의해 보수가 결정되는 것이지요. 의사는 정부가 의사 수를 정하고 업무영역을 엄격히 법으로 보호해주기 때문에 경쟁이 적고 보수를 많이 받을 수 있는 것이죠. 국공립대 교수나 공무원도 마찬가지로 정부에서 보수를 직접 결정하고, 사립대 교수도 정부의 사학 지원이 없으면 좋은 대우를 받기 어렵죠.

백낙청 이럴 때 흔히 하는 얘기가, 그런 좋은 직업에 가기 위해 공부를 많이 했으니까 많이 받아야 한다는 건데⋯ 공부를 그렇게 몇십배, 몇백배씩 더 많이 했느냐는 것도 문제고요.(웃음) 그게 말이 안된다는 걸 제일 잘 보여주는 게 대학의 시간강사와 교수입니다. 시간강사도 교수와 다를 바 없이 공부 많이 했어요. 그런데 받는 봉급은 격차가 너무 심하거든요.

정대영 교수와 시간강사의 차이는 너무 심하죠. 한마디로 우리나라에서 괜찮은 직업들, 의사 교수 공무원 그리고 공기업 금융기관 직원, 대기업 정규직들이 국민경제의 성과를 과도하게 가져가고 있는 거지요. 여기에 끼지 못한 사람들은 결국 적게 받을 수밖에 없어요.

백낙청 이게 신자유주의도 아니라는 말씀이 참 와닿는데, 정소장님은 우리 사회가 '신봉건체제'라는 요지의 글을 쓰신 적이 있었죠? 신자유주의 문제도 물론 심각한데, 동시에 자유주의 이전의 봉건체제적인 문제들이 뒤섞여 있다고 지적하셨어요. 현 상황을 보면 오히려 봉건제에서 어떤 신분이나 봉토를 지닌 사람들과 신분이 다른 사람들의 격차에 방불하고, 신자유주의 논리에도 한참 벗어난 것 같아요.

정대영 예, 바로 보신 겁니다. 백선생님이 말씀하시는 '이중과제론'하고도 비슷하지 않을까 생각하는데요. 우리 경제는 자본주의 또는 자유주의의 원칙인 시장과 경쟁을 놓고 볼 때, 이것을 더 완성하고 확립하는 게 중요한 분야가 있고, 또 이것의 모순을 극복하여 새로운 체제를 만드는 것이 중요한 분야가 있습니다. 이 과정이 동시에 필요합니다. 이중으로 문제를 동시에 해결하지 않으면 한국경제의 어려움이 계속될 것 같아요. 그러니까 흔히 진보 쪽이나 민주당에서 얘기하는 '정책을 좌클릭하면 된다'라는 구호로는 부족한 것 같고요. 사안별로 어떤 것에는 더 강한 경쟁정책, 신자유주의 정책이 필요하고 반대로 비정규직 문제 등에는 당연히 보호와 지원이 필요해요. 이런 것들을 하나하나 구분해서 차별화된 정책을 써야 합니다.

금융이 제구실을 다하기 위해

백낙청 그런 식으로 사안 별로 소위 좌클릭하는 정책도 쓰고 우클릭하는 정책도 써야 하는 분야가 금융 분야가 아닌가 싶어요. 금융전문가로서 그 주제에 관한 책도 쓰셨는데, 저는 금융에 대해 사람들이 갖고 있는 편견이랄까 고정관념을 많이 불식시켜주셔서 참 고마운 작업을 하셨다고 봐요. 금융은 경제 중에서도 아주 특수한 분야 같아요. 어떻게 보면, 옛날 식 금융은 아주 심심한 것 아닙니까? 그저 돈 빌려주고 이자 받는 일이었는데 지금은 어떻게 보면 그야말로 첨단기술처럼 된 면이 있거든요. 그러다보니 사람들은 이게 실물을 생산하는 것이 아니니까 뭔가 수상쩍게 보는 거예요. '이거 다 사기 치는 것들이고(웃음) 자기들은 생산 안하면서 기생한다'는 식의 생각이 많죠.

정대영 예, 실제 그렇게 생각하는 사람들을 많이 만나고 있습니다.(웃음) 그리고 한국 금융이 현재 하고 있는 행태를 보면 그렇게 생각하는 것도 무리가 없어 보입니다.

백낙청 그런데 정소장님의 지적은 우리한테 필요한 계몽이었다고 생각합니다. 첫째, 기생을 하든 안하든 실생활과 경제에 미치는 영향에서 좋은 금융과 나쁜 금융이 있는데 그걸 가려서 기왕이면 좋은 걸 하자는 거고요. 또 하나는 금융에 관한 우리의 통념이 사실은 너무 단순하고 낡은 사고라는 지적이에요. 금융에 대해 한편으로는 신자유주의의 극치라고 몰아치고, 다른 한편 우리나라 은행이나 금융계를 보면 그거야말로 봉건제도가 강고하게 남아 있는 영역이 아닌가 싶은데요. 이것을 좀 정교하게 계획해서 개선하는 방안으로는 어떤 게 있을까요.

정대영 먼저 위험하지 않은 정책, 부작용이 없는 정책은 없다는 겁니다. 금융에서도 의미있는 정책은 어렵고 힘들고 위험하지요. 그럼에도 개혁하면 우리 금융과 은행이 조금 더 나아지고 또 고용도 많이 늘어날 수 있다는 거죠. 그리고 금융에 대한 사람들의 선입견을 바꾸는 것이 중요한 것 같아요. 예컨대 어떤 범죄가 발생하면 누가 유리하고 누가 불리할까를 따져보는 것처럼, 금융이 발달하지 않으면 누가 유리할까를 생각해보면 그 편견을 바꿀 수 있을 것 같습니다. 금융이 발달하지 않으면 가장 불리해지는 사람은 돈 없는 사람입니다. 금융이 없다면 그들은 사업할 수가 없거든요. 돈 있는 사람은 금융이 없어도 자기가 가진 돈으로 이것저것 해보고 또, 경쟁자가 없어 더 좋을 수 있는 거니까요. 이렇게 보면 금융은 기본적으로는 어려운 사람에게 도움을 주는 기능이 있는 거지요. 물론 잘해야 하지만…

백낙청 잘하지 않으면 돈 있는 사람은 꿔서까지 돈을 더 쓰고, 돈 없는 사람은 내내 못 꾸어 쓰게 되죠.(웃음)

정대영 그렇죠. 문제는 현실에서 잘하지 못해 생기는 거죠. 다시 말해 금융이 잘 작동한다면 돈은 없지만 능력은 있는 사람한테 기회가 갈 수 있다는 거예요. 이렇게 만들어가는 게 정책당국의 몫이에요. 우리나라에서 무엇보다 중요한 금융의 과제는 돈 없이 창업하는 사람이나 영세 사업자같이 어려운 사람들이 돈을 좀더 쉽게 빌릴 수 있게 하는 것이죠. 이를 위해서는 일차적으로 신협이나 새마을금고 같은 서민들을 위한 금융기관이 제 역할을 해야 됩니다.

백낙청 제 역할을 못하는 가장 중대한 이유는 뭡니까?

정대영 그게 굉장히 복합적입니다. 여러가지 제도적인 요인에다, 종사자들이 현실에 안주해서 위험하고 어려운 일 안하려는 것 등이 얽혀 있습니다. 신협이나 새마을금고는 오히려 외환위기 이전보다 지금 좋은 금융이란 측면에서 상황이 더 나빠졌어요. 외환위기 이전에는 신협의 경우 50퍼센트 정도가 신용대출이었습니다. 지금은 담보대출이 90퍼센트예요. 집이나 땅 같은 담보가 있는 사람, 결국 돈 있는 사람한테만 대출이 되는 거죠. 이렇게 바뀐 게 여러 요인이 있지만 외환위기 이후 감독당국이 신협이나 새마을금고를 문제만 안 일으키면 되는 기관으로 생각하고, 종사자들도 여기에 순응했던 것이 가장 큰 이유 같아요. 이런 것들을 어떻게 되돌릴 수 있느냐, 즉 신용대출을 많이 해줄 수 있느냐면, 우선 신협이나 새마을금고의 업무 제약을 줄여 은행과 경쟁할 수 있게 해줘야 하고요. 그다음에 '관계금융' 즉 담보가 없는 사람들도 대출을 받을 수 있는 금융이 늘어날 수 있는 인센티브를 주어서 신협이나 새마을금고 종사자들이 이러한 방향으로 끌고 갈 수 있도록 해야 해요. 그래도 신협이나 새마을금고가 제 역할을 못한다면, 대안으로 생각해볼 수 있는 게 요즘 회자되는 협동조합입니다. 협동조합은 현행법상 여타 업종은 다 할 수 있는데 금융보험업은 못하게 되어 있어요. 그러니까 사람들이 스스로 조직을 만들어 서로 돕는 금융을 하는 게 현재의 협동조합기본법으로는 불가능합니다. 신협이나 새마을금고가 그 역할을 못하면 협동조합이 할 수 있도록 법 개정을 생각해봐야 합니다.

금융감독체제를 어떻게 혁신할 것인가

백낙청 이와 더불어 강조하시는 게 신규 은행의 설립을 제한적으로라도 허용해서 경쟁을 시켜야 한다는…

정대영 예, 한국에서는 1993년 이후로 새로운 은행이 설립되지 않았어요. 은행이 없어지기만 했죠. 이것은 비정상의 극치입니다. 정부는 겉으로는 희망자가 없어서 안 생겼다고 하지만 실제 내용을 들여다보면 희망하는 사람이 있어도 여러 이유로 막은 사례가 많거든요. 그러다보니 기존의 은행들은 경쟁이 없기 때문에 어려운 일, 힘든 일을 안 하고도 돈을 많이 법니다. 담보가 충분한 사람, 직장이 좋은 사람, 장사가 잘되는 기업, 정부의 보증서가 있는 기업, 이런 안전한 곳에만 대출해줘도 영업이 잘 되거든요. 자기들 월급 많이 받고 이익을 충분히 내는 데 지장 없지요. 근본적으로 경쟁이 없는 곳에서 경쟁력 있는 은행이 나올 수 없어요. 새로이 들어온 은행은 아마 남들 안하는 일을 해야 돈을 벌기 쉬울 것입니다. 이런 은행들이 많아지다 보면 조금 신용도가 떨어지는 사람에게도 대출해주는 길을 찾을 것이고, 큰 은행들은 국내가 아닌 해외에 나가서도 영업을 많이 할 수 있지 않을까 생각합니다. 다양한 은행들이 많이 생기면 괜찮은 일자리도 늘어나고 은행산업의 경쟁력도 높아지고 사람들이 대출을 받기도 쉬워지지요. 선진국은 다 이렇게 하고 있어요.

백낙청 국내외 금융회사에 두루 근무해본 지인에게, 한국의 은행들이 외국에 진출해서 경쟁을 좀 해야 하지 않느냐고 했더니, '말도 안되는 소리 하지 마십시오. 그 사람들이 가서 무슨 경쟁을 합니까' 그러던데요.(웃음)

정대영 지금 상태로는 딱 맞는 말입니다.(웃음) 그런데 아마 우리 대기업이 처음 해외에 나갔을 때에도 아마 똑같은 말을 들었을 겁니다. 현대자동차가 만든 무슨 양철떼기 같은 자동차나 삼성의 텔레비전이 해외에서 팔리겠느냐고 했거든요. 세상일은 다 어렵게 시작하는 거 아닐까 생각합니다. 지금 우리나라 은행 능력으로는 해외로 진출하기 어렵겠지만 그렇다고 포기해서는 안되죠. 전자산업, 자동차산업은 잘하는데 금융은 못한다는 법이 없는 것이지요. 정책당국이 지원해주고, 해외영업이 유리한 조건을 만들어주면 충분히 해낼 수 있다고 생각합니다.

백낙청 은행 신규허가를 내주는 데가 금융위원회죠. 정소장님은 금융감독체계를 개선해야 한다는 것도 강조하시죠?

정대영 예, 전문적이고 기술적인 문제지만 금융산업 발전을 위해 중요한 과제입니다. 우리나라는 금융감독기관이 금융위원회와 금융감독원, 두개가 있어요. 금융위원회는 공무원 조직이고 금융감독원은 민간의 공적 법인 형태인데요.

　금융위원회는 정책적이고 중요한 업무를 하고, 금융감독원은 실무적이고 현장업무를 한다고 구분되어 있는데 현실에서는 둘을 나누기가 애매합니다. 금융감독체계 개혁을 위해 우선해야 할 일은 이렇게 애매하고 이상하게 나뉜 두개의 조직을 하나로 합치는 겁니다. 우리나라처럼 비정상적인 형태의 금융감독조직을 가진 나라는 선진국 중 없을 것 같아요. 둘을 합해 전문성과 책임성을 갖고 금융감독을 하게 해야 한다는 주장은 오래전부터 나왔고, 많은 학자들이 이에 동의하고 있어요. 실제 참여정부 때 두개의 조직을 합하는 법안이 만들어졌는데 최종 통과가 되진 못했습니다. 워낙 힘이 센 관료들이 이걸 강하게 반대했기 때문이지요.

백낙청 합해지면 힘이 더 세지는 것 아닌가요?

정대영 금융감독도 원래 중앙은행처럼 정치적으로 중립적인 기관에서 맡아야 한다는 것이 글로벌스탠더드입니다. 통화정책도 그렇지만 금융감독도 정치바람에 휩쓸리지 않아야 금융이 안정되고 발전된다는 것이지요. 그래서 일본을 제외한 대부분의 나라가 금융감독은 대부분 중앙은행처럼 민간의 공공적 성격의 기관이 담당합니다. 과거에 우리나라도 외형적으로 그렇게 되어 있었죠. 그런데 관료들이 금융위원회, 예전에는 금융감독위원회라고 했던, 공무원 조직을 만들어 하나하나 업무를 가져간 거죠.

금융감독위원회가 처음 만들어진 게 외환위기 직후인 1998년입니다. 국민의정부 때인데 그때는 그나마 원칙이 있었기 때문에 위원회의 직원 수를 30명 이내로 하고 실질적인 감독업무는 못하게 했죠. 법으로 인원도 못 늘리게 해놨어요. 그런데 시간이 지나면서 법을 슬쩍 바꾸어 인원을 계속 늘리면서 지금은 완전한 정부부처가 된 거죠. 두 조직을 합했을 때, 많은 학자들이 주장하듯이 민간기구로 간다면 공무원이 금융감독에서 손을 놔야 하는 거지요. 일본처럼 공무원 조직으로 합친다손 치더라도 공무원들은 별로 안 좋아할 겁니다. 왜냐하면 그때는 잘못되었을 때 전적으로 책임을 져야 하니까요. 지금은 양쪽이 책임을 서로 나눠지고 책임을 미룰 수 있는 구조거든요. 책임을 힘이 약한 금융감독원으로 밀어버릴 수 있는 거죠. 한 조직으로 통합되면 미룰 수가 없잖아요. 책임은 지기 싫고, 잘못 합쳐져서 민간기구가 되면 자리가 없어지고 금융감독이라는 이권을 잃으니까 더 싫을 거고요. 그래서 관료들은 기본적으로 두 조직을 합치는 것에 반대합니다.

백낙청 이번호 『창작과비평』(2015년 봄호)에 정소장님께서 관료개혁에 대한 글(「관료개혁, 4대 방안으로 실현하자」)을 써주셨는데, 정말 이렇게 전부 맞물려 있군요. 조금 다른 얘기를 해보죠. 정소장님이 경제전문가 중에서 좀 색다른 것이 북한에서 새로운 먹거리를 찾아야 한다는 걸 아주 강조한다는 점이에요. 물론 남북관계 하는 분들은 그런 얘기를 많이 합니다. 그런데 제가 과문한지 모르지만 경제학자들은 그런 얘기 많이 하는 걸 못 들었단 말이죠. 『창작과비평』 2012년 가을호에 「한국경제, 무엇을 먹고살 것인가」를 기고하시면서 그런 얘기를 하셨어요. 그때 거론한 예 중 하나는 한국의 건설회사들이 요즘 어려운데 북한에 가서 그쪽의 인프라 구축사업을 하면 일거양득이라는 것이었어요. 또 이건 정 소장님 말씀은 아니고 제가 한마디 붙이는 겁니다만, 그런 길이 안 열리면서 여기서 쓸데없는 토건사업을 억지로 벌이잖아요. 4대강도 파헤치고…(웃음)

북한에서 새로운 먹거리 찾기

정대영 맞습니다.(웃음) 그때 4대강사업 대신 북한에서 건설사업을 했다면 남한은 환경파괴가 없어서 좋고 북한은 인프라 개선되고…

백낙청 그래서 북으로 보낼 수 있으면 일거양득이지요. 그래서 토목사업 말씀하신 게 있고, 또 하나는 개성공단과는 조금 다른 발상으로 북한 인접지역에 다국적 도시랄까, 다국가 경제특구 같은 것을 만드는 걸 제안하셨죠. 그다음에 사소한 것도 얼마든지 있다면서 개성공단에서 토끼 사육하는 사업도 얘길 하셨는데 사실 그건 정부에서 누가 맘먹고 했으면 벌써 시행되어서 돌아가고 있을 텐데 말입니다.(웃음) 여하튼 그런 몇가지를 제안해주셨는데, 북한에서 새로운 먹거리 찾는 문제를 현 시점에서는 어떻게 보시나요?

정대영 지금은 더 절실해졌습니다. 건설업뿐 아니라 우리의 모든 내수시장이 인구 고령화 등으로 작아지고 있으니까요. 남북분단의 영향이 남쪽의 정치, 사회 등 여러 군데 미치고 있지만, 경제에도 큰 영향을 미쳐왔죠. 먼저 기업에는 내수시장이 작은 것이 항상 문제가 되죠. 다음은 국방비 부담도 크고 또 젊은이들이 군대를 가야 하니까 그만큼 생산인력이 줄어들었지요. 복지가 우리 경제능력에 비해 늦게 도입된 것도 분단문제와 관계가 있습니다. 국방비 부담 같은 예산 문제도 있지만 더 현실적인 것은 과거에 복지확대를 주장하면 사회주의와 연결되어 종북으로 몰릴 수 있기 때문에 복지 이야기를 꺼내기가 조심스러웠지요.

지금은 우리 경제 상황에서 남북문제를 잘 활용하면 백선생님 말씀대로 큰 돌파구가 될 수 있을 것 같아요. 건설업에는 당연히 큰 도움이 될 것이고 제조업 쪽도 이제는 중국에서 많이 어려워지고 있거든요. 한국기업이 베트남 같은 동남아 국가로 이전하고 있는 상황에서 북한은 아주 좋은 대안이죠. 말도 잘 통하고, 근로자의 자질이 좋고 인건비가 저렴하지요. 개성공단의 입주기업인 말을 들어보면 중국 노동자보다 북한 노동자들이 돈은 적게 나가는데 생산성이 훨씬 높답니다.

그리고 기업 하시는 분이 전부 그런 건 아니지만 보수적인 편이지 않습니까. 이들에게 남북관계 개선이 이산가족이나 정치·군사 같은 문제를 떠나 한층 현실적인 이익과 연결되면, 남북문제가 더 부드러워질 수 있습니다. 얼마 전에 개성공단이 잠깐 폐쇄되었는데 그걸 열라는 요구가 개성공단 입주기업인들에게서 가장 많이 나왔거든요. 비슷한 협력사업이 개성공단을 뛰어넘어서 많이 생기면 엄청난 역할을 하게 되겠죠. 남북관계가 한참 좋아졌다가 최근 7~8년간 거꾸로 가고 있는데 이런 일이 덜 일어나게 될 것이고요. 서로 이해관계가 깊어지고 또 우리 사회의 보수적인 의견을 대표하는 기업인들도 참여해서 남북관계가 더 안정적이고 지속적으로 갈 수 있을 것 같아요. 남북협력 사업은 건설업과 제조업뿐 아니라, 수산업·임업·농업 등 모든 산업에서 다 가능할 거라고 생각합니다.

백낙청 옛날에는 곡창지대인 남쪽이 농업이고, 북쪽이 공업이라고 했는데 남북분단 이후에 남쪽의 공업화가 훨씬 급속하게 또 고도로 진행되어서 지금은 오히려 우리가 농업에서 새로운 활로를 찾는다면 북쪽에 더 많이 의존해야 할 거라고 주장하시는 분들도 있더군요.

정대영 예, 맞습니다. 북한의 산이 많이 헐벗었는데 여기에 필요한 조림사업까지 생각해본다면 가능성은 아주 큽니다. 또 온난화로 인해 북쪽 지방의 농업 여건이 예전과 달리 아주 좋아지고 있다고 합니다.

백낙청 노무현 대통령이 2007년에 2차 정상회담을 할 때 제가 민간수행단에 끼어서 갔었는데 그때 대우조선해양, 광진 등의 기업인들이 많이 갔습니다. 정몽구(鄭夢九) 회장, 구본무(具本茂) 회장 같은 분들도 갔고요. 그때 대우조선해양의 경우 안변에 조선소를 짓자고 한 걸로 압니다. 그런데 북에서는 남포에 이미 지어놓은 게 있는데, 그게 김정일(金正日) 위원장의 지시였던가 봐요, 그래서 거기에 굉장한 집착을 하고 그걸 좀 키우면 안되냐고 나왔다는 거죠. 대우조선해양 사장 말씀으로는 북한 사람들이 지금 현대적인 조선업의 개념이 없다는 거예요.(웃음) 그래서 그러지 말고 한번 내려와서 보라고 해서 거제도에 와서 구경을 시키니까 그제서야 납득을 해서, 이건 안변에 새로 지어야겠다고 결론이 났다는 거예요. 그때 그분 말씀이 그 협력사업만 되면 한동안 중국 조선업의 추격 따위는 잊어버려도 된다고 했어요. 지금도 그런 상황인지는 모르겠습니다마는…

정대영 그렇죠. 2007년경에 STX가 중국 다롄에 조선소와 관련 공장을 크게 세웠다가, 조선 경기가 나빠지면서 최근 부실화되었지요. 결국 STX는 투자자금을 거의 다 날리고 잘못하면 조선 관련 고급기술까지 중국에 빼앗기게 되었거든요. 그걸 차라리 북한에 세웠으면 어떻게 되었을까요? 북한에서도 그 나름 어려움이 있었겠지만 투자비용과 인건비가 적어 STX가 망하지 않았을지도 모르고, 최소한 조선산업의 경쟁국인 중국에 좋은 일을 시켜주진 않았을 것 같습니다.

백낙청 그런 일을 다시 시작할 수 있으면 정말 여러모로 좋겠어요. 첫째는 단지 같은 민족이니까 도와준다든가 또는 통일해야 하니까 우리가 손해 보더라도 해야 한다는 식으로는 어려워졌고, 기업인들을 포함한 국민들의 피부에 와닿는 성과를 내는 게 중요하고요. 그리고 제가 늘 강조하지만, 여러 정책현안 중에서 남북관계가 유독 중요하다는 게 아니라 남북관계 발전이 우리 사회 전체의 민주화 같은 것과 맞물려 있기 때문에 그게 풀리지 않으면, 우선 종북논란만 해도 그렇습니다만, 우리 사회에 갖가지 병폐를 수습해갈 길이 안 열린다는 거예요. 이제 조금 이야기를 넓혀보죠. 정소장님이 어디 쓰신 글에서 지금 우리가 1800년대 초 같은 갈림길에 와 있다는 말씀을 했어요.

정대영 예, 제가 조그만 강연회에서 발표한 글을 송현경제연구소 인터넷 카페에 올렸는데, 그걸 사람들이 많이 찾아본 것 같습니다.

19세기 초 조선의 위기를 되돌아본다

백낙청 저도 이번에 '큰 전환'을 이야기했습니다만 우리가 전환해야 할 시점에 와 있는 건 분명하고, 또 전환이 안되면 그냥 안되고 마는 게 아니라 더 나빠지지 않습니까? 그래서 19세기 초 이야기를 하셨는데 그때는 정조가 죽고 나서 내리막길로 가는 때란 말이죠. 영정조 기간에는 그래도 개혁도 하고 했는데 그걸 딛고 더 나아가질 못하고 결국 나라를 잃고 말았어요. 지금이 19세기 초와 유사하다고 보면 이미 내리막길에 들어선 셈인데…

정대영 19세기 초가 세계사적으로 중국에서 유럽으로 세계의 패권이 넘어가는 시기인데 지금과 맞물리는 것 같습니다. 이때까지만 해도 우리에게 극복할 시간은 있었어요. 지금도 위험징후가 나타나고 있지만 극복할 시간이 있다는 점에서 비슷하게 본 것이지요.

저는 조선에 대한 평가를 그렇게 나쁘게 하진 않습니다. 물론 조선 말기에 망해갈 때는 형편없었고 그전에 임진왜란 같은 어려움도 겪었지만, 1700년대 후반 영정조 때만 해도 우리가 당시 세계 최대국인 중국 옆에서 꽤 괜찮은 나라였거든요. 그 당시 위상은 지금 세계 속 한국의 위상하고 비교해도 그렇게 떨어지지 않았다는 거죠. 그런데 1800년대로 들어와서 잘못이 계속 쌓이면서 결국 나라까지 잃게 된 것이지요.

마찬가지로 한국이 해방 이후 상당히 많은 걸 이루어왔지만 지금은 잘못된 길로 가고 있어요. 이런 상태가 대통령 임기가 5년인데 앞으로 한번, 두번… 몇번 누적되면 나중에는 돌이킬 수 없는 상황이 되고 나라가 무너질 수도 있을 징조들이 많이 나타나고 있다는 겁니다. 특히 가장 큰 문제는 정치권의 무능이죠. 경제라도 잘하지 않을까 생각했던 정권도 경제마저 영 못하고…(웃음)

백낙청 무능에 더해 양심에 털 난,(웃음) 거짓말을 아무렇지도 않게 하는 풍조, 옛날부터 정치인이나 관료들이 거짓말 많이 했습니다만 저는 이명박정부 이래 그야말로 '양질전환(量質轉換)'의 단계, 양이 쌓여서 질적 차이로 바뀌는 단계에 들어간 것 같아요.

정대영 예, 이렇게까지 나쁠 수 있나 할 정도로 심해졌죠. 그리고 더 큰 문제는 국민들이 진보세력이나 야당도 한국경제의 어려움을 해결할 능력이 없다고 생각하는 거죠. 실제 제가 보기에도 그렇거든요. 왜 공부하지 않고 고민하지 않을까 걱정이에요. 쉬운 길, 유행만 좇는 것 같다는 생각이 많이 듭니다. 여기에다 성장문제가 나오면 진보 쪽에서는 두려워해요. 성장콤플렉스가 있어서 기죽는 것 같은데(웃음) 성장보다 더 중요한 건 일자리, 그리고 물가와 집값·집세 안정이에요. 성장이 어떻게 됐건, 일자리 많고 물가와 집세가 안정돼 있으면 국민에게 살기 좋은 나라지요. 현실에서는 일자리가 많아지면 성장도 당연히 괜찮아지겠죠. 성장보다는 일자리와 물가안정을 먼저 보는 것이 실제 경제정책의 글로벌스탠더드입니다.

　대표적인 것이 미국 통화정책이죠. 지금 미국은 양적 완화를 중지했고 앞으로 금리를 언제 올릴지를 고민하고 있죠. 미국 중앙은행이 금리정책을 내놓을 때 많은 것을 검토하지만 가장 중요하게 보는 게 일자리입니다. 지금은 특히 그렇습니다. 예를 들어 지금 실업률이 떨어지는데 계속 떨어져서 안정될 거냐, 일자리의 질은 어떠냐, 임시직이 아닌 양질의 일자리냐 등을 주로 보고 금리를 올리는 거거든요. 그런데 우리는 성장과 수출이 항상 앞서왔죠. 이제는 일자리 문제를 계속 제기하고 실제 정책에서도 그걸 우선시해야 합니다.

일자리를 만드는 건 굉장히 힘든 일입니다. 백선생님이 더 잘 아시겠지만 정부 지원이나 보조금 안 받고 사업하면서 괜찮은 일자리를 만드는 게 얼마나 어려운데요. 괜찮은 일자리를 열개, 스무개 만든 사람이 있으면 정책당국은 그 사람을 하늘처럼 모셔야 해요.(웃음) 외국은 그렇게 합니다. 일자리 만드는 게 최고니까. 그런 의미에서 은행 설립도 마찬가집니다. 외국인이든 누구든 은행을 만들면 50명이고 100명이고 고용할 텐데… 그러면 감독당국이 와서 자리 닦아주고 은행 잘 만들어라, 그 대신 사고치지 말고 법 잘 지키면 우리가 적극적으로 도와주겠다고 해야죠. 이게 공무원의 자세여야 하거든요. 그런데 우린 안 그렇습니다. 하지만 그걸 두고 대통령도 야당도 뭐라고 안해요.

백낙청 그런데 19세기 초하고 지금하고 차이도 있어요. 우선 지금은 한반도가 분단되어 있지 않습니까? 그때는 아무리 엉망이라도 분단 문제는 없었다는 차이가 있죠. 또 하나는 당시는 군주제였는데 지금은 적어도 남쪽에서는 민주화가 어느정도 진행되어서 정소장님도 쓰셨듯이 국민들이 표를 갖고 정치권력을 바꿀 가능성이 있어요. 그런데 정작 야당도 정책대안이 별로 없는 것 같고 잘할 것 같지 않다는 거죠. 현재 민주주의 수준에서는 국민들이 가진 힘이라는 것은 기존의 당 또는 후보 중에서 선택하는 거 아니에요? 비록 민주화해서 정치권력을 교체할 수 있는 힘이 우리에게 있더라도 야당이 대안이 못 된다면 어떻게 됩니까?

정대영 그게 참 어려운 문제예요. 백선생님이 말씀하신 큰 적공, 그걸 지금부터라도 해야 합니다. 야당이 아니더라도 작은 모임 또는 작은 연구소 또는 시민단체 같은 데서 모여서 공부하고 구체적인 정책대안들을 만들어내는 작업을 벌이면서 나라의 미래상을 그려야 해요. 먼저 야당이든 여당이든 차기의 집권세력이 이를 해주는 게 가장 좋겠지만 그것이 부족하면 다른 데서라도 하는 것이 중요한 것 같습니다. 저도 가능한 대안을 많이 내보려고 지금도 고민하고 있고 조금씩 제 나름대로 준비하고는 있습니다.

국민들에게는 작지만 두가지 힘이 있습니다. 하나는 내 한 표로써 정권을 바꾸는 것이고 하나는 내 돈을 쓰면서 경제를 바꾸는 겁니다. 소비자로서 국민이 돈을 어떻게 쓰느냐에 따라 경제를 바꿀 수 있습니다. 내가 돈을 쓸 때 조금 더 일자리가 늘어날 것 같은 데로 돈을 쓰고, 같은 술을 먹더라도 우리 농산물로 된 술을 찾아보고, 옷도 마찬가지로 대기업에서 만든 것보다 동네 양복점에서 맞추면 일자리나 지역경제가 조금이라도 좋아지거든요. 농산물이나 식품도 마찬가지죠. 소비자들이 좀더 노력하면 보기에는 미약하더라도 합쳐지면 결국 우리 경제를 바꾸는 역할을 할 수 있을 것입니다.

양질의 자본주의 그리고 자본주의 이후

백낙청 공감합니다. 그런데 이게 너무 산발적으로 일어나면 별 힘을 발휘하지 못하고, 그렇다고 옛날처럼 무슨 국민운동으로 조직하는 건 별 도움이 안된다고 생각해요. 그 대신에 이건 '적공'하고도 관련

됩니다만, 사람들이 자기 처지와 능력에 맞게 곳곳에서 그런 운동을 하면서도 뭔가 큰 비전을 공유하는 게 필요할 것 같아요.

갑자기 차원 높은 이야기가 될지 모르겠습니다만, 아까 '이중과제론'을 먼저 말씀하셨으니까 제가 용기를 내서 그 이야기를 해보려고 해요. 근대가 자본주의 세상인데 우리가 이걸 무시하고 적응 안하고 살 수는 없고, 나쁜 체제라고 갑자기 무너질 것도 아니고요. 다만 한편으로 적응하지만 다른 한편으로 적응을 제대로 하기 위해서라도 근본적으로 잘못된 걸 극복하겠다는 노력이 동시에 이뤄져야 한다, 또 극복을 하려면 일단 적응을 안할 수 없다는 의미로 '근대 적응과 극복의 이중과제'를 주장해왔어요. 성장문제와 연관시켜보면, 아까 성장에 대해 소위 진보 쪽에서 콤플렉스가 있다고 하셨는데, 요즘 와서 분배나 복지 얘기를 하면서 분배와 성장의 선순환까지는 언급되는데 하나의 관념으로서는 좋지만 거기에 걸맞은 성장전략이랄까 이런 건 못 내놓고 있는 것 같아요. 저도 대안이 없기는 마찬가지입니다만,(웃음) 한국은 아직 세계경제 속의 위상으로 보나 한반도의 재통합 같은 앞으로 할 일을 보나 선진국처럼 안정된 저성장으로 만족할 수는 없다고 봐요. 다만 성장 자체가 목표가 아니고 자본주의 세계경제 속에서 어떻게 짓밟히지 않고 적응하고 살면서도 또 이런 세상을 극복하기 위해 우리가 꼭 해야 할 일을 하고 거기에 필요한 만큼만 성장하자, 애초부터 그런 자세로 성장목표를 설정하자는 겁니다. 그래서 그걸 '적당한 성장', 곧 근대적응과 근대극복에 꼭 필요한 만큼의 적당한 성장이라고 표현한 바 있지요.

요즘 현실에서 그런 국가경영 목표를 세우고 합의하기는 어렵겠지만, 그래도 우리가 한국사회의 전환을 이룩하면서 추구할 전략은 있어야 해요. 한국이 꼭 G7이 되고 G8이 되는 게 중요한 게 아니고 우리가 한반도에서 분단체제를 넘어 좀더 나은 사회를 만들어야겠는데 거기에 필요한 만큼의 경제성장을 하자는 겁니다. 그게 몇 퍼센트라는 수치가 나오는 건 아니겠습니다만, 그건 그때그때 전문가들이 계산하면 되는 거고요. 관건은 그런 의미의 적당한 성장 내지 '방어적 성장'이 우리의 지향점이 되어야 한다는 생각이지요.

정대영 예, 저도 비슷한 생각입니다. 성장률을 높이는 데만 관심을 가진 성장주의자는 당연히 문제지요. 반대로 제로성장을 하면서 환경을 지키자는 생태주의는 미래에 사람들의 생각이 근본적으로 바뀐다면 모르지만, 현재로서는 대안이 아닌 것 같아요. 적당한 성장을 하면서 괜찮은 일자리를 계속 만들어내는 것이 기본전략이 되어야겠죠. 쉽지는 않겠지만 구체적인 방안도 있다고 생각해요.

그리고 성장문제는 아까 말씀드렸지만 진보 쪽은 콤플렉스가 있고 보수 쪽은 이걸 정치적인 수단으로 남용하거든요. 그런데 성장은 경제적으로 보면 냉정합니다. 냉정하다는 게 뭐냐면 성장은 의지대로 되는 게 아니고, 잘못하면 밑으로 가기는 쉽지만 올리는 데는 한계가 있다는 거예요. 대표적으로 7·4·7 공약이 있죠. 이명박정부 때 7퍼센트 성장을 하겠다고 공표했는데요. 이를 위해 4대강 한다고 나라를 엉망으로 만들어놓고 환율은 엄청 올리고 기업 감세하고 부동산 막 띄우고 온갖 것을 다 했음에도 성장률이 안 올라갔어요. 이명박정부 5년간 연평균 성장률은 3퍼센트밖에 안돼요. 한 나라가 성장할 수 있는 한계치는 대략 두가지 요인에 의해 거의 정해져 있어요. 하나는 노동인구가 얼마나 늘어나느냐, 또 하나는 생산성이 얼마나 늘어나느냐예요. 먼저 노동인구는 출산율을 보면 우리나라에서는 쉽게 늘어나기 어려워요. 그리고 생산성을 늘리려면, 하나는 장비와 기술이 좋아야 하고 또 하나는 사회경제 씨스템이 잘 돌아가야 합니다. 생산성은 경제발전 초기단계에는 빨리 늘지만 선진국 단계에 이르면 거의 안 늘어나고 우리도 크게 늘어날 여지가 별로 없어요. 생산기술이 이미 고도화돼 있고 사회경제 씨스템을 바꾸기 어렵기 때문에 1~2퍼센트 이상 늘어나기 어렵습니다. 그러면 성장률은 당분간은 3~4퍼센트가 한계일 것 같아요. 앞으로 떨어지기는 쉬워도 올리긴 굉장히 어렵다는 점이 중요하고요.

그다음에 성장과 관련해 생태주의자나 일부 진보적인 사람들의 생각도 짚어봐야 해요. 즉 성장하면 분배가 더 나빠질 수 있다고 하는데 그게 사실인가 하는 거예요. 그건 믿음이지 사실은 아닌 것 같아요. 최근에 세계적으로 유명해진 경제학 책이 토마 피케티의 『21세기 자본』(글항아리 2014)입니다. 이 책에서는 경제성장률이 자본수익률보다 높아야만 불평등이 완화되고 노동의 몫이 커진다고 보지요. 그래서 앞으로 걱정이 뭐냐면 세계적으로 성장률이 떨어지는 추세인데 자본수익률은 역사적으로 거의 4~5퍼센트로 안정되어 있어서 이걸 낮추지 않으면 불평등구조가 더 심화될 거라는 점이에요. 성장률은 올리기 어려우니까요. 그래서 자본수익률을 낮추기 위해서 소득세 한계최고세율을 높이고 글로벌 부유세를 도입하자는 거거든요. 성장률을 낮춘다고 그것으로 불평등이 완화된다고 볼 수는 없다는 겁니다.

백낙청 더 급진적인 분들의 논리는 성장률을 낮추면 불평등이 완화된다는 게 아니고, 자본수익률이 없는 세상을 만들어서 성장률 없이도…

정대영 그런 세상이 가능할진 모르지만 생각은 해볼 수 있겠죠. 그렇다고 해도 현실에서는 자본수익률을 단번에 없앨 순 없으니까 낮춰가는 것이 중요한 것이고요. 그렇게 보면 임대소득에 과세하는 것도 자본의 수익을 낮추는 정책으로 의미가 크거든요.

백낙청 자본수익률 없는 세상이 장기적인 목표로 꼭 미리부터 안된다고 볼 이유는 없죠. 하지만 거기까지 가는 데에 중간단계들이 많지 않습니까. 당장에 한국경제가 '적당한 성장'을 해야 한다고 표현했습니다만, 어쨌든 방어적 성장, 꼭 필요한 성장은 해야 그나마 있는 민주주의와 자주력이 유지될 수 있고, 그다음에는 우리가 녹색세상을 지향하는 데에도 실은 분단과 남북대결이라는 게 매우 큰 장애거든요. 분단체제를 어떻게 관리하며 해소해나갈지, 이런 중간 매개항들이 다 빠진 녹색주의는 문제라는 생각이 듭니다.

정대영 맞습니다. 말씀하신 문제에는 독일이 좋은 사례가 될 수 있을 것 같아요. 제가 독일에서 3년 반 있을 때 우리나라가 독일 정도만 된다면 좋겠다고 생각했어요. 먼 미래에는 어떻게 될지 모르지만, 일단 10~20년 정도 후에 독일 정도까지만 성장하고 불평등도 완화하고 환경도 개선하고, 천천히 가지만 더 멀리 같이 가는 사회가 될 수 있다면… 그뒤에는 또다른 걸 꿈꿀 수 있을 것 같아요. 사람에 따라서는 생태주의도 꿈꿀 수 있고, 또 사회민주주의가 더 강해지는 걸 꿈꿀 수도 있겠고요. 그렇지만 우리나라의 당면 과제는 일단 독일이나 프랑스 정도까지 이르는 것일 텐데 거기까지 가는 게 참 쉽지 않을 것 같아요. 성장도 해야 하고 복지도 해야 하고 남북관계도 좋아져야 하고, 격차 축소와 부동산 문제 이런 게 해결되어야 하는데 잘될까, 이런 생각을 많이 해봤습니다.(웃음)

백낙청 저의 이중과제론하고는 좀 뉘앙스가 다른 것 같은데요. 제 얘기는 너무 비현실적으로 들릴지 모르지만… 독일이나 프랑스는 지금 현실에서는 상대적으로 양질의 자본주의라고 할 수 있겠지요. 유럽에서도 그렇고 한국에 비해서도 물론 그렇고요. 그리고 통일이 되든 안되든 당장은 우리가 자본주의 세계시장에서 벗어나는 길은 없다고 보니까 지금보다는 더 양질의 자본주의 국가가 되어야 한다는 것까지는 일치해요. 하지만 저는 첫째는 과거의 독일과도 다른 한반도의 분단체제에서는 양질의 자본주의든 사회주의든 근원적인 장애에 부닥쳐 있다고 보고요. 그렇다고 독일처럼 상대방을 흡수하고 소화함으로써 그 나름의 양질의 자본주의 통일국가를 만드는 길도 없는 것 같아요. 그러니까 결국은 양질의 자본주의에 대한 지향과 자본주의 이후에 대한 지향이 동시에 작용해서 어떤 새로운 형태의 사회, 즉 통일독일하고 전혀 다른 유형의 사회, 온전한 근대극복은 아니지만 오히려 독일보다 근대극복에 한걸음 더 다가간 사회를 처음부터 지향해야 한다는 생각이지요.

정대영 한국에서 양질의 자본주의가 이루어지게 만드는 것과 미래에 통일 후 남과 북의 사람들이 잘 어울려 살 수 있는 체제를 그리는 것을 연결해보면 어떨까 합니다만… 어렵지만 아주 불가능하지만은 않은 것 같기도 하고요. 어쨌든 중요한 것은 우선 나빠진 남북문제를 풀어나가는 것이에요. 남북관계가 좋아지면 경제문제도 좋아지고, 곳간이 차면 예의를 안다는 말처럼 한국의 자본주의도 질이 조금은 좋아질 것 같아요.

제 생각은 미래라는 게 어떻게 진행되고 전개될지 알 수 없기 때문에 우리가 할 수 있는 건 다 해보자는 거죠. 당연히 우리가 통일의 길을 향해 가야 해요. 그런 의미에서 남북 간에 분쟁이 심화되거나 전쟁의 길로 가는 것은 절대 안되고, 그러기 위해서는 선생님 말씀대로 많은 시민들이 남북문제에 더 깊이 관여하는 것이 더 필요하고요. 경제와 기업 쪽도 마찬가지입니다. 그러면서 북한도 변해야겠죠. 하지만 모든 것이 우리 기대대로 될 수는 없으니까 결국 남쪽에서만이라도 독일이나 프랑스 정도로 괜찮은 자본주의, 덜 힘들고 살 맛 나는 자본주의로 가다보면, 잘되면 둘이 한꺼번에 잘 만날 수도 있고…

백낙청 그렇죠. 한마디 부연하자면 남북관계에서 시민참여가 더 커져야 한다는 건 꼭 남북교류사업이나 남북의 대화접촉에 평범한 시민들이 더 많이 뛰어들어야 한다는 얘기는 아니에요. 물론 지금보다 양적으로도 더 확대할 필요는 있습니다만, 정부나 기업이 더 그런 쪽으로 가도록 시민들이 관심을 갖고 투표를 통해서 영향력을 행사할 수도 있고 소비를 통해서 할 수도 있고 그렇게 하자는 취지예요. 아까 우리가 사업이나 행동 차원에서는 분야를 나눠 자기 맡은 분야의 구체적인 작은 일들을 쌓아가는 적공을 하더라도 공부는 좀 큰 공부를 하자, 큰 비전을 갖도록 하는 적공도 필요하다는 이야기를 했는데요. 그것과 관련해서 정소장님이 최근에 전통주 보존과 부활에 굉장히 큰 관심을 갖고 계시잖아요? 그런데 그것도 당장에 좋은 소비와 연관되고…

정대영 또한 우리의 농업과 문화와도 관계가 깊고요.

백낙청 예, 그런 것이 활성화되면 문화, 농업하고도 연관되겠죠. 하지만 더 크게 보면 한편으론 양질의 자본주의를 건설하는 사업인 동시에 다른 한편으로는 이 자본주의가 잘 못하는 도시와 농촌의 공존이랄까 또는 도농복합체가 표상하는 새로운 공동체를 준비하는 작업일 수도 있을 것 같아요. 자본주의라는 게 근본적으로는 도시 만들기, 점점 더 큰 도시 만들기를 해왔잖아요. 그런 의미에서 지금 하시는 일, 그게 '향음(鄕飮)'이죠?(웃음) 그걸 좀 설명해주시고, 어떤 취지로 어떤 사업을 하고 계시는지 말씀해주세요. 그리고 이런 도농복합체에 대한 구상까지도 갖고 계신지…

정대영 생각만 오래 하다가 실제로 시작한 지는 1년 정도 됐습니다. 시작은 우리는 왜 좋은 술이 없느냐였어요. 술은 생활에서 중요한 것이고 옛날에는 제사에서 영적으로 신과 통하는 길 중에 하나가 술이기도 했는데요. 그런데 우리 술은 거의 사라졌고, 우리가 많이 먹는 소주나 막걸리는 감미료를 넣어서 맛을 내고 그 재료로 국산 농산물도 거의 안 쓰고 있지요. 한국에서 좋은 술은 와인이나 위스키, 사께 같은 수입 술이고요. 우리 술이 왜 이렇게 됐느냐를 공부하다 보니까 이것도 일본의 침탈과 관계되고 또 해방 후의 잘못된 정책과 연결된다는 걸 알게 됐어요. 진짜 우리 술 산업은 1910년 이후부터 치면 거의 100년간 사라졌는데, 근래에야 이 문제를 고민하는 사람들이 생겨나기 시작한 거죠. 제가 선구자는 아니고 뒤에 들어간 사람입니다.(웃음)
　여기서 제가 잘할 수 있는 것을 찾아보자고 생각했습니다. 우리 술을 하시는 분들은 대부분 옛날 걸 복원해서 잘 만들어보자는 쪽인데요. 저는 서울에서 사람들이 스스로 술을 빚을 수 있는 장소를 제공해주고, 빚는 법을 쉽게 가르쳐주는 걸 합니다. 우리 술 문화는 전통적으로 집에서 빚어 마시는 가양주(家釀酒) 문화였거든요. 이와 함께 우리 술을 음악, 시 등의 문화와 연결시키는 일도 하고 있어요. 술에 이야깃거리가 입혀져야 좋은 문화가 되는 거거든요. 실제 우리 술은 쌀, 누룩, 물로만 제대로 만들면 아주 맛있습니다. 사람들이 좋은 우리 술을 알게 되어 수입술 대신 우리 술을 쓰면 자존심이나 문화를 되찾는 일이 되고요. 당연히 경제에도 도움이 되고 특히 우리 농산물을 쓰니까 농촌에 도움이 크죠. 앞으로 이런 조직들이 많이 생겼으면 해요. 서울에도 몇개 더 생기고, 시골에도 많이 생기고요. 그러면 전국적인 네트워크도 될 수 있다는 생각으로 시작했습니다. 한 1년간 해왔는데 조금씩 좋아지고 있습니다.(웃음)

백낙청 독일을 잘 아시지만, 독일 도시들을 보면 대도시도 서울만 한 도시가 없죠?

정대영 예, 베를린이 200만 정도, 다른 큰 도시들도 100만 이하죠.

백낙청 저는 독일을 많이 못 다녀봤습니다만, 시골에 가면 작은 도시들이 그렇게 아름답고 또 경쟁력도 있잖아요. 인재들이 남아 있고. 그래서 지금 하시는 것이 단순히 전통주 부활이나 민족적 전통 수호나 농촌을 좀 도와주는 게 아니고, 막연한 생각이지만 이런 작업이 규모는 작아도 잘 사는 소도시, 그리고 그 주변의 농촌과 유기적인 관계를 맺는 도농복합체 건설로까지 이어져야 되지 않겠나…

정대영 맞습니다. 농촌이나 지방 소도시들이 경쟁력을 갖추려면 고부가가치산업이 있어야 하는데 전통주 관련 산업이 아주 좋은 대안이라고 생각합니다. 아시다시피 프랑스·독일 등의 와인 제조장은 주변의 포도밭과 함께 훌륭한 관광자원까지 되고 있지요.

백낙청 엉뚱하게 여기에 남북문제를 갖다붙인다고 생각하는 사람도 있을지 모르지만 저는 이게 분단체제를 그대로 두고서는 거의 불가능하다고 보거든요. 통일이 안되면 불가능하다는 뜻이 아니라 분단체제를 허물어가는, 남북대결을 완화하고 상호 교류와 협력이 심화되는 과정과 병행하지 않으면 한계가 엄연하다는 겁니다. 어차피 남북화해는 우리가 추구해야 할 일이니까, 지금 정소장님처럼 도시와 해외 경험에다 금융계에까지 밝으신 분이 그런 틈새를 찾아내서 농촌 전체의 근본적인 변화와 더 나아가 한반도 전체의 새로운 삶까지도 구상하면서 사업하시면 좋겠네요.(웃음)

정대영 제가 보기엔 농업이 경제적 의미에서 많은 부가가치를 낼 수 있는 분야가 술과 식초 쪽인 것 같아요. 지방의 농가에서 가족 단위 아니면 몇명이 모여 술이나 식초를 만들고 이것을 묶어 협동조합 같은 공동체를 만들고요. 공동으로 브랜드를 만들고 판매하는 것이 가능할 것 같다는 생각을 가진 사람들이 저 말고도 있습니다. 충남 여러 지역의 분들하고 경기도 연천 분들과 이런 얘기를 많이 하고 있어요. 특히 연천 계신 분들은 거의 매주 향음 사무실에 오셔서 우리 술

공부를 같이 하고 있어요. 저도 연천에 가고요. 연천은 임진강변 비무장지대 근처인데 청정지역입니다. 술과 식초를 기초로 농업과 생태 그리고 관광과 연결시켜 일자리를 만들고 돈도 벌 수 있는 일을 찾아보고 있어요. 북한이 가까워 나중에 북한 사람도 오기 쉽고 같이 하기도 좋겠지요.(웃음)

백낙청 너무 거대담론으로 끝나면 안될 것 같아서 하고 계시는 아주 구체적인 사업과 결부시켜 얘기를 해봤는데요. 끝으로 한국경제에 대해 독자들에게 못다한 말씀이 있다면 해주시죠.

정대영 한국경제가 위기 아닌 때가 없다는 말이 있습니다. 항상 위기 같은데, 지금은 정말 기로에 선 것 같아요. 그런데 저는 경제나 세상일에서 결정론 같은 것은 믿지 않습니다. 결국 미래는 선택하는 것이거든요. 경제주체들, 즉 국민·기업 등의 주체들이 어떤 선택을 하느냐에 따라 미래가 바뀐다고 생각해요. 지금 어렵고 힘들지만 투표를 통해, 소비를 통해 우리가 바라는 경제를 만들어갔으면 합니다. 그리고 우리 경제를 고민하는 사람들은 비판만 하기보다 공부를 많이 해서 실제 현실에 도움이 되는 대안들을 세워보자는 겁니다. 우리 국민은 굉장히 근면하고 뛰어난 사람들입니다. 그래서 여건만 잘 갖춰진다면, 먼 미래의 꿈들은 사람마다 다르겠지만 각자의 꿈이 이루어질 수 있지 않을까 생각합니다.

백낙청 오늘 좋은 말씀 많이 해주셔서 감사드립니다.

고정관념을 깨야
교육문제가
해결된다

이범—백낙청 대담

이범

민주정책연구원 부원장. 스타강사로 명성을 날리다 2003년 돌연 학원가를 은퇴하고 이후 교육평론가로 변신했다. 주요 저서로 『이범, 공부에 반(反)하다』 『이범의 교육특강』 『굿바이 사교육』 『우리교육 100문 100답』 등이 있음

백낙청 이범 선생은 교육 평론가로서 널리 알려진 분이고 그밖에도 경력이 다채로운데, 한때 스타 학원강사로 돈도 엄청 버셨다고 들었어요.(웃음) 얼마 전에는 뭔가 특별한 일을 맡으신 것 같은데, 근황을 설명해주시는 걸로 대담을 시작해보죠.

이범 새정치민주연합의 공식 당연구소가 민주정책연구원인데요. 새누리당에는 여의도연구소가 있는 것처럼요. 이 민주정책연구원에 부원장직을 제안 받아서 2014년 10월부터 일하고 있습니다. 원래 입당해야 하는 줄 알았는데, 입당 안해도 된다고 하더라고요. 같이 들어간 우석훈(禹晳熏) 선생도 녹색당원을 포기하기 어렵다고 하셔서…

백낙청 전에 박순성(朴淳成) 교수가 원장을 하셨는데 그분도 입당을 안하신 걸로 압니다. 당 외의 인사를 모셔다가 정책을 연구하고 입안하는 것도 의미가 있겠지요. 그런데 해보시니까 어때요? 보람을 느끼시나요?

이범 아직은 보람 운운할 단계는 아니고요. 원래는 연구원에서 교육정책을 중심으로 일을 준비하면 되겠다 생각했는데, 일 시작한 지 열흘밖에 안돼서 우석훈 선생과 제가 당의 혁신위원회, 정확한 이름은 정치혁신실천위원회 위원으로 위촉 받았습니다. 새누리당은 김문수전 도지사가 위원장을 하고 있고 새정치민주연합은 원혜영 의원께서 위원장을 하고 있는 위원회예요.

거기에 들어가서 굉장히 많은 것을 속성과외 식으로 배웠죠. 당과 여의도의 상황이 어떤지, 그리고 역사가 어땠는지 매우 짧은 시간에 집약적으로 이해하게 됐어요. 그와 결부돼서 여의도 밖과의 소통을 위한 프로그램이 필요하다는 판단이 들어서, 당 내에 이미 꾸려진 '네트워크 플랫폼'이라는 TF에도 관여하게 됐습니다. 그 TF에서 온라인을 통한 대중과의 소통프로그램을 만들어보려고 준비하고 있고요. 처음 생각했던 것보다 바쁘고 다채로운 일을 하고 있습니다.

백낙청 2012년 대선 당시의 공약집을 나는 못 봤지만, 어떤 사람 얘기가 박근혜 후보의 교육 공약보다 민주당 공약이 훨씬 못하더라고 해요.(웃음) 이범 선생이 가셨으니까 이제 그런 소리는 안 듣겠죠?

이범 글쎄요, 그건 장담할 수 없는 거고요.(웃음) 저 혼자 만드는 것도 아니고, 당에서 어느 정도 수용이 가능할지 아직 저도 명확하게 판단하기 어려운 것 같아요. 다만 다른 정책도 그렇지만 교육정책과 관련해서도 좀더 근본적인 검토와 적공이 필요하겠다는 생각은 많이 들었습니다. 예를 들면 지난 대선 당시의 대표적인 공약이 국립대 통합네트워크였는데, 그게 근본적으로 학생과 학부모의 부담을 어떻게 줄여줄 수 있는지에 대한 상을 보여주지 못했어요. 또한 대학의 발전, 요즘엔 구조조정도 심각한 현안이잖아요? 그것과 결부돼서 이게 어떤 기능을 할 수 있는지에 대해 명확한 상이 전혀 나와 있질 않아요. 그러니까 일반 국민한테는 뜬구름 잡는 소리로 들릴 수 있는 거고요. 그에 비해서는 박근혜 후보 공약이 좀더 피부에 와닿고 구체적인 것들이 많이 있었으니까, 아까 말씀하신 그런 느낌을 얘기하는 분들이 있을 수 있다는 생각이 듭니다.

백낙청 이번 연속 좌담을 하게 된 계기가 『창작과비평』 2014년 겨울호의 「큰 적공, 큰 전환을 위하여」라는 제 글인데, 먼저 이선생의 독후감을 잠시 듣고 그다음에 교육 분야 중심으로 구체적인 얘기를 풀어가보죠.

통념은 현실을 따라잡지 못한다

이범 선생님의 문제의식에 공감합니다. 그러니까 '큰 적공, 큰 전환을 위하여'라는 제목 자체가 결국 큰 전환을 하고자 한다면 적공이 있어야 한다는 얘긴데, 제가 당 연구원에 들어와서 경험해보니 진보진영의 적공이 상당히 덜 돼 있는 것 같습니다.(웃음) 일단 정치인들이 다들 그렇지만, 야당에서도 틈만 나면 민생, 민생 얘기를 해왔음에도 민생을 제대로 이해할 수 있는 적공이 돼 있느냐를 생각했을 때 그렇지 않은 것 같다는 느낌을 많이 받거든요.

예를 들면, IMF 외환위기 이후에 비정규직이 급속도로 늘고 노동시장 양극화가 굉장히 심해지는데, 그걸 포착하기까지 정치권에서 굉장히 오래 걸렸습니다. 보수야 뭐 원래 그럴 수 있다 쳐도, 진보 쪽에서도 심지어 진보정당에서도 꽤 오래 걸렸거든요. 그 이유가 뭐였나를 고민해보면, 계급이라는 말에서 자꾸 단결만 생각했던 거 아닐까 싶어요. 계급이 분화되거나 분열될 수 있다는 생각은 별로 안하는 거죠.

저는 대학원에서 과학사·과학철학을 전공했습니다. 그 분야에서 많이 얘기하는 게, 거칠게 표현하면 빨간 안경을 쓰면 세상이 빨개 보이고 파란 안경을 쓰면 세상이 파래 보인다는 겁니다. 인식론 같은 분야에서 많이 하는 얘기죠. 자꾸 특정한 색깔의 안경을 쓰고 세상을 보니까 그 색깔이 아닌 새롭고 색다른 문제가 급속히 진행되고 있다는 걸 아주 늦게서야 포착하게 됩니다. 또다른 예를 들자면, 정치인들이 골목상권, 즉 영세자영업자들이 대형마트에 의해 피폐해지는 현실에 대해서도 포착이나 대응이 느렸어요. 왜 그런가를 생각해보면 자영업자들은 쁘띠부르주아거든요. 기존의 이념이나 이론, 80년대식 이념이나 이론의 틀에서 봤을 때 자꾸 주변화되고 시야에서 벗어나는 그런 존재인 거죠.

2014년의 가장 중요한 사건 중에 하나가 배우 김부선 씨가 '난방열사'로 등극한 사건이라고 봐요. 아파트 관리비가 전국적으로 다 합치면 12조 규모입니다. 영어·수학 사교육 규모 합친 거랑 비슷하거든요. 그런데 이를테면 사교육비도 그렇고, 관리비 문제도 그렇고, 또한 단말기유통법 때문에 시끄러웠던 통신비 문제도 그렇고, 이런 것들에 대해서 여의도의 정치인들은 감각이 없어요. 특히 관리비 문제가 그렇게 이슈가 됐음에도 거의 반응을 안해요. 그건 소비자 또는 소비자운동의 영역이라고 생각하는 거죠. 그러니까 계급단결이라는 틀에 갇히거나, 쁘띠부르주아라든지 소비자운동 영역이라든지 이런 식으로 중요한 민생현안을 자꾸 주변화시키는 80년대식 이념의 관성이 꽤 작용하고 있다는 생각이 들어요. 어떻게 보면 386세대가 여의도에서는 전성기거든요. 연령대로 봐서 국회의원도 그렇고 보좌진들도 그렇고 여의도의 주류란 말이에요. 그런데 뭔가 업그레이드가 덜 됐다는 느낌을 받아요. 사상적 업그레이드가 덜 된 게 결국 국민과의 소통이나 새로운 현안에 대한 포착을 방해하는 게 아닌가 싶습니다.

백낙청 「큰 적공, 큰 전환을 위하여」에서는 교육의 중요성을 강조하는 원론적 논의를 주로 했어요. 제가 교육현장을 잘 모르니까 구체적인 얘기는 식견과 경험을 갖춘 분들이 발전시켜주면 좋겠다는 정도로 끝을 냈었죠. 오늘 그런 작업을 북돋는 의미에서 전문가인 이범 선생을 모시게 된 것입니다. 그런데 지금 말씀하신, 중요한 민생문제들을 주변화시키는 낡은 이념이나 관념의 틀이 있다는 얘기가 그동안 교육에 관해 이선생이 쓰신 몇편의 글을 읽으면서도 인상적으로 느껴지던데요. 사실 전문가라 해도 전문가 나름의 고정관념이 많잖아요. 그런데 이선생은 통념과 금기를 깨는 작업을 무척 중요시하더군요. 그런 얘기를 좀 해보고 이어서 더 구체적인 교육현안을 논했으면 합니다. 가령 그동안에 강조해오신 것 중에 하나가 이런 거예요. 흔히들 입시위주의 교육을 청산하고 '정상적인 고교교육'을 해야 한다고 말하곤 하는데 이것도 하나의 통념이라 하셨죠. 하나의 상투형이라고 지적하셨잖아요?

이범 그런 주장들이 틀렸다기보다 입시위주 교육이라는 용어 속에 매우 상이한 요소들이 뒤섞여 있다는 거죠. 그래서 오히려 현실을 구체적으로 파악하고 대응하기 어렵게 만든다는 건데요. 이를테면 현재의 고등학교 교육에 대한 반감으로 우선 고등학교 수업시간에 대입시험 준비가 이뤄지는 점을 지적하는 경우가 있어요. 즉 고교 교육이 대입으로부터 독립되어 정상화되어야 한다는 주장이죠. 다른 한편에서는 너무 경쟁이 심하니까 고교 교육이 대입을 위한 교육이 되는 것 아니냐, 대입 경쟁이 너무 심하다는 점을 비판하기도 해요. 다시 말해, 입시 위주 교육에 대한 비판은 크게 두가지로 나뉩니다. 첫째, 고교 교육의 기능에 관한 비판과 둘째, 과도한 경쟁에 대한 비판, 이 두가지가 섞여 있는 거거든요. 그런데 이 두가지는 굉장히 다른 차원이란 말이죠.

일단, 경쟁이 너무 심한 것은 중고등학교 교육을 건드린다고 해결될 소지가 굉장히 적죠. 그보다는 대학씨스템이나 사회 전체적인 구조의 변화가 필요한 것이고요. 다른 한편 고등학교에서 대입을 준비하는 기능을 수행하는 게 맞느냐에 대해서는, 미국이나 캐나다라면 물론 말이 안된다고 하겠죠. 캐나다는 별도의 대입시험이 없고, 미국은 SAT라는 시험이 있긴 합니다만 고등학교에서 SAT 준비를 해주진 않기 때문에요. 하지만 유럽은 이야기가 다르죠. 프랑스·독일·영국 등을 보면 고등학교 교육이 입시준비를 위해 기능하는 측면을 적극적으로 인정하고 아예 합리적으로 그에 맞게 커리큘럼을 구성한다는 말입니다. 그러니까 결국 고교 교육이 대입에 종속돼선 안된다고 하는, 어떻게 보면 당연한 듯한 얘기도 전세계적으로 비교연구를 해보면 북미 지역에 국한된 얘기란 말이에요. 그런데 우린 무조건 그런 교육을 하면 안된다, 또 이 점에 동의해야만 진보교육 쪽인 것처럼 생각해요. 이런 것들은 문제가 있는 거죠.

비슷한 예로 고교평준화도, 제가 지은 『이범의 교육특강』(다산에듀

2009)이라는 책에 썼습니다만, 크게 봐서 두가지, 작게 나누면 네가지의 서로 다른 층의 의미가 섞여 있는 개념입니다. 네가지 의미란 무시험 학교배정, 획일적 교육과정, 일률적 재정지원, 학력수준의 균등화입니다. 어느 사안이나, 해체(deconstruction)라고 하면 너무 거창한 표현이겠고 조금 더 분석적으로 살펴봐야 하는 거죠. 이를테면 무시험 학교배정, 그러니까 시험성적과 상관없이 학교를 배정하는 제도를 고교평준화라고 말한다면 그것은 우리나라 사교육 등을 고려했을 때 적극적으로 지켜나가야 하는 부분이라고 봐요. 그럼에도 불구하고 고등학교에서 다 똑같은 교육을 받으라는 식의, 획일적 교육과정이라는 의미의 고교평준화라면 오히려 적극적으로 개혁하고 최대한 다양한 교육이 이뤄질 수 있는 여건을 제공해야죠. 그런데 우리나라에서는 무시험 학교배정과 획일적 교육과정을 다 뒤섞어놓고 어느 한쪽 편을 들라면서 고교평준화 찬반을 물으니까 결국 합리적인 대안이 나오기 어려워지는 겁니다.

저는 진보교육의 의제와 개념을 많이 들여다보는 편인데, 입시 위주 교육이나 고교평준화 등의 개념들에 굉장히 상이한 의미들이 섞여 있어서 진보 교육정책과 의제를 진전시키기 어렵게 만드는 것 같아요.

'교사해방' 이야기는 어찌 되었나

백낙청 그와 관련해서 진보진영의 또 하나의 고정관념이라고 할 것으로 소위 신자유주의 교육개혁에 대한 비판이 있죠. 이명박정부 때 이주호(李周浩) 장관이 주도해서 신자유주의 개혁을 한 셈인데, 그 폐단이 워낙 큰 것은 분명한 사실이에요. 그렇지만 뭐가 잘못됐는가 하고 따져들 때에는 세세히 살펴봐야죠. 저는 그게 꼭 교육에만 해당하지 않고 다른 경제·사회 분야에도 해당된다고 보는데, 우리 사회가 당연히 했어야 하는 개혁도 안된 상태에서 신자유주의만 도입하니까 거기서 문제가 생기는 거죠.

이범 그렇죠. 신자유주의를 받아들여서는 안된다고 보는 게, 기본적으로 우리나라 교육은 굉장히 획일적이란 말이에요. 주입식 수업에다 객관식 평가를 하는, 가뜩이나 획일적인 상황에서 신자유주의적 교육정책은 그 획일성을 더 강화시키거든요. 우리나라 학생들과 사회에 필요한 교육은 결국 더 다양한 교육인데, 신자유주의는 그 다양성으로의 분화를 가로막는 것이기 때문에 절대로 받아들여서는 안됩니다. 다만 이주호 장관의 신자유주의 개혁과 이를테면 20년 전인 1995년에 나온 5·31교육개혁, 이것은 좀 궤가 다릅니다. 5·31교육개혁의 내용을 잘 읽어보면, 물론 누가 봐도 '아, 이건 신자유주의적 함의가 강하게 들어 있구나'라고 볼 수 있는 부분도 있어요. 하지만 또 다른 측면에서는 한국 교육에 결여된 자유주의적 요소, 구자유주의라고 억지로 표현할 수도 있겠죠, 전통적 자유주의 요소가 포함돼 있는 게 사실이거든요.

우리가 왜 정치를 하고 왜 어렵게 여러가지 문제에 대해 논쟁을 벌이나 생각해보면, 아주 거칠게 단순화시키면 우리가 자유롭기 위해서예요. 그런데 기존 교육체제가 교사에게 어떤 자유를 주는가, 특히 교사 개인에게… 교사 개인은 교과서 선택권도 없죠. 자기가 어떻게 수업하고 어떻게 평가할지 평가권도 없죠. 아시다시피 중고등학교에서는 한날한시에 똑같은 시험을 보게 제도화돼 있거든요. 그것도 파헤쳐보니 교육부 규칙 수준으로 제도화돼 있던데요. 학생 개인에게도 자유가 없어요. 서구 선진국의 경우를 보면 고등학교쯤 되면 당연히 수강신청이란 게 존재하고, 심지어 상당수의 경우는 중학교 때부터 꽤 여러 선택과목을 제시해서 그중에 선택할 수 있게 해줍니다. 우리나라는 명목상으로는 선택과목이 있지만 그것을 개인이 선택하는 게 아니라 학교에서 통째로 선택하죠. 그래서 학생 입장에서는 문·이과를 고르는 것을 제외하고는 사실상 선택의 여지가 없는, 즉 자유가 없는 교육이라는 말이에요. 자유의 증거가 뭐냐, 결국은 선택권이거든요. 그런데 교과목 선택권이나 교과서 선택권 등이 전혀 없는 상태에서 신자유주의 교육개혁이라는 명목의 물결 속에 자사고 같은 학교 선택권이 들어오고…(웃음)

상당히 풀기 어려운 문제이긴 하지만 문제의식 자체는 명쾌하게 얘기할 수 있을 것 같아요. 신자유주의를 거부한다는 명목 아래 마치 목욕물을 버리려다 애까지 버리진 말자는 겁니다. 우리에게 진짜 간절히 필요한 그 '구자유주의적' 요소, 교사 개인과 학생 개인의 자유를 넓혀주는, 그런 개혁을 백안시하거나 멀리하면 절대로 안된다는 거죠. 오히려 적극적으로 구자유주의를 추진해야 한다는 겁니다.

백낙청 학생이나 교사에게 선택권을 안 주고 학교에 줬다고 하셨는데 학교에 준 것 자체는 학교에 안 준 거보다 나은 면도 있다고 봐요. 그런데 신자유주의 개혁이 문제가 되는 것은 학교에서도 가장 선택권을 넓혀놓은 게 학교 경영자의 선택권이어서가 아닐까요.

이범 그렇죠.

백낙청 맘에 안 드는 교수나 교사를 자를 수도 있고, 얼마나 돈벌이 위주로 갈 것인가, 이 모두를 경영층에서 선택하잖아요. 그게 제일 문제인 것 같아요. 거기에 덧붙여 학교에 자유를 조금 줬지만 교사와 학생 들한테는 전혀 안 줬다는 게 문제죠. 이범 선생이 2012년에 내신 책(『우리교육 100문 100답』, 다산북스)을 보니까 두개의 구호를 내걸었던데, 하나는 대학교육 개혁이고, 다른 하나는 교사해방이라고 했어요. 대학교육 이야기는 나중에 해보고요. '교사해방'은 자극적이고 좋은 구호라고 생각했는데,(웃음) 요즘은 별로 이야기가 안되네요.

이범 주도적인 교원단체들은 별로 관심이 없어요. 교총(한국교원단체총연합회)은 물론 그렇지만 전교조(전국교직원노동조합)도 제가 보기엔 교사해방을 적극적으로 주장하고 의제화할 의지가 없는 것 같아요. 기본적으로는 일상적인 자신의 일이나 일터와 결부된 활동과 전교조가 주장하는 것 사이의 괴리가 상당히 커진 것 같아요. 2000년 초반으로 기억되는데 그때 부쩍 한국사회 교육문제의 원인을 대학서열화와 학벌주의로 설명하면서 그 대안으로 국립대 통합네트워크 등을 주장하는 목소리가 커졌어요. 학벌사회라는 개념도 본격적으로 유포되기 시작했고요.

당시에 전교조가 이걸 적극적으로 받아들입니다. 이럴 때 루이 알뛰세르(Louis Althusser)가 말한 이데올로기적 효과가 필연적으로 발생합니다. 그 효과란 우리가 지금 직면해 있는 문제는 교사의 일상적인 실천과는 상관이 없는 거다, 대학서열화 같은 거시적인 구조부터 바꾸라는 쪽으로 기울어지게 된 것을 가리킵니다. 거기서부터 교사의 직업윤리와 관련된 실천에 상당히 소홀해진 것 같아요.

돌아보면 전교조가 국민들로부터 가장 호응을 얻었던 것은 창립 초기의 '촌지 안 받기'인데, 이게 바로 직업윤리적인 실천이거든요. 그런데 지금 그에 걸맞은 직업윤리적 실천 또는 그런 방향의 운동을 꼽자면 뭐가 있나 싶어요. 저는 전교조 교사들에게 '아이들이 선행학습하지 않았다는 걸 전제로 가르치겠다'고 선언해보라고 권하고 싶어요. 부모들이 엄청나게 공감하고 호응할 겁니다. 전교조에 대한 여론도 반전될 거고요. 그런데 전교조 지도부는 이런 종류의 실천으로부터 너무 거리가 멀어진 것 같아요.

교권문제를 아까 언급했죠. 교사를 뭉뚱그린 단위로 생각하지 말고 개개인으로 봤을 때, 개개인의 권리가 침해되는 문제로 접근해보면 교재선택권이나 평가권 등이 거론되면서 우리 교육을 다양화할 수 있는 돌파구도 마련될 겁니다. 하지만 전교조의 정책자료집을 보면 수십가지 정책의제 중에 중간쯤에 이 내용이 살짝 들어가 있어요.(웃음) 전혀 중시하지 않는 거죠.

자사고를 비롯한 고교 교육의 재편성

백낙청 고교 교육개혁이랄까 이런 문제를 이선생께서는 진보적 고교평준화라는 개념을 중심으로 정리하신 것으로 압니다. 구체적인 내용은 한편으로는 보편적 수강신청제, 다른 한편으로는 수평적 고교선택제, 이렇게 일목요연하게 정리하셨던데, 독자들을 위해 지금까지 하신 말씀에 연결지으면서 부연해주셨으면 합니다.

이범 먼저 수평적 고교선택제를 설명해볼게요. 수평적 고교선택제는 기존의 전기고-후기고라는 틀을 허물고 '모든 고교에 동등하게 지원할 수 있도록 선지원-후추첨'하는 것으로 변형하는 방식을 말합니다. 즉, 지금 일반고를 지원할 때 대부분의 고교평준화 지역에서는 1순위, 2순위, 3순위 식으로 미리 지원하고 추첨만 하거든요. 고교평준화를 무시험 고교 배정이라고 이해하면, 이같은 고교선택제도 평준화의 한 유형입니다. 그런데 이 고교선택제가 후기고에만 적용되던 것을 전기고(특목고·자사고)에까지 확장하자는 게 수평적 고교선택제입니다. 그러니까 어떤 고등학교라고 해서 먼저 선발하는 식의 제도와 장벽 특권 없이 학생들이 수평적으로 고등학교들을 놓고 1순위, 2순위, 3순위 이렇게 지원하게 하고 추첨 배정하도록 하자는 것이고요.

사실 많은 선진국에서 고등학교 지원자들을 성적순으로 선발합니다. 예를 들면 독일·스웨덴·핀란드가 그렇게 합니다. 성적순으로 선발하는 것 자체가 교육기관에서는 비합리적인 것이 아니에요. 어떻게 보면 꽤 보편적인 제도인데, 우리나라에서는 그게 경쟁과 사교육을 엄청나게 자극할 것이기 때문에 받아들이기 어려운 것이고요.

보편적 수강신청제는 고등학교 내부개혁의 핵심이에요. 공교육은 다양한 선택과목을 제공하고, 학생은 본인이 수강하려는 과목을 미리 신청하여 스스로 교육과정을 구성하도록 하는 것입니다. 이걸 선택과목제 또는 학점제라고 부르기도 하는데 형식상으로 선택과목은 이미 많이 있거든요. 다만 학교에서 채택을 안할 뿐이죠. 학생들한테 실질적으로 제공하지 않는 거죠. 또 우리 고교 제도가 몇단위 이상 이수하면 졸업하는 식이고 최소 이수단위를 과목별로 지정하고 있기 때문에 외관상으로 보면 학점제하고 비슷합니다. 이처럼 학점제라든지 과목선택제라고만 표현하면 사람들이 기존 제도하고 뭐가 다른지 이해 못할 가능성이 있어서 저는 보편적 수강신청제라고 이름을 붙였습니다.

문제의식은 크게 두가지인데, 첫째는 우리 고교평준화에서 특목고에 대한 표준적인 정부의 입장이 뭐냐, 참여정부 당시 김진표(金晉杓) 교육부총리가 "고교평준화를 보완하기 위해서는 특목고가 필요하다"라고 이야기했거든요. 그런데 그 의미를 따져보면 일반 학교에서는 획일적 교육을 하는 게 당연하고 남다른 교육, 다양한 교육을 하려면 특목고가 필요하단 얘깁니다. 그런데 역으로 생각해서 일반 학교에서 다양한 교육이 학생들의 수강신청을 통해 충분히 가능하다면 어떨까요? 이를테면 외고 같은 유형의 특목고는 서구 선진국에는 거의 없는 학교잖아요? 고등학교 때 다른 과목 수강을 좀 줄이고 내가 관심 많은 외국어 수강을 늘리면 그게 외고의 기능을 하는 것이기 때문이죠. 우리도 일반고에서 충분히 다양한 교육을 가능하게 함으로써 특목고 설치의 명분을 제어해야 한다는 겁니다.

두번째 문제의식은 일반고에서 학생들의 적성이나 학력의 편차가 극심하다는 점입니다. 제주도처럼 일반고가 옛 인문계고의 위상을 유지하는 곳도 있기는 해요. 제주도에서는 중학교 내신성적 40퍼센트 남짓한 구간에 들어야 일반고에 입학할 수 있거든요. 하지만 서울이나 경기도의 일반고에는 특목고 지원했다가 아깝게 떨어진 학생에서부터 중학교 때 전교 꼴찌 가까이 했던 학생까지 섞여 있습니다. 이 상황에서 일괄적으로 똑같은 수업을 들으라고 하면서 일반고를 살리겠다는 건 불가능한 거죠. 보편적 수강신청제는 결국 이 상황에서 학생들이 적극적으로 자신의 호기심·필요·능력에 따라 과목을 수강하게 하고 지금보다 합리적으로 대입과 연결시켜주면서 일반고를 정상화하는 방법이기도 한 것이죠.

백낙청 자사고는 어떻게 되나요? 얼마 전에 조희연(曹喜昖) 서울시 교육감이 일부 자사고를 지정취소하려다 교육부와 큰 충돌을 빚었죠. 자사고 문제도 억지로 지정취소를 하는 것보다는 그야말로 수평적 고교선택제에 포함시켜버릴 수도 있죠. 그러면 뜻있는 누군가가 자기 식의 사립고등학교 교육을 하고 싶다, 다만 학생은 추첨을 통해서든 어떻게든 다른 학교와 똑같은 방식으로 뽑고나서 교육은 다르게 시키겠다고 한다면…

이범 예, 저는 그것이 충분히 허용할 만하다고 봐요.

백낙청 허용할 만한데 수요가 줄어들겠죠?

이범 그렇죠. 자사고를 운영하려는 의욕을 가진 사학은 아무래도 꽤 줄어들겠죠. 학부모들 또한 지원하려는 의욕이 줄어들 거고요. 그런데 저는 선택의 기회를 줌으로써 학생들이 다양한 교육을 접할 기회를 늘려주는 것은 매우 가치있는 일이라고 봐요. 아까 말씀드린 것처럼 개인 수준에서 교과목이나 교육과정을 선택하는 권리 면에서도 중요하지만, 사학 영역까지 포괄해봤을 때 사학이 가진 독특한, 흔히 얘기하는 건학이념 같은 것들도 염두에 둬야 한다고 보거든요. 학교 운영방식을 보면 그 건학이념에 근접하게 운영하는 학교들이 드물지만 있습니다. 이런 경우에는 충분히 그 학교에 길을 열어줄 만하다고 보는 거고요.

다만 선발권을 인정해서, 또한 성적 등을 고려해서 뽑을 수 있게 하는 순간 우리나라 고교평준화 체제가 전체적으로 위협당하면서 여태까지 일부 특목고나 자사고 사례에서 봤듯이 사교육이 증가할 수밖에 없습니다. 그렇기 때문에 이를 제어해야 한다는 의미에서 수평적 고교선택제 틀로 끌어들이자는 취지입니다. 다만 만약 사학재단에서 도저히 그렇게 운영하지 못하겠다고 하면 특별법을 제정해서 정부가 그 사학을 매입해주는 게 해법일 수 있습니다.

과학고에 대해 잠깐 언급하자면, 지금 법적으로 과학고와 영재학교가 분리되어 있는데 그렇게 분리할 이유가 없다고 봅니다. 사실 거의 같은 기능을 하는 학교들이기 때문에 그 둘을 통합하고, 연구의욕과 연구력이 뛰어난 학생을 위한 일종의 위탁교육기관으로 운영하면 좋겠습니다. 그러니까 그 학교의 전체적인 기능은 유지하되 꼭 그 학교에 입학해서 졸업장을 따야 하는 학교라기보다는 중학생이나 고등학생 중 누구든 연구능력이 특출난 학생들을 책임져주는 곳이었으면 하는 거죠. 일반 학교에서는 사실 개별 학생의 연구를 충분히 지원해줄 만한 여건이 안되거든요. 그런 학생들을 일정기간 맡아서 위탁교육을 시키는 기관으로 활용하면 좋겠습니다.

국립대 통합네트워크 안은 진보적 대안인가

백낙청 2012년에 내놓으신 두개의 구호 중에서 교사해방에 대해서는 이미 언급했고, 대학교육에 대해서는 아무래도 중등교육과 직결된 입시문제·대입문제 위주로 그동안 많이 평론을 해오신 걸로 압니다.

이범 흔히 대학교육의 문제는 대학서열화 문제를 핵심으로 한 대학체제 자체의 문제와 입시 등의 선발과 관련된 문제로 나뉘죠. 각각 상당히 차원이 다른 문제이기 때문에 나눠서 볼 필요가 있어요. 저는 상대적으로 후자에, 선발의 문제에 대해서 많이 얘기해왔습니다. 대학체제에 대해 공부가 덜 되기도 했고, 다른 한편 제 입장이 진보적 교육운동 진영의 입장과 굉장히 상충되기 때문이에요. 아까 대담 초입에 말씀드린 국립대 통합네트워크라는 게 여러 국립대를 하나로 합친다는 것인데, 이를테면 학생정원 5만명에 이르는 대학이 하나 생긴다고 해보죠. 캠퍼스를 전국 곳곳에 여러 군데 둔 대학이죠. 상위권 또는 최상위권 학생들 입장에서 3천~4천명 뽑는 연세대·고려대에 들어갈 수 있는 기회와 그 국립대에 들어갈 수 있는 기회가 있을 때 어디를 선호할까요. 아마 경제적 여유만 된다면 다 연·고대를 택할 겁니다.

백낙청 통합네트워크에는 서울대가 포함됩니까 안됩니까?

이범 포함되든 안되든 나오는 결과가 상당히 비슷합니다. 일단 서울대가 포함된다고 가정하면, 그럼에도 불구하고 연·고대를 선택할 거라는 거죠. 왜냐하면 서울대 졸업장이 아니게 되는 것이잖아요. 통합국립대 졸업장이 되는 것이고, 그에 비해 연·고대의 브랜드 가치는 그대로 유지된다고 봤을 때, 결국 경제력이 일정수준 이상이 되는 최상위권 학생들은 연·고대를 선호할 거라는 거죠.

백낙청 제가 서울대 교수를 오래 했지만, 서울대가 가진 교육자원을 유지하고 활용하는 일은 중요하다 해도 입시생 선호도에 있어서 연·고대가 더 올라가는 건 큰 문제가 아닌 것 같아요. 오히려 서울대가 포함되었을 때 가장 큰 문제는 통합네트워크에 들어온 사람들이 너도나도 서울 관악캠퍼스에서 공부하고 싶어할 텐데 그걸 어떻게 조절하느냐 하는 현실적인 문제일 것 같아요. 물론 대다수 서울대 교수들은 연대나 고대에서 좋은 학생들 끌어간다면서 펄쩍 뛰겠지만, 제가 보기에 그것은 교육에서 중요한 것이 아닙니다. 그런 새로운 씨스템 아래에서도 서울대에 오는 사람들은 일단 걸러서 오는 사람들 아니에요? 아무나 오는 건 아니잖아요.

이범 그렇죠. 그리고 역설적이게도 지금 대학평가에 학부생 교육에 대한 평가는 별로 안 들어가죠, 어차피.(웃음)

백낙청 그럼 웬만큼 이상의 수준이 되는 학생들을 받아서 잘 가르치는 게 중요한 거고요. 그다음에는 그렇게 졸업한 학생들을 대학원에 받아서 가르치는 기능이 중요하겠죠. 그래서 연·고대 등 주요 사립

대에 대한 선호도가 높아지는 게 꼭 나쁜 건 아니지 않나 하는 생각
도 드는데…

이범 결과적으로 국립대를 통합한다고 했을 때 사람들이 흔히 기대하
는 제일 중요한 효과는 입시경쟁이 좀 덜해진다는 점이겠죠. 하지만
최상위권 경쟁은 상당부분 그대로 남아 있고 또한 정원 5만명짜리
통합국립대에 들어가기 위한 중상위권의 경쟁이 또 치열해질 것입
니다. 그럼 결국 학생·학부모가 느끼는 경쟁압력이 얼마나 많이 줄
어드느냐? 생각만큼 줄어들지 않는다는 거예요.

두번째 문제는, 사실 이게 더 심각한 문제일 수 있는데, 서울·수도
권 지역에 국립대가 거의 없단 말이죠. 지금 이 지역에는 국립 종합
대로 서울대·인천대가 있고 또한 공립이지만 서울시립대, 그밖에는
교대라든지 즉 종합대가 아닌 대학들이 몇개 있단 말이에요. 그런데
전체 인구의 절반 이상이 서울·수도권에 몰려 있고 수험생 등 젊은
층의 비율로 보면 밀도가 더 높단 말이죠. 문제는 이 통합국립대 캠
퍼스가 대체로 다 지방에 있어서, 서울·수도권에 있는 학생들을 수
용하기에는 턱없이 모자라다는 것입니다. 만일 서울 학생들한테 등
록금을 싸게 해줄 테니 지방 가서 대학 다니라고 하면 과연 그렇게
할까요. 서울·수도권 수험생이 30만명인데 이 지역 대학 정원이 1만
명이면, 결국 국립대 통합은 서울·수도권 지역 학생들의 경쟁압력을
줄이는 데는 전혀 무용하다는 겁니다.

국립대 통합네트워크라는 것은 국립대가 상당히 많은 비율을 차
지하고 있을 때에 의미가 있습니다. 실질적인 효과도 있을 거고요.
그런데 지금 대학 중 국립대 비율은 무척 낮거든요. 우리나라 사립대
가 대학 수로 치면 86퍼센트라고 하는 경이적인 수치를 기록합니다.

게다가 국립대의 분포가 인구분포와 전혀 맞지 않습니다. 결국 국립대 통합안은 합리적 대안이 아닙니다.

이런 상황에서 사립대를 끌어들일 수 있는 정책이 뭐냐, 이게 핵심이지요. 이를테면 2011년에 '사교육걱정없는세상'에서 '좋은대학 100플랜'이라는 제안을 내놓았어요. 국립대뿐 아니라 사립대까지 포함해 '좋은 대학'을 골라서 몇십개 대학을 비슷한 수준의 대학으로 육성해내자는 계획인데요. 거기서도 핵심적인 문제가 결국 선발권을 각각의 대학에 줄 거냐 말 거냐였거든요. 선발권을 각각의 대학에 주면 대학들은 또 나름대로 이른바 좋은 학생 뽑기 경쟁을 계속 할 거예요. 또한 몇십개 대학을 다 묶어서 공동 선발하기로 한다, 즉 선발권을 개별 대학에 주지 않는 식이 되면 입시경쟁을 완화하는 효과는 크겠지만 개별 대학의 자율권을 그 정도로 줄이려면 참여하는 사립대에 굉장히 많은 인센티브를 줘야 할 거예요.

백낙청 그렇겠죠. 자발적인 참여가 아니면 헌법소원도 나올 거고, 강제하기는 어려운 거고…

이범 그럼에도 그런 모델도 한번 만들어볼 만하다고 봅니다. 거점 국립대와 서울·수도권지역 상위권 사립대를 아울러서 10만~20만명을 통합 선발해보자고 제안하고 싶습니다. 이렇게 되면 학생들의 경쟁압력을 일거에 상당히 줄일 수 있습니다. 이런 제도를 운영하면 학생과 학부모들의 삶이 상당히 달라질 겁니다. 그런데 선생님도 동의하셨지만 이를 사립대에 강제하기는 어려울 거고, 인센티브를 준다 하더라도 선발권을 제한할 정도로 개별 대학의 자율권을 제약하려면 무척 많이 줘야 하거든요. 하지만 정부 예산의 1퍼센트 내에서 해결

가능하다고 봅니다. 사회적 합의를 시도할 수 있는 수준이지요. 결론적으로 이 정도는 되어야 일반인들에게도 설득력이 있는 정책이 되지 않을까 싶습니다.

백낙청 입시경쟁 완화에 대해선 지금 말씀하신 여러 요인을 검토하고 분석하면서 장기적으로 현실적인 안을 만들어야 할 것 같네요. 지난번 대선 때처럼 민주당이 그런 구체적인 방도 없이 국립대 통합네트워크 같은 공약을 냈으니 유권자들이 별로 실감을 못한 거죠.

그런데 당장 시급한 문제는 입시제도 아니겠어요? 특히 고교 교육에는 직접적이고 결정적인 영향을 미치는 요소이고… 그런데 여기서도 일부 진보적 교육학자들은 내신 위주로 가서 학교교육을 정상화해야 한다는 얘기를 많이 하죠. 그런데 이선생의 말씀은 지금 고교 현실에서는 내신 위주로 가도 곤란하다는 것 아닙니까?

이범 서구 선진국의 내신하고 우리나라 내신의 가장 큰 차이는 우리나라는 상대평가 내신이라는 점입니다. 결국 내신에서 얼마 이상의 등급을 받으려면 바로 옆에 있는 자기 동료들하고 경쟁해야 해요. 상대평가라는 게 제로썸 게임이니까, 애네들을 떨어뜨려야 내가 올라가는 상황이 되니 원활한 협력이나 따뜻한 교실 분위기 등을 조성하는 건 어려워지는 거고요.(웃음)

내신평가의 딜레마

백낙청 『창작과비평』 2014년 겨울호에 이기정(李基政) 선생이 진보 교육감들이 할 일에 대해 글을 썼는데 거기서도 그 얘기가 나와요. 내신이나 수능이나 똑같은 경쟁이지만 수능은 자기가 모르는 전국 학생들하고 경쟁하는 거고 내신은 바로 옆에 있는 친구들하고 경쟁하는 거니까 이렇게 되면 정말 학교가 살벌해지고 비인간적인 경쟁의 장이 된다고요.

이범 맞습니다. 교육부에서 대학평가지표를 통해 상대평가를 요구하면서 본래 절대평가였던 대학들마저 상대평가적인 요소를 막 집어넣었어요. 심지어 로스쿨 같은 데서는 그게 처음부터 제도화돼서 도입됐죠. 로스쿨에서 어떤 일이 벌어지냐면 단순히 경쟁이 치열하다는 문제만 발생하는 것이 아니고 다양한 교육 자체가 어려워집니다. 이를테면 한두 학기 다니다보면 누가 제일 공부 잘하는지 대충 알게 되잖아요. 그럼 다음 학기 수강신청 때 그 학생이 신청한 과목은 아무리 매력적으로 보여도 신청하지 않는다는 거예요. 특히 수강생 수가 적으면, 그중에서 A 받을 수 있는 학생이 몇명인지 딱 정해지는데 내가 거기 끼기 상대적으로 어려워지니까…

　대입수능에서도 그런 일이 벌어졌습니다. 상위권 학생들이 상대적으로 선호하는 과목을 하위권 학생들이 기피하고 도망가는 거죠. 국사나 물리가 '적극기피' 과목이 된 데는 그런 이유가 작용했던 겁니다. 상대평가라는 것이 단순히 경쟁을 격화시킨다는 문제뿐만 아니라 교육의 다양성과 양립하기 어렵다는 문제가 있어요. 이렇듯이 내신에서는 일단 상대평가라는 중요한 문제가 있습니다. 하지만 그렇다고 절대평가로 가면 합리화되느냐 하면 우리나라에서는 온정주의와 실적주의, 그러니까 '엄정하게 평가해야지'가 아니라 '내 제자니까 조금이라도 잘해줘야지' 이런 심리가 작용해요. 그게 고등학교 별로 명문대 보내기 경쟁과 결합되면서…

백낙청 게다가 잘못하면 원수가 돼요.(웃음)

이범 그래서 다들 성적을 높여주려는 경향이 생긴단 말이죠. 물론 대학에서도 그런 일이 있죠. 교육부에서 대학에 상대평가적 요소를 요구하는 중요한 명분 중 하나가 대학의 학점 퍼주기가 심하다는 것과 관련됩니다. 다시 말해, 전체적으로 우리 내신이 사회적 신뢰도가 굉장히 낮은 거죠. 상대평가와 절대평가 사이를 진자운동, 시계추운동하는 겁니다. 상대평가 쪽으로 가까이 가면 상대평가 고유의 체감 경쟁강도가 높아지고 교육의 다양화가 어려워지는 문제가 걸려요. 또 절대평가 쪽으로 가면 실적주의·온정주의 때문에 좋은 성적을 막 주게 되고요.

더구나 내신 위주 선발이 가진 또 하나의 문제가 있어요. 우리나라에 수능·논술·내신이 있는데 이게 일종의 권력관계를 반영하거든요. 수능은 국가고시 아닙니까? 국가에서 대입이라는 중차대한 관문에 뭔가 의미있는 지표를 제공해야 한다는 필요성 때문에 있는 거고요. 논술은 대학 자율성 때문에 있는 거고, 내신은 공교육 정상화와 강화 등의 명분으로 있는 겁니다. 세가지 제도 모두 일종의 권력관계를 반영하는 거란 말이에요. 그러니까 정치권에 내신 위주로 선발해야만 한다고 요구하는 것은 마치 정치권에 정부 및 대학 측과 싸우라는 임무를 부여하는 것과 마찬가집니다. 이제는 제도설계의 기본적인 마인드가 바뀌어야 해요.

백낙청 그런데 아까 말씀하신 학생들의 과목선택권과 교사들의 평가권이 주어진다면 내신평가는 어떻게 달라질까요? 입시에서 내신의 역할 말이에요.

이범 그건 설계를 여러가지로 할 수 있는데요. 미국에서는 대입에 내신성적이 합산돼서 들어갑니다. 그리고 아까도 말씀드렸지만, 미국의 고등학교에서는 학교에서 대입시험 공부를 안 시켜요. 그건 자기가 알아서 하는 거라는 거죠. 물론 요즘에는 미국에서도 대도시 중심으로 SAT 학원 같은 게 늘고 있다고 하긴 하던데…

백낙청 그게 일종의 '한류'라는 말도 있어요.(웃음)

이범 그게 다 한국식, 중국식 학원들이거든요.(웃음) 여하튼 우리나라에서는 그런 제도를 도입하면 큰일날 겁니다. 왜냐하면 그나마 학교에서 수능준비를 해주니까 수능 사교육 수요가 학교 내로 끌어들여지는 측면이 있는데 그게 다 학교 밖으로 가버리면 사교육비가 치솟겠죠. 미국 방식은 차마 우리나라에서는 택하기 어려운 제도고요.

유럽의 대입시험은 논술형인데 그 대입시험을 학교에서 체계적으로 준비하는 것이 학교의 공식적인 임무예요. 그래서 고교 커리큘럼도 그에 맞게 체계화되어 있습니다. 유럽식을 받아들이는 데에는 두가지 문제가 있습니다. 일단 우리나라 진보적 교육운동 세력은 내신 중심으로 뽑아야 한다, 학교에서 대입시험 준비를 하면 어떡하냐고 비판합니다. 고등학교에서 대입시험 준비를 하는 것 자체를 금기시하는 분들이 많거든요. 유럽과는 굉장히 다른 얘기를 하는 거죠. 두번째 문제는 어쨌든 별도의 입시장에 가서 시험을 보는 형태가 되면 역시 사교육을 줄이지 못한다는 겁니다. 만약에 우리나라가 독일 아비투어 시험이나 프랑스 바깔로레아 시험 같은 것을 본다면 그걸 대비한 전문학원이 엄청 성행하겠죠. 그래서 사실 미국형이나 유럽형이나 우리나라에서 채택하기가 굉장히 어렵습니다.

한국형 A레벨 모델이란?

백낙청 결국 이범 선생이 주장해오신 최선의 대안이라는 것이 영국식 A레벨, 물론 이를 그대로 따르는 것은 아니지만 그걸 토대로 한국식 A레벨 시험을 고안해보자는 것 아닌가요? 그건 어떤 내용인가요?

이범 영국의 초중등 교육이 13년제인데요. 우리로 치면 고2, 고3인 12, 13학년 때 2년에 걸쳐 식스폼(sixth form)이라는 단계에서 수행하는 평가를 A레벨이라고 합니다. 그런데 A레벨은 단순한 시험만이 아니라 일종의 커리큘럼이에요. 그러니까 우리가 흔히 생각하는 내신하고 비슷한 겁니다. 내신도 일종의 커리큘럼이 있고 거기에 평가가 뒤따르죠. A레벨도 그렇습니다.

구조를 보면 얼핏 일반적인 내신하고 비슷해 보이는데, 일반적인 내신은 어느 나라에서도 공인평가로서 점수를 인정받진 못하거든요. 이 지역 이 학교의 내신과 저 지역 저 학교의 내신이 비슷한지 판단하기 어렵기 때문에 일종의 공인평가로서 기능하진 못하죠. 그런데 영국의 A레벨은 공인평가로 기능합니다. 왜냐하면 학교 외부에 별도의 관리기관이 관리·감독과 지원을 맡기 때문이죠. 영국에는 다섯개의 관리기관이 있는데 잉글랜드 지역에서 선택하는 건 대략 세개라고 보시면 됩니다. 나머지 두개는 각각 웨일즈와 북아일랜드에 있고요. A, B, C라는 세개의 기관 중에 무엇을 택할지를 고등학교가 정합니다. A를 택하면 A기관에서 그 2년간의 교육과정과 평가에 대해 상세하게 컨설팅을 하고 교육도 시키고 또 평가를 관리·감독합니다. 그렇다고 학교 교사의 자율성이 적으냐, 그것도 아니에요. 예를 들어 고전문학 수업을 한학기 동안 한다고 하면 어떤 작품을 가지고 할지에 관해 교사에게 상당한 선택권을 줍니다. 어느 작품을 택하든 그에 따른 세밀한 평가지침도 주고 지원도 해주고 심지어 사후검증도 합니다. 평가가 논술형이기 때문에 자료를 축적해놨다가 정기적으로 해요. 감사 수준은 아닌 것 같은데 사후에 관리·감독을 하죠.

백낙청 학생이 과목을 선택할 여지가 훨씬 크죠? 우리 경우는 수능은 과목 수가 제한돼 있지만 내신 과목은 훨씬 많고…

이범 다만 내신 선택권이 수능 때문에 사실상 제한돼 있죠.(웃음)

백낙청 영국의 A레벨에서는 선택과목이 어느 정도 한정되어 있나요?

이범 A레벨은 두가지 측면을 동시에 담고 있어요. 우선 아까 말씀드린, 내신과 유사하지만 공인평가로서 인정받는 시험이라는 한 측면이 있습니다. 현재의 국·영·수 위주 교육과정을 A레벨 식으로 운영할 수도 있습니다. 그런데 영국의 경우는 과목의 다양성을 최대한 확보하면서 운영하는 거죠. 이것이 A레벨의 두번째 측면입니다. 예를 들어 대부분의 영국 대학에서는 전공별로 대입 지원자들에게 10여개 과목을 제시합니다. 그 과목들 중에서 지원자가 원하는 너댓개를 선택하라고 미리 밝힙니다. 그래서 학생들이 심지어 고등학교를 선택할 때부터 그 고등학교에서 제공하는 과목이 내가 가려는 대학 학과에서 제시하는 과목들과 얼마나 일치하느냐를 가려가면서 지원하기도 해요.

영국의 대입에는 기본적으로 공통필수과목이라는 개념이 없죠. 이를테면 컴퓨터공학과를 갈 학생이 택하는 너댓개의 과목과 문학을 전공하려는 학생이 보는 너댓개의 과목이 하나도 일치하지 않는 일이 다반사로 일어납니다. 학생들은 대입을 고려하면서 자기가 고등학교 때 무슨 과목을 이수할지 정하고 A레벨이라는 그 이수과목의 성적을 갖고 대학에 지원하는 거죠.

백낙청 한국형 A레벨 제도를 고안한다면 대충 어떤 골격이 되겠어요?

이범 제가 제안하는 한국형 A레벨 제도는 세가지 장점이 있습니다. 첫번째로 대학이 참여하도록 제도화할 수 있습니다. 아까도 말씀드렸지만 수능·내신·논술은 일종의 권력관계를 반영한 것이고, 지금 상태에서 당장 뭐 하나를 없애버리려고 하는 것이 현재의 권력관계를 봤을 때는 무척 어렵거든요. 최대한의 타협이 가능한 제도를 설계할 필요가 있습니다. 일례로 대학 별로 논술을 보고 있는데 그 논술의 문제의식과 노하우를 한국형 A레벨에 다같이 녹여내자고 대학 측을 끌어들이는 것이 가능합니다. 실제로 영국 A레벨의 관리감독기관 중 일부는 대학에서 운영하는 것이기도 합니다. 우리나라에서는 여러개의 관리감독기관을 두는 것은 어려울 거고 아마 국영으로 하나를 운영해야 할 가능성이 큰데 거기에 대학이 상당한 영향력을 갖고 참여하게 아예 합리적으로 제도화하는 거죠. 예컨대 대학교육협의회의 영향력을 상당부분 인정해주는 파격적인 타협이 필요합니다.

두번째로 우리나라의 객관식 교육에서 빨리 벗어나야 하는데, 그건 누구든 느끼는 문제의식일 겁니다. 객관식 교육에서 벗어난다고 독일이나 프랑스 식으로 가면 아까도 말씀드렸지만 학교와는 별개의 장소에서 치르는 논술형 고사 형태로 가게 됩니다. 이렇게 되면 당연히 사교육의 폐해가 생기죠. 하지만 A레벨은 내신을 논술형 쪽으로 진화시키는 접근에 가깝기 때문에 사교육이 늘어나는 것을 어느정도 제어할 수 있습니다. 학교수업과 밀착되어 평가할 수 있기 때문에 사교육이 개입할 여지가 좀 줄어들거든요.

세번째로 지금 우리는 논술 사교육, 수능 사교육, 내신 사교육 이렇게 따로따로 있는 식인데 A레벨은 이를 통합할 수 있기 때문에 사교육 수요를 어느정도 줄일 가능성이 있습니다. 내신·수능·논술의 실질적 기능을 다 하나로 모으는 거거든요. 아까도 말씀드렸지만 내신의 사회적 신뢰도가 상당히 낮은 상태인데, 이게 어떤 대책을 세운다고 해서 단기적으로 나아지진 않을 겁니다. 상대평가와 절대평가의 진자운동, 이 문제도 있고요. 이런 상황에서 내신을 진화시키면서 사회적인 인정과 신뢰도를 확보할 수 있는 유력한 방법이 한국형 A레벨이지요. 내신이 공교육 자율의 힘으로 단기간에 발전하기는 어려운 상태거든요.

혁신학교, 핵심은 교사문화의 변화

백낙청 이제까지 혁신학교 얘기는 별로 안 나왔는데, 지금 진보 교육감들이 우선으로 내세우는 것 중의 하나가 그거 아닙니까? 혁신학교에 대해서는 어떻게 보시나요?

이범 혁신학교가 극과 극입니다. 전국의 수십개 혁신학교에 가봤는데요. 신문에 나오는, 주변 집값이 뛴다는(웃음) 혁신학교에서부터 무늬만 혁신학교인 곳까지 굉장히 다양하게 있거든요. 왜 그렇게 됐느냐면, 일단 혁신학교라는 것이 기본적으로 교사문화의 변화에서부터 시작되는 것이거든요. 그러니까 제도적인 측면보다는 운동으로서의 측면이 강한 겁니다. 특히 잘되는 혁신학교를 들여다보면 타학교와의 가장 큰 차이가 교사들이 회의를 한다는 거예요. 일반 학교에서도 물론 교무회의 같은 걸 합니다만, 제가 많은 교사들한테 물어봤는데 회의시간에 한마디 하는 데 몇년 걸리나 하면 10년, 20년이라고 답한단 말이죠. 그러니까 교사들이 보고에 답하는 정도를 제외하고는 자기 얘기를 해본 경험이 없습니다. 그런데 혁신학교 중에서도 모범적인 학교들을 가보면 교장·교감·부장교사·평교사 모두가 계급장을 떼고 회의에 임하거든요.

백낙청 지금 얘기하신 건 주로 중학교입니까?

이범 초등학교, 중학교입니다. 고등학교는 혁신학교 자체가 많지 않습니다. 물론 고등학교 중에도 모범적 사례들이 있지만 수적으로는 주로 초등학교, 중학교가 많습니다. 그러니까 혁신학교의 특징은 교사문화의 변화를 통해 교사들이 해방감을 느낀다는 점 같아요. 자기가 실질적으로 학교운영에 참여할 수 있고, 심지어는 참여해서 변화하는 모습을 보는 거죠. 기존의 일반 학교에서는 거의 경험하지 못한 일이기 때문에… 또한 실제로 혁신학교 중에서도 전교조 교사가 아닌 교총이나 무소속 교사들이 상당수 있는데 이분들이 변하는 걸 보면 이게 교사문화가 바뀌면서 시작되는 의미있는 변화라는 점을 알게 됩니다.

　문제는 혁신학교가 한계를 지닌다는 것인데요. 이건 교육행정 전체의 한계이기도 합니다. 학교에 1년에 접수되는 공문의 개수가 교총 통계에 의하면 5500건이 넘습니다. 어떤 통계는 7000건이라고 하고요. 그중 상당수가 지시성 공문이고 적지 않은 수가 행정실로 가긴 하지만 대부분이 교무실로 전달되어 교사 개개인의 업무가 됩니다. 교사 본연의 업무가 학생을 돌보고 수업을 준비하는 건데 그런 걸 소홀히 한다고 별로 표가 나진 않거든요. 하지만 공문처리를 소홀히 하면 바로 표 나고 질책당하고 승진이 불가능해져요. 이 과정에서 혁신학교에서는 지원받는 돈이 있으니까 교무행정 전담인력을 배치해서 교사들을 돕고, 그래서 교사들이 그 일에 시달리지 않는다고는 하지만, 전체적인 행정체계나 승진체계는 분명히 혁신학교와 상충합니다. 그러다보니 혁신학교가 교육행정 씨스템 속에서 안정적으로 자리잡으며 확장되기가 무척 어려워요.

　혁신학교가 꽤 중요한 성과이긴 한데 이것이 좀더 보편화되고 확산되려면 교육행정 자체를 전체적으로 뜯어고쳐야 합니다. 그런데 이게 교육청 단위로 가능하냐를 따져보면, 어려운 문제가 두가지 있습니다. 하나는 교육청 위에서, 즉 교육부에서 시작되는 일이 워낙 많거든요. 교육청이 지자체로서의 위상도 갖고 있지만 하위 행정기구로서의 위상이 있기 때문에 교육청은 그걸 거부하지 못하고 다 처리해야 합니다. 또 하나가 아무리 진보적 의지로 충만한 교육감이 왔어도, 자기 수하의 직속 조직을 간소화하는 게 너무나 어렵습니다. 자기가 쓸 수 있는 손발을 줄이는 것이거든요. 원론적으로 말하면 그 사람들을 교육지원청 또는 학교로 내려보내고 시도교육청 조직을 간소화해야 하는데, 교육부에서는 끊임없이 사업을 만들어 밑으로 지시하고 내려보내지, 또 교육감으로서 힘을 내기 위해 필요한 직속 인력을 바로 줄이는 것도 어렵지, 상당히 딜레마예요.

교육씨스템 전체를 바꾸고 교육부와 교육청의 인력과 사업을 상당히 슬림화해야 하는데, 그런 문제의식이나 리더십은 교육청이나 교육감 단위에서는 나오기 어렵습니다. 결국 어렵더라도, 중앙정부와 정치권 수준에서 이걸 시도해야 하지 않나 싶은 거죠.

교육이야말로 민생문제

백낙청 그런 의미에서 제가 강조한 게 사실은 교육 이야기라기보다 정치 이야기인데, 그동안에 교육문제가 우리 선거에서 큰 이슈가 되지 못하다가, 이게 이슈가 될 수 있구나 한 게 2014년 6월 지방선거 때 진보 교육감들이 대거 당선되면서였죠.

이범 그렇죠. 2010년과 2014년, 이렇게…

백낙청 2010년 그때도 진보 성향의 여섯분이 당선됐죠? 당시에도 그랬지만 2014년 선거에서는 특히 인상적이었던 게 세월호사건이라는 그 난리를 겪고도 결국 지방의회와 지역자치단체장 선거에서는 새누리당이 박근혜 대통령 살려달라, 한번만 기회를 더 달라 하니까 유권자들이 거기에 많이 휩쓸렸잖아요. 다행히 교육문제로 가서는 오히려 진보 교육감들이 내세운 구호가 민생문제라는 점을 시민들이 실감하면서 표를 던졌던 것 같습니다. 워낙 교육문제가 오랫동안 쌓이고 쌓이고… 그야말로 '적폐'가 심해서 이제는 국민들이 선거에서도 관심을 가질 때가 된 것 같아요. 지난번 2012년 대선 때는 이기정 선생이 "교육을 잡는 자가 대권을 잡는다"고도 그랬는데…(웃음) 당시에는 그게 실현되지 않았지만 다음 대선에서는 어느정도 가능성이 있지 않은가, 적어도 그렇게 돼야 한다는 생각이에요. 이범 선생도 그런 생각을 갖고 민주정책연구원에 들어가서 일하시는 거겠죠?

이범 그렇습니다. 지난 지방선거에서 일반 지자체 선거에 비해 교육감 선거에서 진보 후보들이 선전한 것에는 몇가지 이유가 있어요. 물론 민주진보진영은 거의 단일화되었는데 보수진영은 대개 후보가 둘 이상이었다는 선거공학적인 이유도 있겠죠. 그런데 눈에 띄는 점은 2010년 선거에 비해 진보 교육감 후보들이 한명의 예외를 제외하고는 모두 지역 내 지지율이 올라갔습니다. 예를 들면 강원도처럼 보수진영이 상당히 유리하다는 지역에서도 현직 교육감이 거의 과반 득표로 재선에 성공했어요. 이는 상당히 의미있는 동향을 보여주는 지표죠.

그렇게 된 이유를 보면, 세월호사건을 예로 들어 일반 정치선거에서는 국민들이 민주진보진영 너희들이 집권한다고 해서 뭐가 달라지겠느냐 이런 냉소가 있는 것 같습니다. 사실 세월호사건은 우리나라 공직사회 개혁의 신호탄이 되어야 했거든요. 국민들이 목격한 건 해경의 실패잖아요. 해경을 해체시켜서는 안되는 거죠. 오히려 해경을 성공시켜야 하는 거죠. 선생님께서는 민주 대 반민주가 아니라 민주화의 새로운 진전 대 민주주의의 퇴보로 구도가 바뀐 거라고 말씀하셨죠. 마찬가지로 해경이 실패한 조직이 된 것은 결국 공공써비스 영역에서 현장의 전문성과는 무관하게 주로 문서만 다루는 사람들이 정책결정 단위가 되었던 탓이 커요. 또한 해경의 공공써비스의 직접적인 수혜자들이 주로 낚시꾼이나 어민 혹은 섬 지역 주민들인데 이들이 해경을 평가할 방법이 전혀 없습니다.

즉, 거버넌스의 문제고 평가의 문제죠. 저는 교육행정 씨스템을 보면서 그런 문제의식을 많이 느꼈는데, 현장전문성이 강하고 현장에서 학생과 학부모들한테 진정으로 지지받는 사람들이 승진하기 굉장히 어려운 구조예요. 또 하나, 평가가 학생과 학부모에 의해 이루어지지 않습니다. 교원평가라는 걸 하긴 하는데 그건 승진에 아무런 영향을 못 줘요. 다소 요식행위로 하는 거죠. 이런 식으로 돼 있으니 공직사회에 대해 국민들이 원하는 수준은 점점 올라가는데 그 기능과 괴리가 엄청 심해지는 거죠.

결국 세월호참사와 관련해서는 공직사회 개혁에 대한 분명하고 명분있는 기치를 들고 밀어붙였어야 되는데, 진상규명이나 책임자처벌마저도 제대로 안되고 그러다보니 논점이 이런 쪽으로만 몰렸죠. 결국 재발방지와 관련해서 이 구조를 어떻게 개혁하겠다는 방안이 보이지 않는 겁니다. 국민들 보기에는 아무 대안도 없었던 거예요.

반면 진보 교육감 관련해서는 무상급식이라든가 혁신학교라든가 하는 구체적이고 지속적인 정책기조가 국민들 눈에 보인 겁니다. 2014년 선거에서는 무상급식보다는 혁신학교가 이슈였고요. '아, 저 사람들이 뭔가 이뤄낼 수 있겠다'는 기조와 철학이 엿보였고 그래서 뭔가 신뢰할 만하다는 느낌을 준 거죠. 즉 지난 4년간 진보 교육감들의 적공이 있었던 셈이죠.(웃음) 적공이라는 게 참 중요한 부분이긴 하구나 싶었어요. 그러니까 지난 2010년 지방선거 때 여섯명의 진보 교육감이 들어서면서 여건도 어렵고 부분적으로는 결함도 많았지만 그뒤로 쌓아올린 공이 국민들한테 인정받고 평가받았던 거죠. 일반 정치권에서도 빨리 그런 적공을 해야 한다는 생각이 들었습니다.

세월호 문제에서도 말씀드렸지만 해경 개혁을 위해서는 내부승진 씨스템과 실제 주민들에 의한 평가씨스템이 파격적으로 도입되어야 한다고 봐요. 그게 우리나라 공직사회 개혁의 모델이 될 수 있을 겁니다. 그런데 정치권에서 이런 사고와 아이디어와 리더십이 제대로 발전하고 실현될 수 있느냐에 대해서는 여전히 의문입니다.

초등교육의 현실과 장기적 목표

백낙청 우리가 초등학교 교육 이야기를 별로 안했는데, 시간이 없긴 하지만 초등교육에 대해서는 특별히 어떤 안이 있나요?

이범 초등교육이야말로 진짜 민생교육이라는 측면에서 접근할 필요가 있어요. 이번 교육감 선거 때 제가 이재정(李在禎) 경기교육감 후보 캠프에서 일했는데, 그때 제가 만들어서 쓴 용어 중에 하나가 민생교육이었어요. 요즘은 아이가 굉장히 어릴 때부터 엄마들이 사교육으로 달려가는 경우가 많아요. 그걸 엄마들이 학벌주의에 물들어서 '우리 애 좋은 대학 보내려면 벌써 달리기 시작해야지'라는 현상으로 간주하는 게 과연 옳은가라는 질문을 던졌어요. 물론 그런 극성 엄마들도 있겠죠. 강남에 그런 분들이 많겠고요. 그런데 전국적으로 보면 그 비율이 그렇게 높은 건 아니거든요. 그런데 왜 학원에 달려가게 될까요. 예를 들어 요즘엔 초등 3학년 때부터 영어를 배우기 시작하는데 P 발음과 F 발음을 거꾸로 하고 있으면 학교에서 무슨 대응을 해주느냐, 실제로 아무 대응을 안하거든요. 우리 애가 이번에 수학을 50점을 받았다면, 학교에서 선생님이 뭔가 보완교육을 시키든가 엄마한테 전화해서 '뭘 해주세요'라고 통보라도 하느냐, 그런 것 전혀 없거든요. 그 상황에서 옆집 엄마가 '아무개 엄마 지금 뭐하는 거야, 빨리 애 데리고 학원 가야지' 하면 바로 달려가게 되는 거죠. 역설적이게도 교육환경은 옛날보다 개선된 면이 많은데…

백낙청 교사가 담당하는 학생 수가 많으면 그게 불가피할 수도 있는데, 과밀학급 문제는 거의 해결이 됐죠?

이범 많이 해결됐죠. 아직도 좀더 줄여야 하지만, 일부 지역은 OECD 평균 수준으로 줄었거든요. 그럼에도 불구하고 학교의 책무성은 오히려 약화된 측면이 있습니다. 옛날에는 숙제도 내주고 그걸 검사하고, 뒤떨어지는 애 있으면 나머지공부도 시키고… 그런데 나머지공부, 멸종한 지 오래 됐거든요.(웃음) 결국 사람들이 교사들의 업무에 대해 상당히 불만이 높습니다.

　심지어는 애 학업문제로 상담하러 가면 선생님이 대뜸 학원 보내라고 얘기하고, 수업시간에 '너희들 다 알지?'라면서 속성으로 진행한다든지… 교총이나 전교조 같은 교원단체에서 감투 쓰고 활동하시는 분들은 대부분 능력과 자존감이 높은 분들이어서 실제 다른 교사의 교실에서 얼마나 황당한 일이 벌어지는지 의외로 잘 모릅니다. 하지만 그런 경험을 하는 학부모들은 굉장히 많거든요. 보완교육이 일상적이고 지속적으로 이뤄져야 하는데, 현장에선 일률적으로 한번 수업하고 평가하고 그리고 아무 사후조처도 없는… 이런 일이 오히려 최근 들어서 점점 더 심해진 거죠. 정치권이 그런 부분을 신경 쓴다고 해서 학벌주의에 오염되는 것인 양, 또는 중산층 학부모들의 이

기심에 편승하는 것인 양 폄하하는 분들이 있는데, 사실 제가 보기엔 이건 진짜 민생문제입니다.

백낙청 이런 주장을 단기적인 과제로 제시하면 무책임한 게 되겠지만 전반적으로 초등학교에서 공부를 덜 시키고, 더 많이 놀게 해줘야 하지 않나 싶어요. 요즘 인성교육 얘기 많이 하잖아요? 최근에 국회의장이 주도해서 여야 의원 만장일치로 인성교육에 관한 법안이 통과됐다고 들었는데… 글쎄요, 그런 식으로 법안을 통과해서 뭐가 될는지 모르겠지만…

이범 잘 안되겠죠.(웃음)

백낙청 애들이 어려서부터 행복하고 튼튼하게 자라면 거기서 좋은 인성이 나오는 거죠. 그러니까 적어도 초등학교 시절에는 주로 놀고, 체육 많이 하고, 그다음에 적성에 따라 미술 등 예술과목을 배우고, 또 요즘 애들이 다 그런 건 아니지만 웬만큼 여유있는 집 아이들만 돼도 일을 안하잖아요. 우선 노작교육(勞作敎育)을 시키고, 그러면서 지식교육을 조금씩 늘려가도록 하는 게 인성교육에도 도움이 되고, 길게 보면 중등교육이나 고등교육에 가서 학습능력을 발휘하는 저력을 기르지 않을까 싶어요. 당장에 그리 하자 하면 우리 애만 낙오

하라는 말처럼 되니까 학부모들에게는 그렇게 말하진 못해요. 다만 우리가 당장에 초등학교의 화급한 문제를 해결해가면서 좀더 장기적으로 이런 목표를 세워서 이와 연계한 프로그램을 만들어야 하지 않을까 싶어요.

이범 아까 초등학교에서의 책무성 부족과 일상적인 보완교육의 필요성에 대해 말씀드렸는데요. 그것만 얘기하면 사실 반쪽에 불과해요. 왜냐하면 지금 초등교육 과정 자체가 엉망이거든요. 커리큘럼 자체가 그렇습니다. 저도 초등학생 세명을 자녀로 두고 있습니다. 넷째는 아직 유치원에 다니고요. 위로부터 6학년, 4학년, 1학년이죠. 그래서 최근에 초등교육 과정을 들여다봤는데요. 초등학교에 근무하는 모든 선생님이 공통적으로 제기하는 문제가 있어요. 학습량이 너무 많다는 거예요. 야금야금 계속 늘어나 지금 지나치게 많은 양을 가르치도록 만들어서 그걸 하려면 일년 내내 허겁지겁 수업만 해야 하는 상황입니다.

그러다 보니 애들이 어느 세월에 탐구하고 토론하고 놀고… 이런 게 어려운 거죠. 또 하나의 문제가 뭐냐면 특히 핵심과목에서 교육과정의 불합리한 면들이 보여요. 이를테면 공식 교육과정에는 아직도 한글을 초등 1학년 때 익히게 돼 있습니다. 그런데 한글 읽기를 4주 만에 하게 돼 있어요. 그건 사실 불가능하잖아요. 그런데 교육과정을 그렇게 편성해놨어요. 초등학교 입학할 때부터 이미 이중플레이를 시작하는 거예요. 교육과정 따로, 실제 따로, 이렇게요.

또다른 예로 요즘 초등 저학년 중심으로 스토리텔링 수학이라는 게 도입됐습니다. 이게 취지는 좋더라고요. 수학적 경험과 활동을 통해 수학을 익히도록 한다는 것인데, 미국이나 유럽에서는 활동(activity) 수준으로 이를테면 카드에 숫자를 써놓고 그 카드를 갖고 게임하고 놉니다. 수학공부가 그걸로 끝납니다. 그런데 우리나라에서는 그걸 다 문자언어로 된 문제로 만들어버렸어요. 저희 셋째가 1학년인데 너댓줄짜리 수학문제가 교과서에 나옵니다. 초등학교 1학년생이 너댓줄짜리 문제를 읽고 그게 뭔지 이해하고 그걸 다시 수학적 표현으로 바꿔서 문제를 풀 수 있을까요? 불가능하죠.

이게 왜 그렇게 됐는가를 들여다보니, 우리나라 교육과정을 본래 교육과정평가원에서 주도해서 만들었는데, 수학과 과학 교과는 과학창의재단이라는 데로 넘어갔습니다. 그래서 수학만 알고 아동을 잘 모르는 사람들이 교육과정을 만들어요.(웃음) 이게 어떤 영향을 주겠습니까. 사교육에는 엄청난 호재고요, 엄마들은 엄청나게 불안해합니다. 자기 초등학교 다닐 때보다 훨씬 어려워진 것 같긴 한데 들여다보니까 학교 교과서에 실려 있는 거고 옆집에서는 다 잘 해결하고 있는 것 같고, 우리 애만 뒤처지는 것 같고…

교육과정 자체가 굉장히 불합리합니다. '사교육 걱정 없는 세상' 이전에 일단 '공교육 걱정 없는 세상'을 만들 필요가 있다고 봐요.(웃음) 일단 초등교육 과정이 엉망이죠, 지나치게 양이 많죠, 거기다가 아까 말씀드린 것처럼 학교가 무책임하죠.

공교육 걱정 없는 세상을 위하여

백낙청 그 무책임한 것 중에 하나가, 이건 고등학교와 관련된 얘기지만, 이선생이 쓴 글 중에 기억에 남는 대목이 방금 언급하신 것처럼 "우리 교육과정 만드는 사람들이 이중플레이 하고 있다"는 거였어요.

이범 그렇습니다. 고등학교 수학 교육과정을 만들 때, 실제로는 수능시험 안 보는 것처럼 생각하고 3년 분량 꽉 차게 교육과정을 만들죠.(웃음) 그런데 실제로는 11월 초에 수능을 봐야 하죠. 그걸 위한 문제풀이 등 준비기간을 몇달로 잡으면 3년짜리 교육과정을 실질적으로 2년 남짓한 기간에 끝내야 하거든요.

고교 수학 교육과정 자체가 상당히 양이 많은데, 그걸 편법으로 과속 진도를 나가야만 학교에서 어느정도 수능 준비를 책임질 수 있는 상태로 만들어놨단 말이에요. 대담 초입에 말씀드린, 고등학교가 대입에 관해 어떤 기능을 해야 하느냐 이게 우리나라에서 정립이 안돼 있는 겁니다. 단순히 진보 교육운동 진영만의 문제가 아니고요. 우리나라 공교육제도의 표준 자체가 엄밀히 말하면 대입이라는 것을 고려하지 않고 짜고 있는 거죠. 사실 1, 2년 된 문제가 아니라 몇십년 된 고질적인 문제예요.

제가 선행학습을 어지간하면 하지 말라고 얘기하면서도 수학만큼은 하라 그럽니다. 중학교에서 고등학교 올라갈 무렵의 애들한테 6개월 내지 1년 정도의 선행학습이 필요하단 얘기를 해요. 안 그러면 특히 이과로 갈 애들은 고생을 많이 합니다.

백낙청 얼마 전부터 시행된 선행학습 금지도 결과적으로는 사교육 시장에서 쾌재를 부르게 만들어놨잖아요.

이범 일반고에서 편법으로 선행학습, 즉 과속 진도를 나가던 관행을 유지하기가 선행학습금지법으로 인해 어려워졌어요. 그러니까 사교육에서는 학생들 끌어들이기 더 좋은 상황이 된 거죠. 제가 보기에는 명문대에 꼭 들어가기 위해 어려서부터 애를 재촉하는 학부모들 못지않게, 원래는 그럴 생각이 아니었음에도 불구하고 공교육의 현실적인 상황에 계속 걸려 넘어지다보니 자연스럽게 사교육에 의존하게 되는 학부모들이 적지 않습니다. 그런 부분을 체계적으로 바로잡을 필요가 있습니다.

백낙청 우리 교육에 워낙 문제가 많고, 또 이범 선생이 여러 분야에 대해 생각을 많이 해오셨으니까 할 얘기가 얼마든지 더 있겠는데, 이제 마무리지어야겠습니다. 마지막으로 한 말씀 해주시는 걸로 끝내겠습니다.

이범 보수보다는 진보 진영이 교육문제를 해결할 수 있는 가능성이 있습니다. 저도 그 일원으로서 활동해왔고요. 그런데 진보 교육운동을 해온 분들에게 아쉬운 두가지 점이 있습니다. 첫번째는 지나치게 대입이나 학벌 문제로 많은 것을 설명하려는 경향입니다. 대입이나 학벌의 지배력이 그렇게 크다면 혁신학교 같은 것이 그 틈바구니에서 성장하기도 어려웠을 거예요. 실제로 일반 학부모들이 체감하는 많은 것은 대입이나 학벌 문제에서 비롯된 것도 있지만 아까 말씀드린 공교육 고유의 기능부전의 문제가 큽니다. 다시 말해, 진보진영이 대입이나 학벌로 지나치게 많은 것을 설명하려는 환원주의에서 좀 벗어났으면 좋겠습니다. 또 하나는 교사 중심 시각이 지나치다는 것인데, 이것을 버려야 합니다. 학부모 중심 시각은 수요자 위주라고 약간 폄훼하듯 보는 경향이 있어요. 그 학부모들이 모두 학벌 이데올로기에 오염된 사람인 것처럼 간주하는 경우도 많습니다. 그러다보면 학부모들의 합리적인 문제제기나 요구를 묵살하게 되죠.

이 두가지는 제가 선거 등을 경험하면서 여러번 느꼈던 점입니다. 제가 쓴 글의 제목이긴 하지만 '통념과 금기를 극복하고 새로운 의제를 설정하려고 노력할 필요가 있다'고 다시 한번 말씀드리고 싶어요.

백낙청 예. 우리가 큰 전환을 이루고 또 그런 전환을 위해 제대로 적공을 하려면 사고의 전환도 있어야겠지요. 통념과 금기를 깨는 작업이 절실히 필요한데, 오늘 여러가지로 도움되는 말씀을 해주셔서 고맙습니다.

한반도의
미래를 위한
담대한 전진

김연철–백낙청 대담

김연철 金鍊鐵

인제대학교 통일학부 교수. 노무현정부 통일부장
관 정책보좌관, 한겨레평화연구소 소장 역임. 주요
저서로 『북한의 산업화와 경제정책』 『냉전의 추억』
『만약에 한국사』 등이 있음.

백낙청 남북관계를 주로 다룰 대담에 김연철 교수를 모셨습니다. 인제대학교 통일학부 교수로 계신데, 한때 통일부장관 보좌관으로 정책 입안과 집행에 직접 관여한 실무경험까지 갖추고 연구도 열심히 하시는 분이라 특별히 말씀 듣고 싶었습니다. 김교수하고 저는 현재 한반도평화포럼의 동료로서 활동하기도 하고 그동안 비교적 상대방의 발언을 많이 듣고 토론도 한 편이죠. 얼마 전에 제가 쓴 「큰 적공, 큰 전환을 위하여」(이하「큰 적공 큰 전환」)라는 글을 이 대담집 기획팀이 일종의 총론으로 책에 넣을 모양이니까, 거기에 대해 간략한 독후감 같은 걸 말씀해주시는 것으로 시작해보죠.

김연철 그 글의 초고를 발표하신 토론회에 저도 참석했지만,『창작과 비평』에서 다시 정리된 원고를 읽고 약간의 감동을 느꼈습니다.(웃음) 어느 순간 주위를 둘러보니 우리 정치권은 너무 단기적인 현안들을 쫓아다니고 지식인들도 개별적인 전문성을 추구하다보니, 총체적인 안목을 잃어버린 것 같습니다. 그래서 시대적 전환의 방향과 우리가 해결해야 할 분야별 과제들의 관계를 제시하고자 하는 시도 자체가 울림이 컸다고 생각합니다.

구체적으로 보면, 우선 민주주의와 대북정책의 관계를 지적하신 것이 인상적입니다. 이명박정부 때도 그랬지만 박근혜정부에서도 정책의 내용뿐 아니라 그 결정과정이 매우 비민주적이에요. 의견수렴 과정이 없고, 관료제 내부의 협의 과정도 생략되어 있습니다. 사실 세월호의 비극도 권한 없는 실무부서와 생각 없는 상부부서의 무능이 결합되어 발생했다고 봅니다. 대북정책이나 경제정책도 마찬가지입니다. 민주주의의 부재가 다양한 분야의 정책참사를 사전에 예방하지 못하고 있는 것이죠.

또한 자주적 접근의 부재를 지적한 것도 중요합니다. 박근혜정부는 2014년 10월 전시작전통제권의 환수를 무기한 연기했는데, 이는 자주국방의 포기를 넘어 국가운영에 대한 스스로의 판단 권한을 포기한 것으로 보입니다. 대북정책의 결정이나 또는 장기적으로 분단체제 극복에서 우리 스스로의 판단과 사고가 결여되면 결코 적지 않은 후유증이 있을 거라는 경고는 중요합니다.

마지막으로 인상적이었던 부분은 분단체제 극복의 중요성을 강조한 대목이었는데요. 사실 지금까지 선생님이 이 개념을 많이 강조해왔지만 지금처럼 실감난 적은 없습니다. 이명박정부 이후 현재까지 정치권에서는 대체로 이념적 위치를 선택하는 식으로 대북정책에 접근해왔죠. 정권에서 종북이라고 몰아붙이니, 야권 정치인들은 종북이 아니다, 안보경시가 아니다라면서 유행처럼 군복을 입고 사진을 찍고, 북한인권 문제를 들고 나옵니다. 어떻게 해결할 것인가를 제시하지 않고, 정략적인 홍보효과만 노리는 것 같습니다. 선생님이 지적하셨듯이 분단체제를 어떻게 극복할 것인지, 구체적으로 평화를 어떻게 만들고 통일의 과정을 어떻게 진행해갈지 현실적으로 고민해야 하죠. 북한 인권 문제를 실질적으로 해결하기 위해서도 당연히 분단체제 극복에 대한 확고한 철학이 뒷받침되어야 합니다. 지금 시점에서 근본적인 문제를 제기한 것이 중요하다고 생각합니다.

백낙청 '약간'의 감동이지만(웃음) 어쨌든 공감해주셨다니 고맙습니다. 지금 말씀하신 민주주의와 대북정책의 관계나 분단체제 극복과제의 중요성 등은 매우 큰 주제라서, 대담 후반부에 조금 더 얘기하기로 하고요. 우선은 연초에 남북관계 개선 가능성에 대해 기대도 적잖고 논의도 많이 되었잖습니까? 2014년 말에 우리 정부 측에서 통일준비위원회라는 이름으로 고위급 대화를 제의했고, 2015년 초에는 북한의 김정은(金正恩) 제1비서가 신년사에서 정상회담도 가능하다는 취지의 발언을 했지요. 남북관계는 국내 민주주의하고도 관련되고 여러가지 복잡한 거라서 쉽게 예측하기 어렵습니다만 단기적으로 2015년 전망을 어떻게 보십니까?

박근혜정부 대북정책이 비관적인 세가지 이유

김연철 박근혜정부의 북한에 대한 구호는 긍정적인 것이 적지 않고요, 북한도 남북대화 수요가 분명히 있기 때문에 접점이 마련될 가능성은 언제든지 존재합니다. 그러나 지난 2년을 보면 접점이 마련될 듯하다가도 결국엔 성사되지 못했습니다. 왜 그런지 들여다보면 앞으로의 전망에 도움이 될 것 같습니다. 저는 사실 좀 비관적인데, 이유는 세가지 정도입니다.

첫째는 박근혜정부의 근본적인 문제로 '철학의 빈곤'입니다. 왜 남북대화를 해야 하는지, 남북대화를 해서 무엇을 어떻게 변화시킬지가 분명치 않아요. 그러다보니 혼선이 일상적이고 구조적이죠. 여전히 북한붕괴론이 전제로 깔려 있고, 보수단체의 대북 삐라 살포를 방관해왔죠. 통일부를 비롯한 실무부서에서는 방향이 불분명하니 움직이지 않는 것이고요.

둘째는 정책집행 능력 문제인데요. 의지도 중요하지만 그 의지를 실천하기 위해서는 정책을 운용하는 능력이 필요합니다. 지금 보면 매우 비관적이에요. 실무관료들한테 권한이 있는 것도 아니고 대통령은 현실과 상반된 이야기를 하고, 그렇다고 조정체계가 있는 것도 아니고요. 외교안보부처 사이에 논의테이블이 없다고 하는데, 물론 요즘은 하도 그런 비판을 하니 회의는 열지만 토론은 없다고 합니다. 사실 그렇게 해서는 정부가 돌아갈 리 없죠.

근래에 제가 레이건 행정부 시절을 공부하고 있는데요. 레이건 대통령은 정책에 대한 관심이 거의 없고, 현실과 이념을 구분하지 못하고 실수가 많았던 것으로 유명하죠. 그런데도 고르바초프와 정상회담을 하고 전략무기 감축협정을 이끌고 냉전을 종식시키는 데 상당히 중요한 역할을 했습니다. 어떻게 그것이 가능했을까를 보니, 역시 민주주의입니다. 미 의회가 이란-콘트라 사건(1986년 미국 레이건 행정부의 군사·외교스캔들. 관련하여 양원특별위원회 청문회 등이 열렸다—편집자)처럼 외교정책을 감시하고 문제가 발견되면 즉각 여론화하고, 관료제 내부에서도 안된다, 기술적으로 불가하다는 의견을 계속 제기하는 것이죠. 대통령이 마음대로 할 수 없지요. 물론 레이건은 자신이 외교를 잘 몰랐기 때문에, 슐츠 국무장관 같은 경험 많고 실무능력을 가진 사람에게 의존했죠. 우리 정부를 보면 민주적 통제도 거의 안되고, 청와대와 해당 부처 사이에 대화와 소통이 이루어지는 것도 아니고, 대통령은 잘 모르는 것 같은데도 다 안다고 생각하는 것 같고요. 굉장히 비관적이라는 생각이 들어요.

백낙청 중간에 한마디 끼어든다면, 작년에 북의 황병서(黃炳誓) 정치총국장, 최룡해(崔龍海), 김양건(金養建) 이런 실력자들이 인천 아시안게임에 왔잖아요. 그걸 보고 많은 사람들이 기대에 부풀었는데, 그때 김교수가 『프레시안』에 쓴 칼럼(2014.10.29)을 보니까, 그런 인사들이 왔는데 차량 배치도 제대로 안해서 최룡해가 어디에 탈지 몰라 우왕좌왕하다가(웃음) 결국은 황병서하고 같은 차를 타버렸고, 그러다보니까 북한 수행원이 앞자리에 앉고, 우리 쪽에서는 운전사밖에는 아무도 안 탄 거란 말이에요. 나도 남북관계에 좀 관여해봤고, 물론 민간대표였으니 북에 갔을 때 위상은 별로 높지도 않았지만,(웃음) 이런 의전상의 실수는 있을 수 없는 일이거든요. 결례일 뿐 아니라 우리 쪽 정보관련자 한명은 차에 같이 있어야 하잖아요. 또한 통상적인 대표면담 없이 통일부, 국정원 관료들이 만찬장에 우르르 몰려들 가서 같이 만난 걸 지적하신 걸 보고 '아, 역시 전문가는 다르구나' 싶었어요. 칼럼의 결론에서 지금은 통일을 준비할 때가 아니고 회담을 준비할 때라고 하셨는데, 그때는 회담준비가 전혀 안되어 있었던 게 분명하고요. 지금도 별로 준비가 안되어 있다고 보시는 거죠?

김연철 그렇습니다. 사실은 이게 현 정부 문제는 아니고요. 이명박정부 때 국정원의 회담 전문가들을 모두 내쫓았죠. 남북회담에 오랫동안 종사했던 공무원들을 정치적 올가미를 씌워 지방조직의 총무과로 발령 내기도 했고 계급정년이 걸리면 무조건 잘랐습니다. 통일부도 물갈이가 많이 되면서, 회담 운영능력이 많이 약화되었습니다.

남북관계의 돌파구를 기대하기 어려운 세번째 이유가 있는데, 현 정부가 어전히 남북관계를 정략으로만 접근한다는 점입니다. 김대중, 노무현 정부 때의 의제를 피하겠다는 생각인데, 한편으로는 이해할 수 있죠. 그런데 남북관계 의제라는 것이 정권에 따라서 고를 일이 아니고 객관적으로 중요한 현안의 우선순위가 있는 거거든요. 전임 정부 때 하던 것은 하지 않겠다 하면 사실 할 수 있는 게 없어요. 박근혜정부가 내세우는 DMZ 평화공원이나, 두만강 개발계획도 역사가 굉장히 오랫동안 축적된 것이고요. 현 정부가 국내정치적 득실을 따지면서, 서해평화협력 같은 현실적으로 중요하고 파급효과가 큰 현안을 방치하고 무시하면 남북관계를 풀어나가기 어려울 것입니다.

군비증강의 악순환을 끊고 평화체제로

백낙청 우리가 점쟁이도 아닌데 금년에 어떤 일이 일어날까를 두고 지금부터 예단할 필요는 없겠고, 김교수가 지적하신 사항들을 염두에 두고 일단 지켜봐야겠죠. 저는 이런 단기적인 전망도 물론 중요하지만 조금 장기적으로 한반도에서 평화체제를 어떻게 구축하고 남북관계를 어떻게 풀어나갈 것인가라는 문제를 더 심각하게 고민해야 한다고 봐요.

김교수가 쓰신 논문 중에 「한반도 평화체제의 재해석」(『북한연구학회보』 제18-2호, 2014년 12월)이라는 게 있더군요. 그 논문에서 '사실상의 평화'라는 것을 강조하셨는데, 그게 참 중요한 대목인 거 같아요.

보통 정치학이나 국제정치학 하는 분들은 실제로 한반도에서 사실상으로 어떻게 평화를 정착시킬 것인가에 대한 관심이 적은 편인데, '사실상의 평화'는 임동원(林東源) 한반도평화포럼 이사장 등이 주장하는 '사실상의 통일'과도 직결되고, 법적인 문제보다 오히려 더 기본적이며 기초적인 것이지요. 그렇다고 여러 법적인 장치, 즉 평화협정 같은 것을 외면하는 건 아니고 사실상의 평화와 법적인 평화가 역동적인 상호보완 관계가 되어야 한다고 쓰셨어요. 또 그 과정에 정전체제에서 평화체제로 가는 일종의 중간단계로 '종전선언체제' 얘기도 해주셨는데, 언젠가 어느 토론회에서 김교수의 그 이야길 듣고서 무척 인상 깊었던 적이 있어요. 독자들을 위해 좀더 설명해주시면 어떨까요?

김연철 임동원 이사장의 '사실상의 통일'은 '결과로서의 통일'도 중요하지만 '과정으로서의 통일'이 중요하고, '법적인 통일'에 앞서 '실질적인 통일상태'를 실현하기 위해 노력하자는 뜻입니다. 저는 한반도에서의 '평화 만들기'도 마찬가지로 기나긴 과정이라고 생각하고요. 그래서 평화협정 같은 법적·제도적 형식도 중요하지만 실질적 평화의 구체적인 과정을 더 깊이있게 논의해야 한다고 생각해요.

대체로 통일과정을 연구할 때, 우리는 남북연합 단계를 일종의 중간목표로 설정합니다. 분단체제의 부정적 유산을 극복한 하나의 형태이면서 동시에 최종적인 통일을 준비해나가는 전환점이겠지요. 그래서 질문을 던져봤습니다. '과정으로서의 평화' 개념에서 남북연합과 어울리는 중간목표 지점이 있지 않을까. 그것을 종전체제로 본 것입니다. 종전선언은 사실 법적·제도적 측면에서 매우 단순합니다. 한국전쟁이 끝났다는 정치적 선언이지요. 그러나 중요한 것은 종전

선언이 가져올 실질적인 변화들입니다. 전쟁이 끝났다고 선언하면 유엔사령부는 존재의 법적 기반을 상실합니다. 정전관리체제에서 종전관리체제로 전환해야 하고요. 남북 당사자가 중심이 되어 신뢰구축 조치들을 만들어가야겠지요.

먼 미래의 목표도 중요하지만 현재 이렇게 불안정한 한반도의 군사적 대립 상황에서 군사적 신뢰를 어떻게 구축할 것인가에 대해서도 훨씬 더 많이 고민해야 한다고 생각합니다. 사실 이명박정부 이후 민주정부가 만든 초보적인 군사적 신뢰구축 조치들이 다 무너졌습니다. 평화의 공든 탑을 쌓기는 어려워도 무너뜨리는 것은 한 순간이라는 사실이 안타까워요. 다시 한반도에서 군사적 긴장수준이 높아진 상황에서 우리가 해결해야 할 평화정착의 과정들을 다시 한번 강조할 필요가 있습니다.

백낙청 종전선언 논의는 2007년 10·4정상회담에서 나왔던 거죠? 그때 선언 주체에 대해서는 3자 내지 4자, 이렇게 합의되었지요?

김연철 예, 그렇습니다. 그런데 당시에 논란이 좀 벌어진 게, 3자라고 하면 한국이 빠지는 것인가 등이었어요. 당연히 그건 아니고요.(웃음) 기본적으로 남·북·미 3자가 중심이 되고 그다음에 중국을 포함하느냐 아니냐 하는 문제입니다.

저는 종전선언도, 앞으로 특정시점에 맺어질 평화협정도 2+2 형식이 바람직하다고 생각합니다. 2+2라고 할 때, 앞의 2는 남북한이고 뒤의 2는 미국과 중국입니다. 남북한 당사자가 주도적으로 군사적 신뢰구축, 종전선언, 평화협정을 만들고 이행하는 것이 중요하고 미국과 중국이 보장하는 방식이 바람직합니다. 왜냐하면 실제로 군사적 신뢰구축의 당사자가 협정의 당사자가 되어야 실천력을 가질 수 있기 때문이죠.

백낙청 2005년 9·19공동성명에서 한반도 평화체제 구축을 위한 별도 포럼에 합의했을 때 그게 2+2였잖아요? 그러니까 종전선언도 그 4자가 하는 게 합당할 것 같고요. 그게 3자로 갈 때 한국이 빠질 것 아니냐는 질문은 일각에서 완전히 어거지를 쓴 거죠.(웃음)

오히려 2007년 10·4선언은 그동안 논란이 됐던 당사자 문제를 아주 말끔하게 정리했다고 봐야죠. 한때는 북에서 '너희는 정전협정 서명도 안했으니까 대한민국 빠져라' 이러고 퉁긴 적이 있긴 합니다. 하지만 10·4정상회담 때엔 노무현 대통령과 김정일 위원장이 만나서 대한민국이 빠지는 3자를 합의했을 리는 만무한 거죠. 오히려 우리 둘하고 미국은 할 수 없이 들어가는 거고 중국을 넣을지 말지를 우리가 알아서 결정하겠다는 뜻이니까, 그야말로 대한민국이 당사자라는 걸 확실히 인정할 뿐 아니라 남북 주도라는 원칙까지도 재확인한 셈이에요. 그런 의미가 있는데, 이 종전선언 이야기가 요즘에 쑥 들어갔잖아요?(웃음) 그래도 평화협정으로 바로 가는 것보다는 그게 더 현실적이라고 보시는 거죠?

김연철 사실은 종전선언만 쑥 들어간 게 아니고요. 이명박정부 들어서자마자 평화라는 개념 자체가 사라져버렸습니다. 한반도 평화체제 논의는 사실 노태우정부 때부터 중요한 국정과제였습니다. 그런데도 이명박정부는 정부의 공문서에서 그런 개념을 아예 삭제했죠. 전략적으로 '군사적 억지'를 강조하다 보니까 평화체제라는 목표나 평화 만들기의 과정을 부정한 겁니다. 한마디로 안보 딜레마의 상황이죠.
　안보 딜레마는, 군비증강으로 안보를 튼튼하게 하면 위협을 느낀 상대도 마찬가지로 군비증강에 나서면서 악순환이 발생하고 결과적으로 안보가 불안해진다는 것인데요. 이 악순환의 고리를 끊어야 합니다. 그러려면 당연히 평화체제에 대한 관심이 필요하고, 신뢰구축을 실현하기 위한 정책을 준비해야 합니다. 정상적인 정부가 들어서면 당연히 평화체제에 대한 논의가 다시 시작될 것으로 봅니다.

백낙청 문제를 다시 진지하게 생각하다보면 단걸음에 평화협정으로 가기보다는 종전선언이라는 중간단계를 거치는 게 순리라는 결론에 도달하리라는 말씀이군요. 종전선언에서부터 평화협정까지 가는 그 사이를 '종전선언체제'라고 표현하셨던데, 이것과 남북연합 건설 과정은 어떤 관계에 있습니까? 아까 남북연합이 중간단계인 것처럼 얘기했지만 중간단계라고 해서 다 똑같은 단계는 아니잖아요. 종전선언체제보다는 남북연합이 더 뒤에 온다고 봐야겠죠? 연합이 되면 종전선언이고 뭐고 일종의 평화협정이 됐다고 볼 수 있는 단계니까. 그러면 그사이에 남북연합은 아니지만 남북연합을 만들어가는 그 작업이 어느 수준까지 가는 것하고 상응하는 게 이 종전선언일까요?

김연철 남북연합도 낮은 단계의 연합과 높은 단계의 연합으로 구분할 수 있습니다. 저는 낮은 단계의 남북연합은 분야별 공동위원회가 정례화된 형태라고 생각합니다. 정상회담과 총리회담 등을 정례화하고, 분야별로 화해공동위원회, 경제공동위원회, 사회문화공동위원회 그리고 남북군사공동위원회를 운영하면 되겠지요. 남북관계의 발전수준을 고려해서 협의체에서 점차적으로 제도적 수준을 높여가면 될 것 같습니다.

저는 종전체제는 낮은 단계의 남북연합에서부터 가능하다고 생각합니다. 사실 현재 한반도에서는 정전체제가 무너진 상태입니다. 군사정전위원회도 중립국감독위원회도 사라진 지 오래고요. 그렇다고 현재 상황에서 바로 평화체제로 넘어갈 수도 없죠. 그렇게 보면 종전체제도 남북연합처럼 낮은 수준과 높은 수준으로 구분할 수 있을 것 같습니다. 남북연합의 제도적 수준이 높아지는 과정에서 종전관리체제의 제도적 발전에 대해서는 앞으로 더 연구해야 할 겁니다. 사실 높은 단계의 남북연합이 되면, 당연히 그에 상응하여 군사적 신뢰수준 자체가 달라지기 때문에 그쯤에서는 평화협정을 맺고 종전체제에서 평화체제로 전환해야 할 것으로 봅니다.

남북경협의 길을 여는 슬기로운 방법

백낙청 많은 이들이 사실상의 평화를 만들어가는 과정에서 경제가 제일 중요하다고 말합니다. 실제로도 경제가 굉장히 중요하고요. 그런데 이명박정부는 비핵화하면 잘살게 해주겠다고 이렇게 막연하게 말한 데 비해 그래도 박근혜정부는 '유라시아 구상'이니 또 최근에는 철도를 시범운영하자는 소리도 하고, 조금 구체화된 안을 내놓고 있는데요. 그런 게 좀 진전될 전망에 대해서는 어떻게 생각하시는지, 그리고 얘기하는 김에 지난 2012년 대선 때 민주당 문재인(文在寅) 후보 진영이 내놓은 '남북경제연합' 구상은 좀더 적극적인 안이라고 볼 수 있는데요. 어차피 당선이 안됐지만, 어쨌든 그러저러한 남북경협 구상이나 가능성에 대해서는 어떻게 보시는지요?

김연철 남북경협에 대한 시민사회의 요구와 압력은 점점 커져갈 겁니다. 시민사회에 기업도 포함되는 거니까요. 한국경제는 이미 저성장 기조가 정착되어 있고, 그래서 잠재성장률을 어떻게 확충할 것인가가 매우 중요한 과제죠. 결국 북방경제가 해답이라는 것은 남북관계를 고민하는 사람뿐만 아니고 아주 보수적인 사람들도 상식적으로 동의할 것입니다. 그런 요구와 압력은 점점 더 강해질 거예요.

　다만 지금 제일 중요한 것은 2010년 천안함사건 직후에 이명박정부가 내놓은 5·24조치죠. 박근혜정부는 5·24조치를 그대로 두고 남북 경제협력을 하겠다는 건데, 그건 불가능합니다. 5·24조치와 남북 경제협력의 확대는 상충하는 모순관계입니다. 당장 유라시아 구상을 실현하기 위해서라도 이 조치를 완화해야 해요. 5·24조치는 남북 항구의 해운교류를 금지해놓았는데, 2014년 11월에는 나진에서 러시아 석탄을 실은 배가 포항에 들어왔죠. 한마디로 무법천지죠.(웃음) 이 조치에 대해 정부 입장을 정리해야 하는데, 박근혜정부는 이념으로 남북관계를 바라보니까 융통성을 발휘하지 못하는 겁니다.

5·24조치는 천안함사건이 명분입니다. 그러면 해제할 때도 반드시 천안함사건과 연계해야 하느냐? 저는 그렇게 생각하지 않습니다. 중요한 건 정책의 우선순위입니다. 5공화국 때 아웅산 테러사건이 있었지만 전두환정부는 북한과 경제회담 하고 이산가족 상봉하고 정상회담까지 추진하려 했습니다. 1988년 서울 올림픽을 성공적으로 개최하기 위해서는 한반도의 안정이 필요했기 때문이죠.

다음은 제재의 실효성인데요. 5·24조치의 목적은 북한에 고통을 주는 것인데, 결과적으로 북한에는 아무런 고통을 주지 못하고 우리 기업들만 막대한 손해를 입었습니다. 국제사회에서 이런 바보 같은 제재는 없죠. 실효성이 없는 제재를 계속할 필요가 있느냐 하는 것입니다. 통일부나 박근혜 대통령은 5·24조치에 관해서 북한과 협의해야 한다고 주장하는데, 그것은 해제하지 않겠다는 말과 같습니다. 북한이 천안함사건을 사과해야 해제를 검토해볼 수 있다는 입장인데, 북한은 안했다고 주장하는 마당에 어떻게 사과를 받아냅니까. 5·24조치에 대한 입장은 경제협력의 규모와 내용을 결정하는 것과 매우 밀접하게 연관되어 있습니다.

백낙청 저도 5·24조치는 해제되어야 한다는 주장에 동조해왔고 한걸음 더 나아가서 그 조치가 애초에 명분이 없었다고 생각하는 사람입니다. 하지만 현실적으로는 5·24조치를 공식적으로 해제하지 않고 남북이 교류하면서 야금야금 힘을 못 쓰도록 하는 방법도 있지 않을까요? 이미 구멍이 숭숭 뚫린 편 아닙니까? 남북이 만나서 대화하면서 합의를 못 보더라도, 대화하는 동안에 조금씩 더 풀어가지고 나중에는 있으나마나하게 만드는 그런 길은 없을까요?

김연철 그것도 좋은 대안입니다. 사실 적대적인 관계에서 관계를 풀어갈 때 해결해야 할 난제들이 굉장히 많거든요. 그런 과도기적 상황에서 활용할 수 있는 지혜가 바로 '전략적 모호성' 개념입니다. 천안함과 연평도포격 문제를 묶어서 전략적 모호성 개념으로 다룰 수도 있는데요. 중국과 대만이 1992년에 관계를 정상화할 때 '하나의 중국' 원칙이 걸림돌이었습니다. 그때 양측은 하나의 중국 원칙에 합의하면서 다만 의미는 각자 해석한다고 했습니다. 하나의 중국이라고 할 때, 중국은 중화인민공화국이라고 해석하고 대만은 그게 중화민국이라고 서로 다르게 해석하는 방식이죠.(웃음) 대표적인 전략적 모호성 사례죠. 남북경제협력을 해야겠다고 생각하면 5·24조치를 극복할 지혜로운 방법은 얼마든지 있습니다. 문제는 그런 생각을 안한다는 것이죠.

백낙청 천안함사건하고 연평도포격을 묶어서 사과나 유감을 표명하라 하면 아무리 모호하게 주문해도 북에서 응하지 않을 거 같아요. 연평도만 떼어서 사과받는 것은 그렇게 어려운 일은 아닐 텐데…

김연철 예, 연평도는 북한이 우리 영토를 직접 포격한 것이기 때문에 당연히 사과해야 하고요. 아마 사과를 받아내는 것이 어렵지 않을 것입니다.

백낙청 그런데 우리 정부는 그걸 분리하는 것을 용납할 수 없겠죠.(웃음) 그래서 5·24조치 해제가 어렵다고 보는 게, 지금 지적하셨듯이 그 배경에는 천안함사건이 있고, 천안함사건에 대한 진실규명이랄까 여러 문제가 얽혀 있습니다. 그에 대한 완전해결과 5·24조치를 연계할 필요가 없다는 데에 저 또한 동의하지만, 그건 자꾸 연계가 되는 성질 같아요.(웃음) 아까 전두환시대의 아웅산 테러 얘기를 하셨는데, 그때도 물론 북이 인정은 안했지만 북이 했다는 증거가 명백하게 드러났고 국제사회에서도 그걸 인정했고, 그때 우리 정부 입장은 저쪽이 잘못하고 참 극악한 행동을 저질렀지만 우리가 아량을 베풀어서 남북관계를 발전시키겠다 이런 거였는데, 지금은 우리가 그렇게 아량을 베풀 여유가 있는지 의문입니다.

더불어 경협문제에 대해서요. 아까 김교수께서는 2015년 남북관계 발전전망에 대해 비관적으로 보는 세가지 이유를 말씀하셨는데, 저는 낙관적까지는 아니지만 어쨌든 조금 긍정적으로 고려할 수 있는 두가지 요인이 있다고 봅니다. 하나는 집권 3년차에 박근혜 대통령이 지지율도 확실히 내려가기 시작했고, 정치적으로 남북관계 푸는 것 외에는 이를 극복할 길이 없는 거 같아요. 물론 이명박정부의 비리를 수사하고 처단해서 지지율을 높일 수는 있지만, 지지율 상승은 일시적이고 지지기반의 분열로 더 애를 먹게 될 공산이 크지요. 박근혜 대통령이 정치적으로 남북관계 외에는 돌파구가 거의 없듯이, 한국 자본주의의 활로가 남북 경제협력 외에는 별로 없을 것 같아요. 조선일보 같은 데서 '통일은 미래다'라는 제목으로 2014년 초부터 이 문제를 크게 부각시키는 것도 주목할 만합니다. 조선일보는 정권보다는 좀더 긴 안목으로(웃음) 한국 자본주의의 미래를 걱정하면서 그러는 것 아니겠느냐 싶어요. 정치적으로나 경제적으로나 살길이 딱 그것밖에 없으니 그래도 그걸 찾아가지 않겠느냐는 게 그나마 낙관의 근거고요. 반면에 그동안의 경험으로 보면 뻔히 살길 놔두고 죽을 길을 찾아가는 게 이 정권의 속성 같기도 해요.(웃음)

김연철 예, 누가 봐도 답이 나와 있는데, 그것을 부정하니 좀 이해하기 어렵죠.

접경지역에서의 대규모 사업을 구체적으로 설계해야

백낙청 남북 경협관계로 최근에 조선일보에서 크게 부각시킨 게 김석철(金錫澈) 국가건축정책위원장의 소위 '한반도 그랜드 디자인'입니다(KBS는 창사 42주년을 맞아 〈건축가 김석철의 꿈, 한반도 통일 디자인〉을 2015년 3월 3일부터 이틀간 방영한 바 있다—편집자). 하나는 박근혜 대통령이 제안한 DMZ평화공원 아이디어를 받아서 자기 식으로 독자적으로 요리해서 DMZ 동쪽 끝과 서쪽 끝 그리고 중간지역인 철원에 무엇인가를 만들자는 것입니다. 다른 하나는 두만강 하구에 북한·중국·러시아 3국 영토가 만나는 곳에 다국적 도시를 건설하고 한국과 일본의 자금을 끌어들여 유라시아 대륙의 관문을 만들자는 안입니다.

원래 김석철 교수의 아이디어는 2012년에 『한반도 그랜드 디자인』(창비)이라는 책에서 내놨던 것입니다. 이 프로젝트는 당시에 박근혜·문재인·안철수 캠프에 다 전달됐어요. 그러다가 근년에 그가 현정부의 국가건축정책위원장을 맡은 뒤에 더 발전시켜서 청와대에도 전달됐고요. 그뒤로 여러 곡절이 있었던 걸로 압니다. 조선일보가 최초로 그 안을 크게 다루었는데 처음에는 정부 측에서 그건 국가건축위의 공식입장이 아니라고 제동을 걸었던 모양입니다. 그럼에도 조선일보가 말을 안 듣고 계속 내보낸 겁니다. '통일은 미래다'라는 조선일보 자체의 구상이 있었으니까요. 아까 말씀드렸듯이 조선일보는 꼭 박근혜정부와 운명을 같이하지 않겠다는 의지가 확실한 것 같고,(웃음) 결과적으로 정부도 다시 따라오는 기미가 보여요. 혹시 그 안에 대해서 어떤 생각을 갖고 계신지요?

김연철 2012년에 저 또한 『한반도 그랜드 디자인』을 상당히 인상 깊게 봤습니다. 두가지를 분리해서 얘기해보면, 우선 두만강 다국적 도시는 좋은 제안이라고 생각합니다. 저는 3국 국경지대에 몇번 가봤습니다. 중국 쪽의 팡촨(防川) 전망대에서 동해와 두만강 철교를 바라보면 늘 가슴이 뭉클합니다. 그리고 블라지보스또끄에서 하싼 역까지 자동차를 타고 간 적도 있습니다. 그때에는 하싼 역에서 두만강 철교 일부까지 걸어보기도 했어요. 3국 국경지역에 서보면 상상력이 저절로 생기던데요.(웃음) 일단 김석철 선생님의 상상력 자체에 동감합니다. 그 지역 자체가 3국 국경이기도 하지만 해양과 대륙이 만나는 지점이기 때문에 전략적으로도 중요합니다. 그 차원에서 거기에 다국적 협력도시를 만드는 것은 상징적 의미가 있습니다.

다만 디자인의 실현 가능성에 대해서는 토론해야 할 부분들이 많습니다. 우선 비슷한 구상들이 오래전부터 제기되었는데, 왜 실현되지 못했을까를 생각해봐야 합니다. 두만강개발 계획은 이미 1990년대 초반에 시작되었어요. 나진·선봉 자유경제무역지대가 선포된 게 91년이니까요. 벌써 25년이 흐른 거죠. 물론 지금은 상황이 많이 달라졌습니다. 중국도 동해 출구를 사활적으로 확보하려 하고, 러시아도 우끄라이나 사태로 서진이 막히면서 그야말로 동진이 그만큼 중요해졌지요. 그런 측면에서 보면 어떤 형태로든 두만강 하구에서 북중러 삼각협력은 활성화될 것으로 보입니다.

문제는 박근혜정부의 참여문제인데요. 남북관계를 우회하기 위해 나진항 사업에 참여하는 방식은 성공하기 어려울 겁니다. 그것은 본말이 전도된 접근이죠. 남북중 삼각협력이나 남북러 삼각협력에서 남북관계가 뒷받침되지 않으면 무엇을 할 수 있겠습니까? 저는 남북관계가 풀리고 경제협력을 확대하기로 하면 두만강 유역에서 다양한 방식으로 협력할 수 있고, 김석철 구상도 검토해볼 수 있다고 생각합니다. 디자인이 없어서가 아니고 할 생각이 없는 것이 더 문제라고 보는 것이죠.

구체적인 디자인에 대해서도 약간 다르게 생각하는 부분이 있습니다. 김석철 선생님의 디자인은 두만강 철교에서 바다 사이의 17킬로미터 정도 공간에 각종 건축물과 물류교통시설을 배치했습니다. 저는 현실적으로 새로운 항만을 건설하기보다는 현재의 나진항을 중심으로 그림을 그리는 것이 훨씬 현실성 있다고 봅니다. 그리고 운하와 공항, 항만 등 물류시설의 규모는 경제협력의 수준을 반영해서 단계적으로 건설하는 것이 필요하다고 생각하고요.

DMZ 개발도 마찬가지로 역사가 아주 오래됐습니다. 제가 알기로 DMZ 평화시 구상은 1982년에 전두환정부 때 손재식(孫在植) 국토통일원 장관이 제안한 20개 시범사업에 들어 있던 개념이거든요. DMZ 안에 평화의 공간을 마련하는 것은 대단히 중요한 의미가 있는데, 기념관이나 박물관으로 접근하는 것은 적절치 않아 보입니다. DMZ 안에 시설을 지으려면 남북이 합의해야 하고, 신뢰수준이 뒷받침되어야 하죠. 그런데 남북한이 합의할 수 있는 '기억'의 수준을 생각해볼 필요가 있습니다. 박근혜정부처럼 일방적으로 정할 수 없지요. 매우 추상적이고 상징적인 건축물이라면 모를까, 기념관이나 박물관을 짓는다는 것은 결코 쉽지 않을 것입니다.

박근혜정부의 'DMZ 평화공원' 안에서 가장 심각한 문제는 공원은 있는데 평화가 없다는 것입니다.(웃음) 그동안 동해에서 서해까지 DMZ의 지역별로 평화구상이 있었습니다. 서해에서 평화협력지대구상, 개성공단도 있고, 궁예성 복원처럼 역사공원 구상도 있고요. 철원의 산업협력단지, 고성의 공동영농단지 등도 넓은 의미의 평화공원 구상에 포함될 수 있습니다. 문제는 이런 평화의 개념을 어떻게 구현해내느냐겠죠.

백낙청 지금 대한민국이 사실 유라시아 대륙하고는 완전히 단절된 나라 아닙니까? 그래서 섬이란 말도 하는데, 유라시아 대륙의 중국이든 러시아든 어디하고나 연결이 되려면 남북관계가 풀려야 하지요. 우리 정부 당국자들은 그건 깜빡 잊어버리고 이런 소리 저런 소리 하는 거 같아요. 반면에 김석철 교수는 남북관계가 풀려야 한다는 것에 대해서는…

김연철 김석철 선생은 남북관계 발전을 전제로 구상하신 거죠.(웃음)

백낙청 김석철 교수는 그 점을 잘 알고 있고, 박근혜정부가 그것은 풀어주겠거니 하는 전제로 그림을 그리는 거예요. 그런데 안 풀리면 정말 아무것도 이뤄지지 않는 셈인데… DMZ 평화공원, 두개의 평화공원 이야기는 『한반도 그랜드 디자인』에도 안 나오잖아요. 이것은 박근혜 대통령이 그런 안을 던졌기 때문에 그걸 받아서 구체화하는 게 정부에 자신의 주요 구상을 설득하는 데에 효력이 있겠다고 생각한 것 같아요.(웃음) 또한 실제로 돌아가는 걸 봐도 관료들이 이건 대통령 구상이다 해서 거기에 더 적극적인 것 같고요.

어차피 이런 구상들은 남북관계를 우회하고서는 안되는 일이지만, 다만 두만강 다국적 도시안은 나진선봉 개발에 직접 우리가 참여한다든가 하는 것보다는 남쪽 정부로서는 부담이 덜하죠. 러시아·중국을 끌어들여 일종의 공동책임을 지게 하는 거고, 또 그 다국적 도시라는 게 개성공단과 달라서 북측 주권의 전속영역이 아니지 않습니까? 그래서 그 안은 정말 경륜있는 대통령이라면 한번 받음직하고, 실은 2015년 대통령 신년회견에서 그런 걸 국민 앞에 제시했어야죠. 그럼 효과가 꽤 컸을 텐데…

김연철 그렇죠.

백낙청 김석철 교수가 처음에 정부 측의 제동을 받고 상당히 상심하기에, 그게 원래 간단한 일이 아니었으니까 이만큼 공론화되고 또 중국이나 러시아의 긍정적인 반응을 끌어낸 것만으로도 만족하자, 언젠가는 되지 않겠느냐(웃음) 이렇게 위로해줬습니다. 다행히 공론화는 더 진전되는 모양이니까 국민들의 꿈을 키워주는 효과만으로도 대단한 거지요.

김연철 김석철 선생님이 던져놓은 화두는 굉장히 중요합니다. 저는 접경에 대해서는 철학적인 토론이 필요하다고 생각합니다. 무슨 얘기냐 하면, 냉전시기의 접경은 가장 저발전된 지역이지만 협력시대로 전환하면 접촉의 지점이고 협력의 거점이기도 합니다. 접경지역에 대한 좀더 구체적인 디자인이 필요합니다.

아까 선생님이 지난 대선에서 문재인 후보가 내놓은 남북경제연합 공약에 대해 언급하셨는데, 저는 좀 아쉽더라고요. 공약의 성패는 유권자가 얼마만큼 자기 문제로 인식하느냐에 달려 있는데, 너무 먼 미래의 목표를 얘기하다보니까 반향이 일어나지 않은 것 같습니다. 오히려 접경지역 발전에 대한 구체적인 비전과 계획을 제시하는 것이 훨씬 의미가 있었을 겁니다. 우리는 다른 나라와 달라서 접경지역과 주요 도시들 사이의 거리가 짧거든요. 접경지역의 배후도시들도 인구가 적지 않고요. 예컨대 서해평화와 인천의 지역발전이 밀접하게 연관되어 있고, 경의선 통과지역들도 물류와 교통 등 지역경제 면에서 연결되어 있습니다. 동해안이나 남해안도 넓은 의미의 접경이라고 볼 수 있고요. 유권자의 삶에 영향을 미치는 구체적인 공약개발이 필요한데, 그런 것을 준비하려면 사실 공이 많이 들죠.

징병제와 모병제: 국방문제가 곧 민생문제

백낙청 선거전략 얘기가 나왔으니까, 「큰 적공 큰 전환」 초고를 처음 발표한 토론회(제96차 세교포럼 2014.9.19)에 김교수도 오셔서 논평해주셨는데, 그때 제가 통일, 평화 이런 것이 선거에서 유권자들의 관심을 별로 못 끈다고 했죠. 그 말의 취지는 당장에 유권자의 관심을 끌고 안 끌고를 떠나서 남북관계가 사실은 심층적으로 우리의 다른 모든 문제하고 연계되어 있다는 '분단체제론'의 시각을 펼친 건데, 그때 김교수의 논평이 꽤 인상적이었습니다. 이슈로 개발을 못해서 그렇지 징병제 같은 것은 그야말로 민생문제고 많은 젊은이뿐 아니라 부모들의 관심사이기도 하다고요. 징병제를 모병제로 바꾸는 안을,

옛날에 김두관(金斗官) 후보가 했듯이 그냥 준비 없이 툭 던지는 게 아니라 좀 제대로 해보자는 말씀을 하셨어요. 여기서 그 얘기를 좀더 구체적으로 들어보았으면 합니다.

김연철 국방문제는 매우 중요합니다. 야권의 선거전략에서 핵심적인 문제점은 통일외교 분야와 국방 분야가 모순된다는 것입니다. 상반되고 심지어 충돌하기도 하죠. 지난 대선에서 안철수 후보, 문재인 후보 모두 '안보는 보수적으로'를 기조로 했습니다. 이런 접근은 문제가 있죠. 분단체제를 어떻게 극복할 것인가라는 근본적인 성찰이 아니라 이미지 정치를 하는 거죠. 그런데 알고 보면 국민들의 실생활에 직접 영향을 미치는 분야가 바로 국방입니다.

국방정책 중에서 징병제도, 특히 복무기간에 얼마나 관심이 많습니까? 민감하기도 하고요. 예비군 제도나 민방위 제도는 또 어떻습니까? 정치인들이 입만 열면 민생, 민생 하는데, 바로 이런 게 민생 중에 민생이지요. 김대중 후보는 1971년 대통령선거에서 예비군 폐지를 주장했는데, 민주화 이후의 야권 정치인들이 더이상 그런 얘기를 하지 못하는 현실을 어떻게 이해해야 할까요.(웃음)

예비군 제도 폐지가 실생활에 미치는 영향이 굉장히 크지만 얽혀 있는 문제 또한 적지 않습니다. 지금 예비군 제도를 폐지할 수 없는 이유는 향토사단 때문입니다. 베트남전 참전 이후 사병들이 제대한 뒤에 사병 수는 줄었지만 장성을 비롯한 장교의 자리는 그대로 유지되었거든요. 병사 없는 장교를 유지하기 위해 예비군을 기본 단위로 하는 향토사단을 만들었고 그게 현재까지 유지되고 있는 것이죠. 지금 한국군은 장성이 너무 많아요. 예비군이 있어야 향토사단이 있는 거고 향토사단이 있어야 별자리를 유지할 수 있으니 예비군을 못 없

애는 거예요.(웃음) 이는 예비군 중대장이라는 예편한 군 출신들의 일자리와도 관련되어 있고요. 튼튼한 안보라는 것이 구호만으로는 안되죠. 내용적으로 강한 군대가 되어야 하고 그러려면 가장 효율적인 군 구조에 대한 그림을 제시해야 합니다. 당연히 예비군 제도도 개편해야 하고요.

징병제도 마찬가지입니다. 인구감소로 징병대상이 대폭 줄었습니다. 현재 군에서 벌어지는 각종 사건사고들을 보면 군이 국민을 지키는 것이 아니라 국민이 군을 걱정해야 하는 상황이 되었는데요. 직업군인 중심의 모병제로의 전환을 비롯해서 근본적으로 징병제도의 개혁을 검토해야 할 시점입니다. 물론 모병제로 전환하기 위해서는 군 구조의 개편도 필요하고, 기술 군으로의 전환, 적정 군사력 규모, 그리고 상당한 예산도 필요합니다. 정치인의 공약이라는 것이 '강이 없는 마을에 다리를 놓아주겠다는 것과 같다'라는 말이 있지만(웃음) 국방개혁을 제시하기 위해서는 검토해야 할 과제들이 적지 않습니다. 지금처럼 외교·안보 분야에 대해 상투적으로 접근할 것이 아니라, 근본적인 해법을 모색해야 합니다. 선거 때만 되면 군복 입고 사진이나 찍고 하다 보니 국방 분야가 개혁의 사각지대가 되어버렸어요.

백낙청 모병제에 관해서는 2014년 8월에 고 김기원(金基元) 방송대 교수가 자신의 블로그에서 모병제를 주장하는 글을 올리면서 심지어 이것은 군대의 문화혁명하고 직결되는 문제다라고까지 얘기했는데요. 지금 기억은 잘 안 나는데 그때 다른 어떤 분의 징병제와 모병제의 혼합제 주장도 소개했더군요. 백퍼센트 모병제보다도 현실적으로 점진적인 전환이 필요하다는 주장말이지요.

김연철 현실적으로는 혼합제가 불가피합니다. 실은 노무현정부 때 '국방개혁 2020'을 준비하면서 직업군인의 숫자를 재정문제 때문에 한꺼번에 늘릴 수 없기 때문에, 다시 말해 갑자기 징병제에서 모병제로 전환할 수 없기 때문에 단계적으로 직업군인의 숫자를 늘리면서 징병 인력을 줄이는 계획을 세웠어요. 그렇게 되면 당연히 대체복무제도 확대할 수 있고 징병인력의 복무기간도 점차적으로 단축할 수 있거든요.

백낙청 어쨌든 우리가 국방정책에 대한 상투성에서 벗어나서 그야말로 창의적이고 현실적인 안, 기존의 프레임에 끌려가는 걸 현실적이라고 말하지 말고, 진짜 현실에 입각해서 대안을 생각해보는 게 중요하겠지요. 그럴 때 자연히 군에 대한 문민통제 문제가 나오지 않겠습니까? 저는 김연철 교수가 쓴 칼럼은 웬만하면 다 찾아보는데, 2014년 11월 11일자 한겨레에 「우리들의 안보」라는 칼럼을 썼죠? 특별히 잘 쓴 칼럼이라고 생각했어요. 방산비리에서 출발해서 병영사고 문제 등을 통틀어 논의하면서 결국 군에 대한 문민통제는 민주주의의 기초라는 원칙을 얘기했고 또 지금 주장하신 것처럼 국방이 민생이라는 사실을 강조하셨죠. 문민통제 문제가 방위산업 비리나 병영사고라든가 또 칼럼에선 직접 언급이 없었지만 군사작전권 문제라든가 이런 것하고 어떻게 직결되는가를 설명해주시고, 더 어려운 문제는 우리가 이 일을 도대체 어떻게 해결할 수 있을까인데, 이에 대해 말씀을 부탁드려요. 민주정부가 들어선다 해도 쉽지 않을 것 같은데요.

군에 대한 문민통제는 민주주의의 핵심

김연철 일단 군에 대한 문민통제는 민주화 과정에서 반드시 거쳐야 하는 하나의 단계입니다. 우리와 비슷하게 군부독재를 겪다가 민주화로 이행한 제3세계 국가들 중에서 칠레의 미첼 바첼레드(M. Bachelet) 현 대통령은 여성이자 보건전문가 출신으로서 2002년에 국방장관을 역임한 바 있습니다. 미국은 민간기업의 CEO 출신들이 국방장관을 많이 하고요. 스페인이나 유럽 같은 경우는 말할 것도 없죠. 아마도 OECD 국가에서 현직 군인이 곧바로 국방장관을 맡는 국가는 서너개에 불과할 것입니다. 한국에서 군은 민주화 과정에서 일종의 사각지대처럼 방치되어 있습니다. 우리가 심각하게 고민해야 할 부분이죠.

　구체적으로 보면 국방부는 어마어마한 예산을 사용하고 있기 때문에 그만큼 민간통제가 중요합니다. 2014년에는 35조가 넘는 국방비를 지출했거든요. 이렇게 세금을 박박 긁는 재정위기 상황에서 이 어마어마한 예산이 제대로 집행되고 있는지를 살펴봐야 합니다.

　두번째로 선생님이 말씀하시는 전략과 관련해서는 군인들이 판단해야 할 부분이 있고, 국가 전체적으로 판단해야 할 부분이 있습니다. 우리 헌법에서 왜 대통령에게 군 통수권을 부여하겠습니까? 바로 전쟁에 관련된 사항이기 때문이지요. 안보전략도 마찬가지입니다. 군인의 시각이 아니라 국가의 시각이 필요합니다. 그런데 이명박정부 때부터 오히려 군에 대한 문민통제가 역행하기 시작했습니다. 아무래도 대통령부터 군 미필자이다보니 오히려 콤플렉스가 작용한 것 같습니다. 박근혜정부는 더 하죠. 국가안보실장을 아예 군 출신으로 임명했으니까요. 굉장히 퇴행적인 현상입니다. 현대의 안보개념은 포괄안보입니다. 군사만큼 안보에 영향을 미치는 정치·경제·환경·기후·인구 등 중요한 변수들이 많지요. 그런데 시대는 21세기인데 거의 6·25때의 전통적인 안보개념으로 후퇴한 것이죠.

세번째는 군 인권 문제입니다. 아직도 군 내부의 구타사건으로 사망자가 발생하는 것은 매우 부끄러운 일입니다. 군 형법체계도 개혁하고, 인권개선을 위한 그야말로 획기적인 노력이 필요합니다. 군을 민간에 개방하고 민간통제를 확대하면 아마도 많은 부분을 해결할 수 있을 것입니다.

일단은 국방부장관부터 문민화하는 게 출발인 것 같아요. 동시에 군에 대한 문민통제의 여러 제도적 장치들을 마련해야 하고요. 군에 대한 개혁의 목적은 당연히 효율적이고 강한 군대를 만드는 것 아니겠습니까? 그러니까 튼튼한 안보를 말로만 얘기하지 말고(웃음) 내용적으로 고민해야 할 때가 아닌가 생각해요.

백낙청 전작권 환수를 연기하는 문제만 보더라도, 그 과정이 직접적으로 전혀 민주적이지 않았어요. 그래서 민주주의하고 연결해서 생각해볼 수도 있고요. 전작권 환수 연기의 또 하나 문제는 이것이 싸우는 것은 자기 일이 아니라고 생각하는 군대가 아니면, 군사정권이라 해도 이해할 수 없는 일이라는 거예요.

김연철 그렇죠. 앞뒤가 안 맞죠.(웃음)

백낙청 군대든 어디든 요직에 앉은 사람들은 더 많은 권한을 갖고자 하는 속성이 있는데, 군대의 지휘부가 자기 군대에 대한 작전지휘권을 사양하는 것은 이해할 수 없잖아요.(웃음) 평시작전권하고 전시작전권이 분리되어서 평시작전권 가져온 것을 무슨 큰 의미가 있는 것처럼 얘기하지만, 그것은 전시작전권을 단계적으로 가져온다고 할 때 중간절차로서라면 의미가 있는 거지만 평시작전권에서 멎어버리겠다는 거라면… 평소에 예산 사용하고 인사권 행사하고 이런 건 다 멋대로 해먹는데 오로지 전투만은 자기네들이 안하겠다 이거 아니에요?

김연철 그렇죠.

백낙청 그런 군대가 어딨어요? 그렇다 보니까 병영비리도 나오는 거고요. 전쟁을 생각하면 지휘부는 강하고 효율적인 군대를 만들려는 고민을 하게 되어 있어요. 지휘부가 고민하게 되면 중간 간부들도 하게 되어 있고 그러면 병사도 그런 관점에서 관리하게 됩니다. 하지만 그런 생각이 근본적으로 결여되어 있으니까 온갖 비리가 난무하는 것도 당연한 결과라고 생각됩니다.

김연철 한마디로 충무정신이 부족한 거 같아요.(웃음)

백낙청 맞아요.(웃음) 그런데 노무현정부 때는 어느 정도 통제를 했습니까? 큰 흐름을 보면 87년 6월에 국민항쟁을 통해서 군사독재를 종식시켰고, 그렇기 때문에 군인 출신인 노태우 대통령이 취임했음에도 정치적 위기를 맞아서도 군대를 다시 동원하는 일을 못했어요. 좋게 말해주면 그가 안했다, 이렇게 평가할 면도 있고요. 다음에 김영삼 대통령이 들어와서 하나회를 해체하면서 쿠데타를 쉽게 할 수 있는 구조 자체를 해소해버렸잖아요? 그후로는 군사 쿠데타의 위험이 없어졌기 때문에 국민들이 군대가 쿠데타 더 안하는 것만도 감지덕지해서, 군대가 완전히 따로 놀면서 문민통제 안되는 것은 민주주의가 아니라는 사실을 국민들이 좀 덜 심각하게 생각해왔던 것 같아요.

그러다가 근년에 와서 이명박·박근혜 정부 거치면서 '아 이게 민주주의의 핵심문제로구나' 하는 것을 인식하기 시작했다고 봐요. 김대중 대통령만 하더라도 사실은 6월항쟁과 노태우 대통령의 소극적인 권위주의랄까 그런 것하고 김영삼 대통령의 하나회 해산 덕을 보고 들어온 분 아닙니까? 그리고 원래 군대에 기반은 없지만 그분은 지역기반이 튼튼하니까(웃음) 장성이라도 전라도 장성 중에는 믿을만한 사람이 있었단 말이에요. 노무현 대통령은 그것도 없이 들어왔는데, 문민통제의 어떤 진전이 있었던 건가요?

김연철 분명히 진전은 있었습니다. 방위사업청을 만든 것은 나름대로 의미가 있어요. 방산비리를 근절해야겠다는 취지하에 국방부에서 방산업무를 떼어내서 외청 형식으로 독립시킨 거니까요. '국방개혁 2020'을 구상한 것도 장기적으로 국방개혁을 하겠다는 구상이고 내용적으로도 다루어야 할 과제들이 대부분 들어가 있습니다. 의미있는 조치였다는 생각이 듭니다.

물론 한계도 있었죠. 예를 들면, 제가 통일부장관 보좌관일 때 노무현 대통령이 남북한의 군사력 비교를 한번 객관적으로 해보라고 지시했습니다. 그래야 전력 증강을 체계적으로 준비할 수 있겠다는 거였지요. 국방비를 북한보다 수십배 더 많이 쓰면서 어떻게 항상 북한이 우위고 우리가 열세라고 하는지 이해할 수 없다고 말하기도 했죠. 당시 통일부장관이 NSC 위원장을 겸직했기 때문에 저도 남북군사력 비교 회의에 몇번 들어간 적이 있습니다.

우리가 북한의 전체 예산보다 더 많은 국방비를 쓰기 때문에 논리적으로 북한이 우위라고 얘기하기가 굉장히 어렵습니다. 그래서 국방부는 어떻게 주장하냐면 북한의 기습공격 같은 상황을 예상해서 북한의 일반 전력에다 몇퍼센트를 곱합니다. 그리고 무형의 전력 개념을 도입하더라고요. 그러니까 북한군의 사기는 1~10점 중에서 10점, 남한군의 사기는 1~10점 중에서 2점이라는 식이죠.(웃음) 그래서 한번은 회의를 하다가 통일부장관이 하도 기가 막혀서 '아니, 우리 장병들 사기가 그렇게 낮다면 문제가 있는 것이고 군 지도부로서 부끄럽지도 않으냐'고 소리를 지른 적도 있습니다. 개혁에 대한 상당한 저항이 있었고, 5년 임기 동안에 한계도 충분히 있었고요.

대표적으로 노무현정부의 마지막 국방부장관이 김장수(金章洙)라는 사실은 많은 것을 시사합니다. 2007년 10·4 정상회담 발표가 있었고, 그 직후에 처음 열린 회담이 바로 평양에서 열린 남북 국방장관회담이거든요. 당시 국방장관회담의 가장 중요한 쟁점은 솔직히 이해하기 어렵지만, 남북 공동어로였습니다. 서해평화협력의 여러 현안들 중 하난데, 왜 국방부장관이 공동어로지역을 설정할 때 반드시 NLL을 기준으로 해야 한다고 고집했는지 이해하기 어렵습니다. 당시 해양수산부 등에서는 어장을 중심으로 제한적인 시범사업 구상도 있었고요. NLL문제와 관계없이 합의할 수 있는 방법이 있었거든요. 정작 그 회담에서 논의해야 할 중요한 현안들도 적지 않았고요.

결국 김장수 장관이 고집을 피우는 바람에 공동어로에 대한 합의가 실패했고, 서해평화협력지대의 다른 부분들에 대해서는 논의도 못했지요. 엄격하게 얘기하면 국방부장관이 대통령에 항명한 거나 마찬가지였습니다. 노무현 대통령이 김장수 장관에게 전권을 줬지만, 당시에 통일부나 해양수산부 등 부처 간에 논의를 해서 만든 계획이 있는데 국방부장관이 멋대로 정부의 전체적인 결정을 틀어버린 것이나 마찬가지죠. 그런 장면은 군에 대한 대통령의 통제가 매우 제한적이라는 것을 보여줍니다. 그런 차원에서 성찰해야 할 부분들이 적지 않은데, 정치권에서 제대로 논의되진 않더라고요.

백낙청 군이 쿠데타를 하고 들어와서 직접 왕 노릇을 안하는 대신에, 봉건영주처럼 자기 영토를 따로 가지는 식으로 됐어요. 그런데 슬슬 왕의 정치에 다시 개입해서 좌지우지하는 그런 지경에까지 간 거 아닌가 싶어요. 노무현 대통령이 2006년 12월 민주평통 자문회의에서 한 유명한 연설이 있죠? 장성들을 원색적으로 규탄하면서, 형님 엉덩이 뒤에 숨어서(웃음) 즉 미군 뒤에 숨어서 형님 형님 한다든가, 그게 대통령으로서 할 말은 아니었지만 정치평론가가 했다면 아주 딱 맞는 말이었던 것 같아요.(웃음)

문제는 앞으로 어떡하냐는 거죠. 사태가 악화돼서 국민들이 군에 대한 문민통제가 민주주의의 기본이라는 것을 좀더 인식하게 된 것은 하나의 진전이라고 볼 수 있는데, 반면에 군의 기득권과 권력이 더 커진 것도 사실 아닙니까? 그래서 민주정부가 설혹 들어선다 하더라도 어떻게 이를 해결할지가 문제라는 거지요. 하나는 김교수 발언대로 군에 대한 개혁을 하려면 그동안의 비리에 대한 철저한 조사가 있어야겠죠. 그것도 군에서는 자체조사 하겠다고 할 게 뻔한데,(웃음) 앞으로의 과제에 대해서도 고민을 해보셨겠죠.

김연철 야권에서 제일 중요한 것은 국방정책과 대북정책과 외교정책을 서로 유기적으로 연관해서 생각하는 일입니다. 당연히 평화체제 등으로 전환되었을 때 군의 장기적인 국방개혁에 대한 그림도 같이 나와야 하고요. 상투적인 접근이 아니고, 그야말로 실질적인 고민을 할 때예요. 민주화 이후의 민주주의에서 일종의 미완성인 채로 남아 있는 몇가지 분야들, 검찰이라든가 군 개혁의 필요성이나 개혁의 구체적인 절차, 로드맵 등에 대한 진지한 고민이 있어야 합니다. 최근에 군과 관련된 많은 사건들이 국민의 공분을 일으킬 수준으로 벌어졌는데도 이것을 정책개혁의 의제로 삼지 못하는 것은 야권의 실력 부족 탓입니다. 안타깝게도 문제가 해결되지 않고 잠복해 있기 때문에 재발될 겁니다. 지금이라도 국방개혁에 대한 진지한 논의를 시작해야 합니다.

담대하게 진실을 추구하는 정치지도자가 나와야

백낙청 그러니까 야권 전체가 실력이 더 향상돼야겠고, 특히 다음 대통령이 야권에서 나온다고 할 때 이 문제에 대해 확고한 인식과 경륜을 갖춰야 할 것 같아요. 김교수 말대로 대북정책·국방정책·외교정책을 유기적으로 인식하면서 기존의 상투적인 틀에서 벗어나 생각할 수 있어야 하고요. 그런 경륜을 갖고 정교한 원칙을 세워서 그동안 국민들이 공분했던 사건들에 대해 철저히 조사해야 할 테고요.

또 하나, 국민이 당연히 공분했어야 하는데 그러지 못한 천안함사건에 대한 진상조사도 다시 해야 한다고 봅니다. 사건의 진상은 저도 모릅니다만, 어쨌든 국방부가 주도한 진상조사와 공식보고가 과학적으로 도저히 납득이 안 간다는 것은 국제학계에서 공인된 사실이 되었어요. 이것을 두고 혹시 종북으로 몰릴까 싶어서 심지어는 2012년 때 대선후보조차 중국에 가서는 천안함 '폭침'이라는 용어를 썼단 말이죠. (문재인 새정치민주연합 대표는 2015년 3월, 천안함사건 5주년을 앞두고 해병대 2사단을 방문한 자리에서도 '북한의 잠수정'이 천안함을 '타격'했다고 명시적으로 말했다─편집자.)

천안함이 침몰한 건 어김없는 사실이고, 그것이 폭침이라는 주장 자체가 반드시 틀렸는지는 더 확인해봐야 하지만, 이러저러한 증거에 의해 폭침으로 판정한다는 국방부 당국의 보고에서 사실이 왜곡됐거나 심지어 조작됐을 수 있다는 점만은 충분히 드러났어요. 이 사실과 그런 발표가 나온 경위를 제대로 들여다봐야 군이 문민통제에서 벗어나 있을 때 어떤 사태가 벌어지느냐 알 수 있는 거지요. 그리고 이명박정부 안에서 군의 세력이 더 커졌다는 걸 지적하셨는데, 물론 이명박씨나 한나라당이 처음부터 민주주의나 평화에 대한 개념이 없어서 그런 것도 있고 거기다가 대통령 자신이 병역미필자니까 군에 대한 영이 안 서는 등 여러 이유가 있었지만, 결정적인 계기는 천안함사건이 아니었나 싶어요. 그전까지만 해도 어느정도 6월항쟁의 군사독재 종식의 흐름이 남아 있었는데, 천안함사건을 계기로 군부가 거의 우위에 서는 그런 정국으로 가지 않았나 싶어요. 그러니까 이걸 반전시키려면 역시 그 진상을 밝혀야 할 것 같은데 거기에 대한 논의도 너무 부족한 것 같아요.

김연철 저도 그렇게 생각합니다. 천안함사건은 군에 대한 문민통제가 이루어지지 않아서 발생한 측면도 있을 것입니다. 만약에 문민통제가 작동했다면 저렇게 허술한 결과보고서가 발표되진 않았겠지요. 그런 차원에서 보면 역시 중요한 것은 합리적 의심들에 대한 답을 구하는 노력을 계속해야 한다는 것입니다. 정치인들이 대중의 여론을 추수하는 것도 어느정도의 불가피성을 인정할 수 있겠지만, 역사적으로 보면 그야말로 좋은 정치인, 역사에 이름을 남긴 정치인은 진실에 굴복하지 않은 정치인 아니겠습니까. 과학자들의 문제제기도 계속 있어왔고 의혹이 해소되는 것이 아니라 더 커진 부분도 적지 않습니다. 어떤 득실을 따지기 전에 합리적 의심을 해소하기 위한 노력을 포기하지 말아야 합니다.

백낙청 사실 다른 선거하고 달라서 대통령선거에서는, 좀 위험부담이 따르더라도 진실을 추구하는 게 꼭 불리하지도 않다고 봐요. 김대중 대통령만 하더라도 1971년 선거에서 진짜 엄청나게 파격적인 주장을 했고(웃음) 그것 때문에 빨갱이 소리를 듣고 별걸 다 당했지만, 바로 그랬기 때문에 기울어져도 한참 기울어진 운동장에서 공식 집계로도 46퍼센트나 득표하고 박정희로 하여금 다시는 선거를 안하겠다는 결심을 하게 만들 정도 아니었습니까?(웃음) 대선후보에게서 국민들이 바라는 것은 그 사람의 크기와 배짱과 먼 장래를 내다보는 비전 같은 거란 말이에요. 다음 대선에는 그럴 만한 후보가 나와주면 좋겠습니다. 시간이 많이 지나서 이제 마무리를 해야 할 것 같은데, 마지막으로 한 말씀 해주시죠.

김연철 북한연구를 오래 해왔고 남북관계에 관련해서도 오랫동안 고민하고 있는 입장에서, 이명박·박근혜 정부가 보여온 모습이 굉장히 안타깝습니다. 지금은 외교적으로나 경제적으로나 굉장히 중요한 시기입니다. 이렇게 중요한 전환기에 앞으로 나아가지 못하고 퇴행을 거듭하고 있는데요. 부작용이 크고 우리가 미래에 치를 기회비용이 적지 않을 것입니다. 국내적으로 보면 퇴행이 거듭되면서 남북관계를 바라보는 시각 역시 미래지향적이기보다는 오히려 후퇴하는 측면들이 많습니다. 분단체제에 대한 좀더 근본적인 문제제기를 해야 할 시점이 아닌가 싶어요. 발상을 전환해서 민주진영이 수세적인 입장을 벗어나 훨씬 더 공세적으로 주장하고 공감을 얻는 노력을 해야 합니다. 저 자신을 포함해서 더 깊은 성찰이 필요한 시점이라고 생각합니다.

백낙청 오늘 여러가지로 좋은 말씀 해주셔서 고맙습니다.[•]

백낙청 1월 중순에 인터뷰한 뒤로 많은 일이 일어났습니다. 그러나 남북관계의 진전은 거의 없고 개성공단처럼 악화된 경우도 있고요. 인터뷰 당시만 해도 새해에는 뭔가 되리라는 관측이 많았는데 김교수께서는 이에 회의적이었고 그 이유로 이 정권의 문제점 세가지를 지적하셨지요(본서 155~57면 참조—편집자). 그후로 남북관계에 진전이 없었던 것이 주로 그러한 문제점들 때문이라고 생각하십니까, 아니면 다른 외생적 변수가 더 컸다고 보시는지요? 그리고 단기가 아닌 중장기적 전망을 할 경우 한국의 아시아인프라투자은행(AIIB) 참여나

• 이 대담이 진행된 1월 이후에 남북관계 등의 변화를 반영하기 위해 추가로 서면 질의응답을 진행했다—편집자.

미국-이란의 핵협상 타결 등은 어떤 영향을 미치리라 보시는가요?

김연철 대체로 철학의 빈곤과 정책결정 구조의 문제가 계속되고 있습니다. 다만 한가지 변수라면 통일부장관을 교체한 일인데요. 홍용표 (洪容杓) 신임 장관은 박근혜정부 내에서는 합리적이라는 평가를 받지만, 현재의 남북관계를 개선하는 데는 한계가 있을 듯합니다. 대통령을 설득할 수 있는 용기와 의지가 있는지 의문이고요. 국방부와 외교부 등 다른 외교안보 부처들을 조정하고 주도할 수 있는 정치력도 기대하기 어렵겠지요. 사실 남북관계 개선을 기대하는 사람들은 정치적 역량을 가진 장관이 와서 교착상황을 풀어주기를 기대했는데, 역시나 전임 장관이 고백했듯이 이 정부에서 통일부장관은 "아무나" 하는 자리인 것 같습니다.

근래 들어 우리 경제는 중국에 의존하고 안보는 미국에 의존하는 불균형이 현실로 드러나기도 했는데요. 가장 안타까운 것은 이 모든 결정과정에 국익이라는 관점이 결여되어 있다는 점입니다. 아시아인프라투자은행은 말 그대로 참여해야 인프라투자의 자격을 주겠다는 것이니 참여하지 않을 이유가 없었습니다. 결국 영국과 독일 등 EU 국가 대부분이 참여했고요. 일본 내부에서도 기업들은 참여해야 한다고 주장하고 있습니다. 논의 초기에 한국이 들어가서 지분율을 높이고 좀더 비중있는 역할을 할 수 있는 기회를 놓친 것이 안타깝습니다. 미국 눈치를 보다가 이렇게 된 것이죠. 한미동맹을 이익의 관점이 아니라, 이념이나 혹은 종교처럼 생각한다면 이런 일은 반복될 것입니다. 핵문제도 마찬가지입니다.

결국 당사자인 우리의 입장이 중요합니다. 미국과 이란의 협상에서 EU 국가들이 나서서 소극적인 미국을 설득하여 협상에 참여시키고, 장애를 제거하기 위해 노력한 과정을 주목해야 합니다. 물론 이란의 결단도 중요합니다. 핵개발이라는 고립의 길이 아니라 국제사회에 참여하는 길을 선택했습니다. 미국과 쿠바가 관계개선에 나서고, 이란 핵협상이 타결된 현 상황에서 결국 북핵문제만 냉전의 유산으로 남았습니다. 6자회담이 중단된 지 오래되었는데요. 한마디로 북핵문제가 오랫동안 방치되어 있는 현실입니다.

우선적으로 비핵화에 대한 전망을 포기하지 말아야 한다고 생각합니다. 북핵문제는 냉전체제의 산물입니다. 한반도 냉전해체에 대한 확고한 철학이 북핵문제 해결의 출발입니다. 북한이 국제사회에 참여하도록 설득해야죠. 북한이 개혁과 개방의 길로 나와야 핵문제도 해결될 것입니다. 그리고 남북관계 개선으로 북한에 대한 설득능력을 확보하는 것이 핵문제를 둘러싼 국제 외교무대에서 한국의 위상과 역할을 높이는 길이라는 점을 알아야 합니다.

일하는 사람을 위한 새로운 운동의 지평을 찾아서

김영훈–백낙청 대담

김영훈 金榮訓

전국철도노동조합 위원장. 전국운수산업노조 초대 위원장, 민주노총 위원장 등 역임. 주요 저서로 『빅라 이: 철도파업 23일의 기억』 등이 있음.

백낙청 오늘은 전 민주노총 위원장이자 현 철도노조 위원장이신 김영훈 위원장님을 모시고 이야기하게 되어서 기쁩니다. 김위원장님은 나이는 젊으신데도 벌써 민주노총이라는 큰 기구의 수장을 역임하셨고 또 현역 노동운동가이면서 매우 학구적인 분으로 알고 있습니다.(웃음) 여러가지로 좋은 말씀 해주시길 기대합니다. 노동계는 워낙 현안이 많습니다만 박근혜정부가 지금이 개혁의 골든타임이라고 하면서 그중 하나로 노동시장 개혁을 꼽고 있잖아요. 이에 대해 어떤 입장이신지, 우선 그 얘기부터 들어봤으면 합니다.

박근혜정부의 노동 공격전략은 어떻게 다른가

김영훈 평소 존경하는 백낙청 선생님하고 대담을 하게 되어서 무척 떨립니다. KTX 여승무원들의 복직판결이 대법원에서 뒤집히는 등요 며칠 정신이 없었지만, 창비 측에서 옛날에 제가 여기저기 발표했던 글들을 모아서 보내주셨기에 저도 많이 공부하는 계기가 됐습니다.(웃음)

일단 박근혜정부 노동시장 개혁이 이전 정부하고 무슨 차이가 있을까 생각해봤습니다. 만약 신자유주의가 노동운동에 대한 일종의 공격이라고 한다면 그건 김대중정부 시절에도 있었죠. 4대부문 개혁이라는 건데, 그때 순서가 기업·금융·공공·노동이었어요. 지금 박근혜정부가 얘기하는 것은 공공·노동·교육·금융 순이고요. 공공과 노동이 앞에 배치되어 있습니다. 이런 순서가 큰 의미가 있느냐 하겠지만 제가 보기에는 결국 공공과 노동 부문의 개혁이 한 묶음으로 우선시되고 있어요. 정부는 공공부문의 사용자이기 때문에 그들 표현대로 하면 공공부문에서부터 "모범적인 사용자가 되어서 이를 민간으로" 확산하겠다는 것이 역대 정부와 다른 가장 큰 특징이 아닌가 합니다.

다른 정부에서는 대개의 경우 공공부문의 좋은 사례들을 민간으로 확산시켰는데 이 정부는 역으로 공공부문을 나쁜 사례로 해서 공격대상으로 삼는 거죠. 공격의 근거라는 것도 '국민들 누구나 공감하기 쉬운' 정규직 과보호론 또는 철밥통론이고요. 어느 날 갑자기 상대적으로 지위가 상승되어버린, 제가 어디서 그런 표현을 읽었습니다만, 계급이 신분이 되어버린 상황, 즉 과거에는 신분에서 계급이 만들어졌는데 지금은 정규직 노동이 하나의 신분이 되어버린 상황에 대한 국민들의 반감이 분명히 존재하거든요. 그렇기 때문에 정부가 정규직에 대해 먼저 과보호를 없앰으로써 민간에 본을 보이겠다는 게 특징으로 여겨집니다.

한결 더 쉬운 해고와 더 낮은 임금을 공공부문에서부터 시행하겠다는 것은 사전 포석이에요. 노동부문을 개혁하려면 반드시 노동조합법을 개정해야 하거든요. 노조법 개정은 선거법 개정만큼 대단히 첨예한 문제이기 때문에 정상적인 절차의 법률개정으로 정리해고 요건을 완화한다든지 간접고용을 확대한다든지 하는 건 용이치 않다고 본 것 같아요. 그래서 법률개정 없이도 할 수 있는, 지침 같은 것으로도 실행할 수 있는 공공부문을 먼저 타깃으로 삼은 거죠. 이명박 정부가 규제완화나 감세정책으로 자본의 이익을 대변했다면, 현 정부는 우선 공공부문을 정상화란 이름으로 공격하고 그것을 민간부문에 확산하려고 하는 게 아닌가 싶습니다.

백낙청 계급에서 신분으로 전환했다는 말이 일리가 있는 이야기라면 그걸 개혁해야겠다는 발상도 일리가 있는 것 아닌가요?

김영훈 그런 면이 있죠. 우리나라 노동자들은 왜 이렇게 전투적이고 극단적인, 즉 해고는 살인이라 외치고 굴뚝으로 올라가는 일들을 벌이는 것일까, 기득권을 가졌다고 보이는 정규직 노조는 왜 그런 알량한 기득권을 놓지 않으려는 것일까라는 질문 앞에서 고민에 빠지게 되는데요. 노동시장 개혁은 공공부문에서부터 제대로 시작되어야 하는 것이 맞습니다. 다시 말해 정부가 '좋은 사용자'가 되어 사회안전망을 두텁게 함으로써, 시장임금에만 의존하는 노동자들에게 사회임금의 혜택을 주어야죠. 복지라고도 하고 사회안전망이라고도 하는데 실업급여나 의료보험같이 시장에서 퇴출됐을 때 국가나 사회로부터 받는 각종 공적 부조를 사회임금으로 개념화하는 대책을 먼저 만들어야 합니다. 정부가 교육비·의료비·노후의 걱정을 덜어주고, 해고되더라도 재기할 수 있는 기회를 마련해줌으로써 고용의 유연화나 일시적인 경기변동에 따른 불안감을 해소해줘야 그들이 그렇게 지키려고 하는 기득권을 놓을 수 있다고 보거든요. 그런데 정부는 거꾸로 가고 있어요.

물론 과보호되고 있다는 것은 상대적 개념이기 때문에 정규직 노동자들 입장에서는 억울하게 들릴지 몰라도, 그것이 현실이라고 인정해야 한다고 보는 사람이 있죠. 즉, 정규직 과보호론에 대해선 동의하지 않지만, 상대적으로 자기가 노동자인지도 모르는 유목민 같은 비정규직들에 비해서 보호받고 있다고 보기 때문에 스스로 내려놓거나 '함께 살자'는 방안을 고민하는 이들이 있어요. 여기서 정부가 자신의 역할이 무엇인지를 생각해야 해요. 정부가 노사정위원회에서 사용자는 이거 양보하고 노동자는 저거 양보하고 이렇게 거중조정만 할 게 아니에요. 자본주의사회에서는 호황과 불황이 교차되는데 불황시기에는 국가가 여러분을 최소한이나마 보호하마, 이런 믿음을 줄 때 노동조합의 지도부들도 훨씬 운신의 폭을 넓히면서 앞으로의 대안을 고민할 수 있지 않겠나 싶어요.

백낙청 그런데 지금 정부는 그 방향으로 갈 기미가 잘 안 보이잖아요. 그러면 올해는 노정관계나 노사관계가 오히려 더 가파르게 치달을 가능성이 많은 것 아닙니까?

김영훈 올해의 노사관계, 노정관계 전망은 대단히 흐리고 예측 불가능합니다. 아마도 공공부문에서 일대 격돌이 불가피할 것이라고 봅니다. 왜냐하면 정부는 집권 3년차에 만만한 놈 때려잡는다는 식으로 공공개혁을 부르짖고 있죠. 얼마 전에 『조선일보』 1면에 국정 3년차의 최대 과제는 공공개혁과 남북관계라고 나왔는데, 이는 보수세력

내에서 이미 합의가 이뤄졌다는 뜻 아니겠어요? 결국 공공부문 노사관계에서 사용자인 정부와 충돌이 불가피한 것 같습니다. 그다음에 민간부문에서 제가 주목하는 것은 용역·위탁 등의 간접고용 문제입니다. 각 통신사의 케이블 설치 노동자들, 삼성전자의 써비스 노동자들의 경우죠. 이번에 대법원 판결에서도 제조업의 현대차 같은 데는 불법파견이라고 노조의 손을 들어줬지만 KTX 승무원 문제에서는 사측의 손을 들어줬거든요. 아마도 향후 써비스업에 대해서는 아주 폭넓게 간접고용을 허용하는 분위기가 조성될 가능성이 큽니다. 전통적인 제조업보다 써비스업 노동자들이 광범위하게 늘고 있는데, 간접고용이라는 것은 노동자가 자기 소속이 어디인지도 진짜 사장이 누군지도 모르게 하는 면이 있거든요. 그들의 투쟁은 조직화하기가 대단히 어렵기 때문에 오히려 더 처절하고 더 장기화될 가능성이 높다고 생각합니다.

백낙청 지금까지의 말씀 중에 제가 '아, 그렇겠구나' 하고 깨달은 게 공공부문에서 이른바 노정대결이라는 것이 사실은 노사대결이라는 말씀, 정부가 사용자니까요, 사람들이 그런 생각은 잘 못하는 것 같아요. 흔히들 정부는 정부로서 공공을 챙기고 있고, 공무원들은 오히려 공공에 위배되는 사익을 챙기고 있다고 생각하는데, 사실은 이게 노사대결이라는 말씀이죠.

김영훈 예, 그렇죠.

노동진영에서 선제적 개혁을 추진하는 길은?

백낙청 노사대결이면서도 그 사용자가 다른 어느 기업보다 막강한 공권력을 가진 사용자라는 게 제 머릿속에 잘 안 들어와 있었는데 깨우쳐주셔서 고맙고요.(웃음) 그런데 그런 막강한 사용자 겸 정부와 대결하면 결국은 힘의 문제가 되는데 힘이라는 게 물리력만이 아니고 명분이나 국민의 지원 같은 게 중요하지 않습니까? 사회안전망이 제대로 되면 공무원이나 정규직의 기득권을 내려놓을 수 있다는 그 말씀은 옳지만, 그렇잖아도 신분화된 계급이 혜택을 더 많이 받으면 그때 가서 우리가 내려놓겠다고 말해서는 공감을 얻기 어려울 것 같아요. 뭔가 이쪽에서 선제적인 개혁안이랄까, 그런 걸 내놔야 하는 것 아닌가요?

김영훈 제가 특히 공공부문 노동운동에 주목하는 이유가 있는데요. 그중 하나는 역사적으로 볼 때 우리 사회 공공부문이 취약하게 형성되었다는 점이에요. 역대 정부 중에 '철밥통' 공공부문의 개혁을 꺼내지 않은 정부가 없다는 건 그만큼 공공부문에 안 좋은 여론이 있다는 뜻이죠. 예컨대 공무원들이 부패하니 철도도 국영이 아니라 삼성이 운영하면 더 좋을 듯하고, 병원도 국립의료원보다는 삼성이 하면 더 잘할 듯한 인식이 있어왔어요. 이것은 유럽과 아주 큰 차이점 중의 하나입니다. 예컨대 프랑스 시민들이 우리보다 훨씬 연대의식이 높아서 판사들도 노조결성을 용인하고 철도파업에 그렇게 관대할까요? 그런 문제가 아니라는 겁니다. 그 차이는 대한민국 정부 수립 이후 공공부문이 일종의 계급투쟁의 결과로서 만들어진 게 아니었다는 데서 비롯됩니다. 오히려 총자본의 이익을 대변해온 국가가 예컨대 포항제철을 만든다든지 비료산업을 기간산업화한다든지 국영교과서를 만든다든지 하는 차원에서 공공부문을 만들었기 때문이라고 봅니다. 이처럼 공공부문이 자본축적의 도구로 쓰이면서 제 역할을 못해왔죠.

그다음에 부정할 수 없는 것이, 오랜 군부독재를 거치면서 공공부문이 비효율적이고 부패해졌다는 겁니다. 그러다보니 공공부문에 대한 국민인식은 상당히 부정적일 수밖에 없고, 게다가 이들이 노조까지 만들어서 그들의 벽을 엄청나게 튼튼하게 하고 있으니… 이게 과거에는 큰 문제가 아니었는데 어느새 하나의 신분이 되어버린 것이죠. 이 두가지가 정부가 공공부문을 공격하기 너무나 좋은 국면을 만들고 있다고 봅니다.

그렇다면 공공부문은 어떤 것에서 선생님이 말씀하신 선제적인 개혁안을 찾을 수 있을 것인가인데요. 저는 오히려 이런 역사적 조건에서 역으로 공공부문이 새로운 가능성을, 연대의 가능성을 제시해야 한다고 생각합니다. 철도파업에서 하나의 가능성을 봤는데 그건 나중에 말씀드리기로 하고, 예를 들면 이명박정부 이래 이른바 성과주의의 비효율 문제가 있습니다. 2014년에 국민건강보험공단이 상당한 흑자를 봤는데요. 비정규직 등 미조직된 노동자들이 제일 억울해하는 것은 일하다가 다쳤을 때 기업이나 국가 심지어 노동조합의 보호도 못 받고 그대로 해고되는 것입니다. 그럴 때 근로복지공단에 가서 산재승인을 받아야 하는데, 근로복지공단은 흑자냐 적자냐의 판단기준으로 경영평가를 받고 정부는 그걸로 공공부문 비효율을 걷어내자고 들이댄다는 거죠. 근로복지공단에서 일하는 노동자들은 산재판정 비율을 낮출수록 공단경영을 잘한 게 되는 거예요. 그곳의 존재이유가 힘없고 보호받지 못하는 근로자들에게 산재적용률을 높여

주는 것임에도 불구하고요. 국제노동기구(ILO) 발표(2008)에서 나온 것처럼 우리나라는 산재사망률이 세계 1위잖아요. 공공부문에 가해지는 상업적 논리에 내몰리는 노동자들에게 이런 일들이 벌어지고 있는 거죠. 이런 문제를 어떻게 극복할 것인가, 공공부문의 새로운 가능성을 모색하는 지점이 여기 있다고 봅니다.

철도민영화 문제는 과연 노동운동이 이렇게 호응받은 역사가 있었나 할 정도로 2013년에 많은 시민이 열화와 같은 지지를 보냈는데…

백낙청 그렇죠. 그때 아마 오랜만에 파업이 국민적인 지지를 받았을 거예요.

김영훈 곰곰이 생각해보면 거기에는 두가지 이유가 있어요. 하나는 공공부문에 대한 국민들이 인식이 바뀌기 시작했다는 거죠. 즉 국민들의 이동권을 책임지는 철도라는 공공재가 사적 소유로 넘어가서는 안되겠다고 생각하게 된 거고요. 또 하나, 그것은 일종의 증세라고 본 거지요. 요금이 올라가는 거니까요. 그다음에 그것을 막아줄 자가 누구인가? 노동조합이 민영화를 막기 위해 벌이는 파업이니 불편해도 괜찮다, 힘내서 꼭 막아달라, 이렇게 생각한 거죠. 근데 철도노동자들이 다른 노조에 비해서 너무나 정의롭기 때문에 자기 이익과 무관한 사회적 공익을 갖고 싸우느냐 하면 그건 아니죠.(웃음) 민영화되면 자신이 구조조정될 것이라는 걸 알기 때문에도 싸운 겁니다. 이 두가지가 연관되었던 겁니다. 특히 지역으로 눈을 돌리면 더욱 절실히 나타나는데 예컨대 강원도의 철도노동자 입장에서 민영화는 곧 정리해고를 의미할 것이고 강원도민의 입장에서는 지역의 공공써비스가 사라진다는 이해의 일치가 나타난 겁니다.

백낙청 민영화 계획에 거의 필수적으로 따라오는 게, 사업 쪼개기 아니겠어요? 다시 말해 만약 철도 전체를 통째로 민영화한다면 그걸 그대로 인수해서 계속 운영할 기업이 어디 있겠어요? 물론 아무에게나 다 잘라낼 권리를 주면서 민영화한다는 것이면 모르지만요. 그러니까 민영화라는 게 공기업을 쪼개서 노동조합을 약화하고 국민들이 어떻게 해볼 길이 없게 만드는…

김영훈 예, 그런 점에서 2013년 철도파업의 큰 성과라면 노동자의 이익과 국민의 편익이 공공 분야에서 어떻게 일치되는지 잘 알려냈다는 겁니다. 아까 근로복지공단 예를 들었습니다만 그곳의 노동자들도 하소연하는 거죠. 산재를 불승인하고 나면 얼마나 마음에 상처가 남는지, 자기는 경영평가하고 연결이 되니까 그렇게 하지만 괴로운 거죠. 그리고 억울한 사람들이 공단 앞에 와서 자주 데모한다는 거예요. 그러다 멱살도 잡히고요. 그러다보면 거기서 일하는 공공부문 노동자들도 엄청난 스트레스와 자존감의 상실을 겪는 거죠. 근로복지공단 노동자의 이익이 전체 노동자, 즉 국민이 산업재해로부터 보호받는 방향으로 가는 것이 진정한 개혁이라 할 때 그 양측의 이익 추구가 공공부문 노동운동의 지향인 셈입니다.

얘기가 조금 돌아왔는데, 앞으로의 싸움도 공공부문 노동운동이 정부의 성과주의 등에 맞서 국민을 설득하지 못할 때에는 정부의 먹잇감이 되기에 딱 좋은 형국입니다. 공공부문 노조가 손 따라 두는 바둑처럼 그저 저지, 저지만을 외치는 것이 아니고 국민들에게 공공부문의 진정한 개혁은 이런 것이라는 담론을 제시하고 싸워야 희망이 찾아진다는 것이거든요. 그리고 그 가능성 하나를 철도파업에서 보여주었다고 생각합니다.

철도파업의 '승리' 경험에서 얻은 것들

백낙청 철도파업에서 그런 가능성을 보여주고 또 오랜만에 국민의 지지를 받는 경험을 했는데, 이것이 노동운동 전반에 어떤 계기가 됐습니까?

김영훈 저는 상당한 전환점이 됐다고 자부합니다. 민주노총은 그동안 노동운동을 이끌어오면서도 대공장 중심의 기득권 노조라는 비판에서 잘 벗어나질 못했어요. 물론 노동조합은 당장 눈앞에서 조합원들의 이익을 보호해야 하기 때문에 그것이 대공장이라 해서 예외는 아니거든요. 여기서 자기 공장만을 보는 식으로 고착되면 대공장 노조주의가 되는데, 문제는 그 바깥에 미조직된 노동자들이 광범위하게 존재한다는 점입니다.

그러다보니 많은 이들이 다음과 같은 고민에 빠졌죠. 과연 조직 노동운동은 그 운명을 다했는가? 조직된 노동자들이 열심히 임금을 올리면 결국 하청노동자들에게 피해가 떠넘겨지는 구조가 돼버렸는데 그럼 조직 노동운동은 역사적 수명을 다한 건가. 그런데 지난번 철도파업이 공공부문에서 조직된 노동운동이 여전히 중요하다는 것을 보여준 계기가 됐던 거예요.

두번째 의미는, 사회연대적 노조주의라고 할까요, 그 실마리를 찾았다는 겁니다. 저는 철도파업이 우리 사회의 취약한 공공부문 형성의 역사를 거슬러 우리가 함께 만들어가는 공공부문의 단초를 만든 계기였다고 생각합니다. 철도파업에서 시민들이 목소리를 낸 것은 '우리의 재산을 왜 마음대로 처분하느냐'라는 일종의 공공부문의 실소유자로서의 시민 자신의 존재의식을 보여준 것이지요. 또한 공공써비스를 실제 제공하는 노동자들이 공공부문의 실소유자와 손잡고, 한시적으로 위임받은 권력에 항거했다는 점에서 공공부문의 새로운 모델을 만든 것이 아니었나 합니다. 이 모델을 확장시켜나간다면 국민들이 '아, 노조의 요구는 곧 우리의 요구와 멀지 않구나' 하는 생각을 널리 퍼뜨릴 수 있지 않을까 생각해요. 이런 점에서, 좀 과장된 표현입니다만, 어떤 평론가가 지적했듯이 최초로 시민권을 획득한 철도노조라는 생각이…(웃음)

백낙청 철도노조는 여러모로 좀 독특한 위치에 있는 것 같아요. 공공부문인 동시에, 물론 정규직 위주의 대규모 노조이지만 대공장 노조와는 다른 게 조합원들이 전국 방방곡곡에 흩어져 있잖아요. 한 사업장에 모여 있질 않아요. 그러니까 그 사업장 위주의 사익 챙기기보다는…

김영훈 철도노조가 2001년 민주화된 이후에 크게 다섯차례 파업을 했거든요. 그래서 보수진영의 표현대로라면 '파업을 일삼는 노조' 중의 하나이고 『조선일보』 표현대로라면 '초강성 노조'예요. 그만큼 지난 십여년간 민영화 반대를 수미일관하게 진정성 있게 보여주었고 그 진정성이 시민들에게 통했던 게 아닌가 생각합니다. 선생님 말씀처럼 철도는 각 나라 노동운동에서 아주 중요한 역할을 했습니다. 영국의 노동당을 만들었던 영국노동총동맹(TUC)의 전신이 바로 철도노조였습니다. 영국 노동당은 영국 철도파업에 대한 정부와 자본 측의 손해배상소송에 맞서기 위해서는 '우리에게 당이 필요하다'라는 취지하에서 만들어졌어요. 일본 노동운동도 국철노조의 부침과 함께했죠. 그 이유는 크게 두가지인데 자본주의사회에서 철도와 항만 노동자들은 산업기반을 세우는 과정에서 계급형성이 가장 빨리 이루어졌고, 두번째로는 파급력이 전국에 미치다보니 정치적으로 갈 수밖에 없기 때문이에요. 그런 차원에서 각 나라 노동운동에서 철도노조가 차지하는 비중이 상당히 큰 편입니다.

사실 2013년 파업 때 조합원들은 23일 동안 파업하면서 아무런 성과 없이 복귀했어요. 복귀할 때도 서울역 등의 주요 역사에서 시민들에게 큰절을 하면서 '우리 뜻을 충분히 얘기했으니 여한이 없다' 그런 심정들이었어요. 각종 여론조사에서도 분할민영화에 대한 반대가 압도적으로 많이 나왔고, 민영화를 완전히 저지하지는 못했지만 계획이 중단된 건 사실이거든요. 게다가 철도만 중단된 게 아니고 의료민영화라든지 각종 민영화 계획들이 조금씩 후퇴하거나 중단되었기 때문에 우리 조합원들은 상당히 뿌듯해하고 보람을 느끼고 있습니다.(웃음)

민주노총 위원장으로서의 경험과 교훈

백낙청 김위원장님이 민주노총 위원장을 하신 건 철도노조 위원장을 하기보다 전인데, 그때 취임하면서 여러 포부를 말씀하셨어요. 김위원장님은 명언을 하는 능력이 있는 것 같아요.(웃음) 제가 몇가지 적어봤는데, 우선 "민주노총이 우리 사회 노동운동의 맏형 격이고 많은 기여를 했는데 어느새 천덕꾸러기가 됐으니 이걸 탈피해야겠다"고 했죠. 온건파냐 강건파냐 물으니까 "국민 앞에 더 온건해져야 한다"고도 했고, 아까 손 따라 두는 바둑 말씀을 하셨는데 "손 따라 두는 바둑 하지 말고 우리가 행주대첩 같은 스타일로 해야 한다"는 얘기도 하셨습니다. 그리고 흔히들 교섭하는 사람은 온건하고 투쟁을 안 하는 것처럼 얘기하는데 "교섭장이야말로 가장 치열한 투쟁장이다" 같은 발언도 하셨더군요. 여하튼 큰 포부를 갖고 취임하셨던데 어느 정도 달성하셨다고 생각하십니까?

김영훈 40점이 낙제라면 한 50점 정도 줄 수 있을 것 같고 60점이 낙제라면 60점 주기는 좀 과하지 않나 이렇게 생각해요.(웃음) 운이 좋아

상대적으로 어린 나이에 총연맹이라는 전국 단위에 출사표를 던지면서, 저는 '민주노총 저들 역시 거대한 기득권집단 아니냐'라는 청년들의 선입견을 바꿔보고 싶었어요. 그래서 '청년 민주노총'이라는 모토로 표를 좀 많이 얻었죠.(웃음) 또 하나, 당시에 제가 "떼인 돈 받아드리겠습니다"라고 했어요. 다시 말해 미조직된 노동자들에게 더 다가가자고 했는데 돌아보면 크게 잘하진 못했던 것 같고요. 또 노동운동이 투쟁과 교섭의 병행이라고 하면서도 정부와 제대로 된 교섭을 해봤는가 하면 그건 낙제점에 가깝다고 보여요. 물론 이명박정부가 안 만나주니까(웃음) 어쩔 수 없었지만, 그렇더라도 어떤 새로운 교섭의 내용들을 생산했는가를 돌아보면 많이 부족했죠. 손 따라 두는 바둑 하지 말고 큰 그림을 그리자, 포석 있는 바둑을 하자고도 했는데 돌이켜보면 수많은 현안에 묻혀서 실제로 어떤 새로운 담론을 제대로 형성하진 못했다고 생각하고요. 끝으로 진보통합에 많이 매진했어요. 때로는 본업이 정치냐 할 정도로 제가 관계했죠.(웃음) 결과적으로 실패한 진보통합이 돼버렸기 때문에 전체를 합산한다면 사실은 낙제를 면하기가 상당히 어려운 것이 아닌가 생각이 듭니다. 한가지 위안 삼을 만한 일은 노동에 대한, 민주노총에 대한 이미지 변화랄까, 좀 다른 사람이 위원장이 됐구나 하는 느낌을 준 정도랄까요.(웃음)

백낙청 사실은 그만두신 과정도 좀 특이했는데, 전임 집행부가 위원장 직선제도를 만들었는데 그것을 이행하지 못했다고 임기 전에 사퇴를 하셨죠. 개인적으로 궁금한 것은 직선제라는 게 원래 본인 아이디어도 아니고 그게 꼭 좋은 거란 확신을 가지신 것도 아니었는데 전임 집행부가 만든 것을 이행 못했다고 임기 전에 사퇴까지 할 필요가

있었는가…(웃음)

김영훈 제가 총연맹위원장을 맡아서 여러 시행착오를 겪었습니다만
제일 많이 배운 것은 민주주의에 대한 것이었어요. 이것이야말로 참
으로 논쟁거리인데, 어떤 민주주의냐 하는 질문이 필요하더라고요.
쉽게 표현하면 민주노총이라는 각 연맹들의 연합단체는 일종의 연
방국가 같은 거예요. 그러니 그 연방을 어떻게 잘 운영하는가가 대
단히 중요해요. 여기에는 16개의 다양한 업종과 산업의 연맹이 있고,
풍족한 노조에서 아주 열악한 노조까지 다양하다보니 '이런 조직의
민주주의란 과연 어떤 것이어야 하나'를 고민하게 된 것이죠. 연맹
체의 최고 가치는 그 연맹을 유지하는 거거든요. 그래서 저는 연맹의
정치방침과 관련해서 통합진보당 계열, 정의당 계열, 노동당 계열의
분들에게 "저에게 정치방침이 뭐냐고 묻는다면, 정치방침 때문에
민주노총이 깨져서는 안된다는 게 유일한 정치방침"이라고 말해왔
습니다.

통합적 리더십을 구축하는 것 자체가 이렇게 대단히 중요한데 직
선제가 그것을 일거에 이룰 수 있는 도구일까라는 깊은 회의가 들기
시작했어요. 직선제는 승자독식 패자전몰의 폐단이 있기 때문이죠.
국가는 직선제를 할 수 있어요. 국민은 자기 편이 졌다고 나라를 버
릴 수 없으니까요. 하지만 노조는 그런 게 없다는 거죠. 서로 격렬하
게 직선제로 격돌했을 때 패배를 인정하지 못하는 문제를 어떻게 풀
것인가부터 과연 직선제를 혁신의 큰 고리로 삼아야 할 것인가 등 고
민이 많았어요. 직선제를 공부해보니 권리와 의무가 이처럼 불일치
하는 경우가 계속 발생할 수 있다는 걸 알게 된 거죠.

많은 이들이 그것 갖고 굳이 임기 전에 그만둘 이유가 있냐고 했는

데, 변명을 하자면 생각해보니 도저히 직선제는 안되겠는 거예요. 그런데 누군가가 책임을 져야 돼요. 각 산별연맹 위원장들에게 책임을 돌리는 게 아니고, 총연맹이 책임을 지되 제가 책임지는 방법을 생각했죠. 그래서 '직선제 하지 말자'가 아니라 3년의 준비기간을 갖고 그것이 직선제이건 아니건 다양하게 검토와 준비를 하고, 이를 위해 규약을 개정하자고 한 것입니다. 통과되더라도 기존 결정을 번복한 위원장이 되고 부결되더라도 결정 불이행을 시도한 위원장이 되니 어찌되었건 사퇴를 담은 수였어요. 다행히 유예안이 3분의 2를 넘겼지만 책임을 져야 했지요. 나중에 이 안의 통과시 절차상 하자가 있다 하여 직선제 유예안은 무효처리되었지만 저의 사퇴는 받아들여졌지요.

백낙청 그런데 결과적으로는 현 집행부가 직선제로 구성되었지요?

김영훈 그렇습니다. 그게 2년 유예기간을 마치고 지금 실시하게 된 겁니다. 우여곡절을 겪고서요.

백낙청 직선제 이후의 민주노총, 어떻게 보십니까? 전임자로서 현 집행부를 평하라는 얘기는 아니고(웃음) 민주노총 전체에 대해서…

김영훈 2014년 말에 실시한 직선제에 많은 분이 우려와 걱정을 하셨는데, 참으로 세계사적으로 유례 없는 일을 노동운동에서 했다고 봐요. 아까 말씀드린 대로 직선제가 형식과 내용이 불일치하는 제도임에도 어쨌든 합심해서 직선제를 해낸 거죠. 제가 할 때는 못했지만 일단 2년이 지나서 했으니 저는 사퇴한 것을 잘했다고 생각합니다.(웃음) 일단 선거에서 분란 없이 승복한 것이 상당한 민주적 역량을 과시한 것이라고 평가합니다. 낙선하신 분들도 훌륭하신 분이지만 쌍용차 해고자 출신인 한상균씨를 총연맹의 새 대표로 뽑았다는 것은 나름의 의미가 있지요. 기대도 크고 잘하시리라 생각합니다.

백낙청 말씀하셨듯이 노동운동이 범사회적 연대운동에서 선도적인 역할을 해야 하는데, 철도노조는 지금 김위원장이 위원장을 하시니까 잘하시고 있으리라 믿지만,(웃음) 어떤 일을 주로 하시는지, 또 민주노총 전체로서는 어떤 일들이 진행되고 있는지…

김영훈 저는 민주노총 위원장을 그만두고 민주노총 지도위원이라는 소위 원로가 돼서(웃음) 뭘 해야 할까 생각하다 두가지 일을 했습니다. 하나는 청년들과의 만남이에요. 저는 종종 청년들을 만나 "학생들은 나약한 취업준비생이 아니고 세상을 바꾸는 예비노동자다"라고 이야기했어요. 『프레시안』에도 썼습니다만, 자영업자들이 노동자들의 투쟁을 적대시하는데 그 자영업자의 절반은 얼마 전까지 노동자였거든요. 사회 전반의 반노동정서를 깨려면 스스로가 노동자라는 인식을 하게 해야 해요. 또 하나는 새로운 좋은 정당을 만드는 일에 뭐라도 할 수 있을까 해서 제 나름대로 연구하고 모색하고 있었죠. 그러던 차에 느닷없이 철도노조로 다시 내려가게 돼서… 그래도 짬짬이 이 두가지는 시간 나는 대로 하려고 하는 일입니다.

백낙청 청년유니온이라든가 알바노조라는 것도 있잖아요. 그런 데하고는 얼마나 소통하고 계십니까?

김영훈 직접 소통하는 건 없고, 주로 어떤 단체에서 주관하는 청년강좌에서 강연하고, 노동 일간지 기명칼럼에서 이 논의를 이어가는 식이었죠. 제가 얘기하고 싶은 것은 우리 모두가 노동이란 이름으로 하나의 공통점을 찾자는 거죠. 미조직된 노동자든 누구이든 불문하고요. 그래서 미래 노동자인 청년들, 과거에는 노동자였지만 지금은 영세상인으로 내몰린 자영업자들을 한데 묶어 통칭 '일하는 우리'라 하고 그들과 소통한다는 마음을 가졌죠. 노동이라는 가교로 미래와 과거의 노동자와의 연대라 할까요? 그런 역할들이 민주노총 지도위원으로서 해야 할 일이 아닌가 생각했던 거죠.

백낙청 정치 이야기도 들어봤으면 하는데 우선 민주노총 위원장 시절에도 진보정당의 통합을 위해 노력하셨고 그때 통합이 일부 이뤄져서 탄생한 게 통합진보당이고요. 통합진보당은 그후 다시 분열됐고, 민주노총이 배타적 지지를 철회한 것도 아마 그때였죠? 그것 때문에 나중에 폭행도 당하시고 그랬는데…(웃음)

노동세력의 진보정치운동 경험

김영훈 예, 제가 있을 때였죠. 이래저래 미움을 많이 사고 있습니다.(웃음) 어쨌든 무거운 책임을 느끼는 게, 민주노동당이 통합진보당으로 바뀌는 과정에서 배타적 지지를 철회한 위원장이 되었다는 거예요. 이로써 당분간 민주노총은 어떤 특정 정당을 배타적으로 지지하는 결정을 내리기는 어려워졌습니다. 원론적으로 과연 총연맹이라는 노동단체가 어느 한 당만을 배타적으로 지지하는 게 옳은가, 민주주의를 확장해본다고 할 때 그 실효성을 떠나서 조합원들의 사상과 의식을 강제할 수 있냐라는 생각도 하게 됩니다. 하여간 진보정당 통합운동이 미완, 또는 그 미완의 결과마저 실패로 귀결됐는데 그 원인을 분석 평가하는 게 중요하겠죠.

통합진보당의 실패에는 여러 원인이 있어요. 그중에서도 말 그대로 통합진보당이라면 통합적 리더십이 있어야 하는데 통합적 리더십이 실패한 것이 가장 큰 문제라는 개인적 결론에 도달했습니다. 물론 종북주의 논란이 있었지만, 핵심은 민주주의이고 이를 성취하는 게 그렇게 쉽지 않으며 이를 너무 절대시하는 것도 위험할 수 있다는 거였습니다. 즉 패권주의세력으로 지목받은 이들이 억울해하는 것은 '그럼 너희들도 다수가 되면 될 일이지' 이런 거였거든요. 저는 상당히 놀랐어요. 다수결이라는 것은 움직일 수 없는 대원칙이라지만 숙의되지 않은 다수결이 어떤 결과를 가져오는지를 본 것이죠. 그 실패는 물론 통합적 리더십의 실종에서 찾아야 해요. 하지만 통합적 리더십은 쉬운 것이 아니기 때문에 우리 같은 노동단체들이 갈등이 유발되는 것들을 거중하고 중재하고 조정할 힘을 가졌어야 했어요. 그런데 말을 해도 진정성을 안 읽어준다든지, 알면서도 안 움직여지는 것을 느꼈기 때문에 '아, 힘이 없으면 민주주의도 못하는 거구나'라고 생각했던 거고요. 그러던 차에 통합진보당 해산소동이 벌어졌던 겁니다.

백낙청 통합적 리더십을 노동조합운동에서 발휘할 수 있을 거란 생각은 김위원장님의 개인적 바람인가요, 아니면 노동운동의 어떤 본질에 해당한다고 보시나요?

김영훈 민주노총 얘기할 때 그런 말씀을 드렸습니다만, 노동조합운동에는 세력을 갖기도 하고 이해관계가 얽히기도 하는 그런 다양성이 있습니다. 기업 별로 조합을 만들 때도 그런 정도의 너비가 없으면 못 만들죠. 그렇기 때문에 더 통합하고 아우르는 일을 하지 않으면 노동운동은 쪼개질 수밖에 없다는 조직적 숙명 같은 것이 있습니다. 그런 차원에서 노동운동에서 길러진 사람들이 실제로 이런 진보정당, 진보정치운동을 하면서 단순히 갈등을 거래하는 조정가가 아니라 정말로 숙의하는 능력을 지녀야 하고요. 그런 차원에서 통합적 리더십이 상당히 중요하다고 생각합니다.

백낙청 당시 통합진보당 문제는 내부적으로는 좀 전에 지적하신 민주주의 문제도 있지만 노동조합이 관여해온 진보정당 운동이라는 점에서도 하나의 획을 그은 사건이 아닌가 하는데 현 시점에서 어떻게 평가하시나요?

김영훈 노동운동이 제1기 노동자 정치세력화에 실패했다는 건 뼈아픈 일입니다. 노동운동, 특히 민주노총이 주도한 민주노동당과, 나중에 그 영향력이 급속히 떨어졌지만 어쨌든 후신인 통합진보당은 실패했습니다. 이것을 노동운동하는 저희들의 주체적 측면에서 성찰하자면, 노동운동의 사회화 실패가 진보정치운동의 실패로 이어졌다고 볼 수 있습니다. 즉, 노동운동이 사회연대에 실패했는데 그 노동운동이 지지하는 정당이 성공할 수 있겠느냐는 의미입니다. 좀더 격하게 표현하면 '너희들은 민주노총당 아니냐'라는 비판이 여전하다는 거죠. 이 한계는 종북주의가 어떻고 패권주의가 어떻고 하는 문제를 넘어서 근본적으로 노동운동이 성찰해야 할 지점이라고 생각해요. 그래서 제가 그때 5퍼센트의 조직률을 가진 민주노총이 5퍼센트 지지율의 정당을 만든 거 아니냐, 당만 욕할 게 뭐가 있냐 했어요.(『프레시안』 2012.5.16 인터뷰) 다시 말해 노동운동의 사회적 연대와 진보정당의 대중화 사이의 연관을 보자는 겁니다. 다만 노동운동이 정치를 대신할 수 없다는 점은 분명하죠.

새로운 진보정당 운동은 가능한가

백낙청 요즘 언론보도를 보니까 '국민모임'에 참여하신다고 하던데요. 거기에 참여하시게 된 동기라든가 진행상황에 대해 어떻게 생각하시는지 말씀해주시죠.

김영훈 예, 세월호참사를 겪으면서 심판받아야 할 이유가 없는 야당이 심판받는 까닭이 뭘까를 생각하게 됐는데, 야당을 긴장하게 하는 또다른 야당이 없어서 그렇다는 생각이 들었어요. 좋은 진보정당 또는 좋은 정당, 다시 말해서 제1야당을 강제할 만한 세력이 존재하지 않을 때, 기존 야당은 스스로 혁신을 게을리하고 현실에 안주하면서 우경화된다는 거죠. 진보정당은 여당뿐 아니라 야당에 대해서도 야당이라는 점에서, 언제라도 그들을 대체할 세력들이 있다는 것이야말로 큰 정당을 끊임없이 긴장하게 할 것이라고 생각하게 됐어요. 현재의 제1야당이 최약체로 불릴 만큼 무기력해진 여러 원인 중의 하나는 진보정당이 몰락해서 존재가 없어짐으로써 그들을 더욱 느슨하게 만들었다는 것이죠. 여기에 공천파동 등이 맞물린 것이고요. 결국 뭘 해도 이기는 여당과 아무것도 안해도 제1야당이 되는 이 구조를 바꾸지 않으면 어렵겠다고 생각했어요. 그런 차원에서 새로운 정치 세력을 갈망하고 촉구하는 마음으로 저도 이름을 올렸어요.(웃음) 그런데 그후 저는 철도노조 위원장이 됐기 때문에 그 일에 깊숙이 관여할 수는 없고, 다만 짬짬이 돕는 정도죠.

백낙청 현직 위원장으로서 거리를 두고 계시니까 더 객관적으로 볼 수 있을 텐데, 취지는 좋지만 국민모임이 새로운 좋은 진보정당을 만들어내도록 강제할 힘이 있나요?

김영훈 사회가 국가를 대체할 수 없듯이 운동이 정치를 대체할 수 없으니까 좋은 정당을 만드는 건 상당히 중요하다고 봅니다. 저는 국민모임에 관계하는 여러 선생님들한테 말씀드리길, 민주노총이 민주노동당을 만들고 운영했던 경험으로 볼 때 국민모임이 조직된 대중들의 지지가 있는 것도 아니고 명망가랄지 약간의 여론에 기대는 정도의 허상일 수 있기 때문에 현실정치에서는 결코 쉽지 않을 거라고 합니다. 국민모임이 좋은 정당이 될 수 있을지는 낙관하기 어렵습니다. 일각에서는 아직 때가 아니니 더 힘을 길러야 하는 것 아니냐, 아직 준비정도가 낮고 특히 진보정당을 했던 사람들은 상처가 너무 커서 좀더 신중해야지 이번에 실패하면 더이상 진보정당은 없다, 그런 충고도 많이 합니다. 저도 충분히 일리가 있다고 보는데 그럼에도 제가 참여한 이유는 가만있으면 안된다는 것이 하나이고, 다른 하나는 만약 2017년에 새누리당이 또다시 집권한다면 이후 한국사회는 상당히 어렵지 않겠는가 하는 우려 때문입니다.
　그럼 이 국민모임이 좋은 당도 못 만들면서 정권교체에 뭘 기여할 건가, 또 정권이 교체되면 국민의 눈물이 다 닦일 건가 이런 질문을 할 수 있겠죠. 그런 차원에서 저는 국민모임이 해야 할 역할은 기존 정당들의 의제를 더욱 명확히 하는 것, 그리고 기존 정치세력들에게 뭔가 균열을 줄 수 있는 일들을 실제로 올해 만들어내는 거라 봅니다. 그럼 뭘 가지고 할 건가가 중요한데, 제가 관심을 두는 분야 중의 하나는 제도의 문제, 특히 선거제도 혁신문제에 대응하는 것입니다. 대통령 결선투표제를 비롯해서 이미 선거구 획정문제가 나왔기 때문이지요. 2016년 총선을 치른 뒤에 2017년 대선이 이어지는데 과연 또 한번 낡은 야권연대니 여론조사 방식이니 하면서 대선을 맞아야 할까요? 국민모임이 국민들에게 새로운 정치적 상상력을 주는 역할을 해야 해요. 그게 뭐냐면 2017년 대선을 현재의 제도로 치른다고 상상하지 말자는 겁니다. 그렇다면 2017년에 결선투표제가 있는 대통령선거가 가능할까 하는 문제에 직면하게 되는데, 저는 국민모임이 비정규직 같은 여러가지 문제를 이야기하겠지만, 이 기울어진 운동장을 바로잡을 수 있는 그래서 아주 기형적인 한국의 선거제도의 개혁을 전면에 내걸면서 가는 그런 변화를 만들어야 한다고 봅니다. 그렇게 되면 2017년 대선은 뭔가 새로운 판으로 전개될 수도 있지 않겠는가 하는, 진보의 상상력이라고 할까요, 이런 것을 발동시켜줄 수 있을 거라 생각해요. 제 표현대로 하면, 국민의 눈높이와 맞추되 그 눈높이를 바꿔줄 수 있는 뭔가를 제대로 던진다면 성공할 것이고 그렇지 않다면 어려울 거고요.

운동의 분열적 프레임을 극복하는 변혁적 중도주의

백낙청 그동안 노동조합에서도 정파주의가 문제가 되고 진보정치에서도 마찬가지였는데, 김위원장님도 어디선가 정파주의의 순기능을 살려준다 이런 말씀을 하셨지만, 나는 정파 자체가 나쁘다기보다 우리 사회에 현존하는 정파구도의 프레임 자체에 문제가 있지 않나 하는 생각이에요. 정말 국민의 눈높이에 맞추면서 동시에 그 눈높이를 바꿔주려면, 지금 노동운동이나 진보운동에서 소위 정파 운운하는 게 까놓고 얘기하면 옛날 급진 학생운동의 NL(민족해방)과 PD(민중민주) 대립의 연장 아니에요? 그런데 원래는 좌파운동에서 NL과 PD는 같이 가는 거지요. NLPD라고 했지요. 이게 NL과 PD로 분화한 것은 분단이라는 한반도의 특수한 상황 때문이거든요. 북에서는 자기들이 지금도 NL의 기지일 뿐 아니라 NLPD의 본거지로 자처하고 있는데, 그 주장을 민족해방이라는 명분으로 지지해주면 그게 남한사회에서는 NL이 되는 거고, 웃기지 마라 저게 무슨 PD냐 제대로 PD를 하자면 그 점부터 분명히 해야 한다면서 북을 완전히 부정하고 마치 우리가 분단 안된 사회인 것처럼 NL의 문제의식 자체를 멀리하면 이게 PD가 되는 거죠. 이 PD적 성향이 강단에 많죠, 이론가들이고.(웃음)

그런데 나는 이게 한국의 분단현실에서 기인한 불가피한 분열이기 때문에 NLPD의 프레임 안에서는 치유가 안된다고 봅니다. 프레임을 바꿔야지요. NL이고 PD고 그런 게 어딨냐, 다 진보를 위해서 단결하고 패권주의를 추구하지 않으면(웃음) 잘되지 않겠느냐 하는데 나는 그게 불가능한 얘기라고 보거든요. 이건 역사적인 현실에 근거한 분열이고 분단 안된 나라에서는 찾아보기 힘든 분열이죠. 식민지상태에서 NLPD노선 내부의 분파갈등이 있긴 합니다만 현대 한국의 NL 대 PD 분열은 또다른 차원이거든요. 양쪽 다 분단현실에 대한 원만한 인식이 부족한 반쪽짜리 노선이기 때문에, 결국 어느 쪽이든 주도권을 잡으려고 하면 통합적 리더십보다 공작과 음모를 해서라도 패권을 확립하려 하는 것 같아요.

소위 NL이라는 쪽은 분단현실에 대해 고민하고 자주성 문제를 고민하는 건 좋지만, 분단체제의 엄연한 일부인 북에 대한 고민이 별로 없는 거예요. 민족해방이라는 이름으로 이걸 다 덮어버리는 경향이 있어요. PD는 그야말로 분단 안된 국가의 기준으로 계급운동을 추구하고, 그 기준에 안 맞는다고 국내 NL파나 북의 정권을 완전히 배격하는 게 마치 우익의 반북주의 못지않게 단호할 때가 많아요. 그러니까 이 둘의 단순 결합은 안되고, 뭔가 우리 분단체제의 현실에 맞는 프레임으로 두 정파뿐 아니라 이들 양자가 각기 자기 식의 단순 기준으로 진보가 아니라고 배격하는 사람들도 폭넓게 끌어모을 수 있는 새로운 프레임이 필요하지 않느냐는 겁니다.

그러니까 2017년 새누리당의 재집권에 대한 우려는 당연하고 "가만있으면 안된다"는 절박한 심경도 이해하지만, 잘못된 프레임을 가지고 헛힘을 써도 아무것도 안하는 거나 마찬가지가 될 수 있지 않나 하는 생각이 들어요. 제 글을 보셨으면 아시겠지만 저는 '변혁적 중도주의'가 뭐라고 적극적으로 설명하기보다는 그게 아닌 것 1번 2번 3번 등을 얘기했잖아요?(웃음) 특히 세칭 진보진영과 연관해서는 4번이 말하자면 PD노선이고, 5번이 NL노선이고, 6번은 범인류적인 아젠다를 갖고 있지만 우리 현실과 다분히 떨어진 원리주의적인 방향으로 가는 것, 그런 걸 얘기했는데(본서 58~60면 참조─편집자) 어떻게 생각하시나요?

김영훈 제가 공부가 부족해서…(웃음) 선생님이 말씀하신 것들에 대해서는 저도 공감하는 편이에요. 예컨대 NL노선은 분단을 근본모순으로 보고 통일을 지상과제로 하는 것이고 그 방식은 민족대단결에 기초한다는 것인데 오늘날 NL의 가장 큰 역설은 통일운동하는 사람들이 가장 정파적이 된다는 것입니다. 다시 말해서 통일의 과업 앞에 함께 서는 누구라도 손 잡자고 해야 하는, 무엇보다 대중노선을 우선시해야 할 세력이 오히려 대중들로부터 고립되는 역설이 생긴다는 것이죠.

백낙청 그 고립을 면하기 위해서 대중 앞에서 솔직하지 않은 게 이번에 드러난 통합진보당 당권파 문제지요. 그들이 가장 국민들의 신뢰를 잃은 것 중의 하나가 솔직하지 않았기 때문이잖아요. 자꾸 변명하고 둘러대고 자신들이 민주주의의 수호자라고 외쳐대면서 신뢰가 더 떨어지고…

김영훈 맞습니다. 제가 민주노총 위원장을 하던 시절에도, 5·31합의라고 해서 당시 민주노동당과 진보신당을 통합할 방도를 마련하기 위해서 무진 애를 썼어요. 결국 걸리는 문제는 두가지, 즉 당내 운영에서 패권주의를 어떻게 할 건가하고 북에 대한 입장을 어떻게 취할 것인가였거든요. 패권주의는 어느정도 제도적으로 완화할 수 있는데, 북에 대한 입장 특히 3대 권력승계, 그리고 핵무기와 관련된 부분은 정말 큰 벽이었죠. 그게 마지막 걸림돌이었어요. 저희의 입장은 북의 3대 권력승계는 한국 민중들의 입장에서는 이해할 수 없는 부분이 있지만 그건 북의 주민들이 결정한 문제다, 그리고 북의 핵무기 관련해서는 남북을 떠나서 그 어떤 핵무기에 대해서도 반대한다는 입장을 표할 수도 있다는 것이었는데, 그게 그렇게 안되더라고요. 저는 그걸 보면서 그들이 통일운동을 성역화하고 통일운동하는 다른 모든 사람들까지 이상하게 보이게 만들어버리는 문제를 보았거든요.

백낙청 사실은 통일운동과 통일의 개념도 다양한데, 북의 공식노선인 통일지상주의를 옹호하면서 거기에 맞는 운동만을 통일운동으로 성역화한 것이죠. 사실은 분단체제라는 게 참 유능한 체제라서(웃음) 통일지상주의조차 분단 이데올로기로 활용할 수 있는 체제거든요. 남쪽에서도 '통일은 대박'이란 소리들을 포함해서 이게 다 분단을 고착하는 수작이고, 북에서는 통일지상주의라는 게 결과적으로 북의 인민이 못사는 것은 순전히 미제국주의와 남한의 친미사대주의자들 때문이다, 이렇게 몰아감으로써 체제를 더욱 공고히 하는 거죠. 그래서 6·15 남북공동선언을 보면 제2항에는 남의 연합제 안과 북의 낮은 단계의 연방제 안이 공통점이 있으니까 그쪽으로 하자고 해놨지만, 북에서 보면 낮은 단계의 연방제든 연합제든 별 관심이 없는 것 같아요. 다만 이쪽에서 흡수통일을 얘기할 때 그에 대한 반론으로 연방제를 얘기하지, 이미 김정일 위원장이 '낮은 단계의' 연방제로까지 낮춰놨는데 그 점은 빼놓는단 말이에요. 심지어는 연방제조차 얘기 안하고 자나깨나 '우리민족끼리' 힘을 합쳐서 통일하자는 건데, 그걸 통일운동이라고 생각하는 우리 사회 내 운동가들의 진정성을 의심하는 건 아니지만 결국 통일을 촉진하는 움직임은 못 되잖아요. 아, 얘기 중간에 제가 끼어들었군요.(웃음)

김영훈 마찬가지로 PD계열이라고 하는 분들도 거대한 이 구조문제를 애써 외면하거나 혹은 외면한다기보다는 일부 경향은 북을 스딸린주의와 비슷하게 등치하면서 반조선노동당 노선을 명확히 하고 있기 때문에 좀 다른 결이 있는 거고요. 그보다 좀 유연하다고 할 수 있는 사민주의 복지국가 얘길 하시는 분들은 지금 이 분단상황에서 군축 등이 없이 과연 복지국가가 가능한지에 대해 정확한 해답을 내놓지 못하고 있죠. 이런 점들이 모두 작용해서 문제가 복잡하지요. 누군가 남한에서 새로운 진보정당이나 변혁론에 성공하기 위해서는 세계사적으로 유례없는 복잡다단한 고차방정식을 풀어야 한다고 했지요. 그 말에 저도 동의합니다만, 제가 든 생각은 그러다보면 지레 아무것도 하지 못하는, 아까 선생님 말씀대로 헛힘 쓰는 것까지도 괜찮지만 자충수는 두면 안되잖습니까. 그런데 그런 고차방정식 앞

에 놓였을 때 저희 같은 현장 활동가나 실천가들은 이런 식의 방정식이라면 도저히 풀 수 없기 때문에 손 놓고 있지나 않을까…(웃음)

백낙청 고차방정식의 응용이라는 것은 현장에서 열정과 통찰력과 헌신성을 갖고 하는 분들은 직관적으로 가능하다고 봐요. 요는 현장의 그런 경험을 학자들이 정리해낼 때 거기에 합당한 고차방정식으로 풀어야 되는데, 진보적 학자라는 분들이 현실하고 안 맞는 엉뚱한 공식들을 내놓기 일쑤란 말이에요.(웃음) 개인적인 얘기를 하면 김위원장이 현장활동가로서 발언한 글들을 읽으면 직감적으로 고차방정식을 터득하고 있구나 하는 느낌을 받는데, 더 학구적으로 글을 쓰면서 이 교수, 저 교수 인용하실 때는 우리 학계의 문제점, 나는 그걸 후천

성 분단인식결핍 증후군이라고 부르기도 하는데, 거기에 좀 휘둘리고 있는 것 같은 느낌이 들 때도 있어요.(웃음)

김영훈 제 활동이 그렇게 됐다면 좀 돌아봐야 하겠는데…(웃음)

백낙청 아니, 활동 이야기가 아니고 학구적인 글을 쓰실 때 더러 그렇더라는 거예요. 예컨대 우리 노동운동에서 노동계급의 형성이 지체되고 변형되는 과정을 얘기하시면서 두가지 주된 원인 중의 하나로 분단구조를 드셨는데, 이것만 해도 중요한 통찰이지만 분단구조라는 것을 그냥 하나의 제약조건쯤으로만 봐서는 안된다고 생각합니다. 가령 더 극단적인 예로, 우리가 식민지시대에 살고 있다고 칩시다. 우리가 식민지라는 '제약조건' 때문에 노동운동이 원활하게 발전 안한다는 걸 인정하면서도 민족해방운동과 무관한 노동자계급운동을 따로 해야겠다, 이건 말이 안되잖아요. 노동운동을 처음부터 반식민지운동과 결합된 계급운동으로 설계해야지요. 분단구조의 경우도 마찬가지라고 봅니다. 분단구조 때문에 어려우니까 우리가 더 애쓰고 더 열심히 해서 이 제약조건을 잘 돌파하자는 정도로는 돌파가 안되는 거지요. 범사회적 연대운동의 선도적 역할을 하겠다는 노동운동이 분단한국이라는 현실 속에서는 분단체제를 극복하는 움직임이 되어야 한다는 거지요.

이건 NL식의 통일운동으로 나서는 거하고는 다른 이야기예요. 노동운동의 설계, 사회운동의 설계 자체가 분단체제극복운동의 차원에 다다르면서 각 분야마다 특화가 되고 분단체제 극복에 필수적인 국내의 민주주의, 격차해소 등에 더 힘을 기울여야 되는 거죠. 그런데 NL쪽 노동운동가들은 오히려 노동운동을 통일운동의 수단으로 쓰려고 하고, 반면에 어떤 사람들은 분단을 망각하고 있는 소수 지식인의 이론에 따른 계급운동에 몰두하곤 하지요. 실세 현장운동을 해보면 분단구조가 대단히 큰 제약이라는 걸 알긴 하는데 그 제약을 넘어설 운동의 설계가 안되어 있는 것 같아요.

김영훈 그러면 어떤 답이 있을까요? 선생님 말씀을 제가 이해하자면 분단구조를 읽는다는 것은 국가보안법이나 빨갱이로 공격하니까 그런 것들을 잘 비껴나가는 지혜로운 운동 정도로만 생각해서는 안된다는 것인데요.

백낙청 그걸 어떻게 하면 좋다는 답이 있으면 내가 이러고 있겠어요?(웃음) 그렇긴 한데 가령 아까 얘기한 NL과 PD라는 이 프레임을 전제로는 둘을 아무리 합쳐보려 해도 안된다는 겁니다. 5·31합의를 하면서 느끼셨겠지만 그게 안된다는 것을 알고, 이 프레임을 바꿔서 단결을 하더라도 김위원장님 말대로 '행주대첩식' 단결을 해야죠. 행주치마에다 돌 들고 오는 아낙네는 아낙네대로 하고, 관군도 있고 농민도 있고 다 이렇게 모이는 노동운동이자 통일운동이 돼야 할 텐데, 지금 통일운동이건 노동운동이건 그런 프레임에 따라서 설계하려는 노력이 부족하지 않냐는 것이죠. 그래서 저는 우리가 2017년까지 물론 조직사업도 해야 하고 계몽사업도 해야 하지만 그런 프레임 문제도 더 연마하는 시간을 가져야 한다는 겁니다.

김영훈 이 분단상황에서 철도는 흔히 과거식 표현대로 하면 계급모순과 민족모순을 함께 가지고 있고 또 남북으로 끊어져 있다는 점에서 분단의 상징이기도 하죠. 제가 들어갔을 때 철도노조는 소위 어용노총의 1노조로서 역할을 했기 때문에, 철도노조를 민주화하고 철도노조가 큰 역할을 하면, 소위 통일열차의 기관차가 되면 운동의 가교도 될 수 있겠다는 희망을 가졌습니다. 그래서 닉네임으로 '꿈꾸는 기관차'라는 필명도 쓰고 있습니다.(웃음) 사실 저도 돌이켜보면 선생님 말씀대로 적공과 전환을 이루어낼 그런 담론의 차원에서는 분단체제라는 것을 염두에 두는 진보운동을 하자는 수준 정도에서 머물러 있기 때문에(웃음) 굳이 말하자면 분단체제를 망각하거나 무시하는 정도보단 나을지 몰라도, 그냥 항상 염두에 두자는 정도지 어떻게 노동운동에서 이뤄낼 것인가에 대해서는 생각이 깊지 않습니다.

새로운 노동계급의 형성과 연대의 과제

백낙청 거듭 말씀드리지만 저의 분단체제론이라는 게 노동운동을 어떻게 할 것인가에 대한 답을 갖고 있지는 않습니다. 다만 신자유주의라고 흔히 규정되는 현존 세계체제의 이념이 한국의 현실에서 작동할 때 분단체제라는 매개항이랄까 그런 것을 통해 구체화된다는 사실을 무시하지 말자는 거예요. 또 계급을 얘기할 때도 마치 남한이라는 사회가 완결된 단위인 듯이 남한 노동계급을 이해해서는 효과적인 대응책이 나오기 어렵다는 거고요. 물론 실천운동을 위해서는 일국단위의 전략이 필요하고 따라서 남한의 노동계급을 중심에 두고 고려하지 않으면 공허한 얘기가 돼버리긴 해요. 그러나 세계체제 속에서의 계급이라는 맥락에서 그 하위단위인 분단체제의 근로인민, 그리고 다시 그 일부인 남한사회 노동자들의 계급형성이 어떻게 지체되며 변형되는지를 통찰해야 현실이 바로 보이고 효과적인 민중

연대도 가능해질 것 같아요.

가령 유목민 얘길 하셨잖아요? 그럴 때 주로 얘기하시는 것은 노동자들, 그중에서도 자기들을 노동자로 인식도 못하거나 인식하더라도 비정규직 등으로 노조의 혜택조차 못 보는 그런 사람들을 주로 얘기하지만, 실은 지금 세계체제 속에서 보면 중간층이라는 사람들도 점점 더 유목민화되고 있거든요. 그냥 직업이동이 잦고 국제적으로도 이동이 잦다는 뜻만이 아니고 고용안정성이 점점 더 없어지고 있어요. 돈 많이 번다는 월가의 투자은행이나 증권회사의 일꾼들도 벌 때는 엄청 벌지만 잘리면 그날로 그만입니다. 항상 불안에 떨고, 고단하고… 그러니까 그 사람들도 유목민인데, 난 이렇게 한번 생각해보면 어떨까 싶어요. 그동안 대표적 노동계급으로 인정받아온 공장 노동자 같은 노동자들 외에 점점 그 수가 많아지는 써비스업자, 자영업자들뿐 아니라 결코 소유주가 못 되는 불안정 고소득자들까지 모두가 아직 형성 중인 세계적 노동계급의 일원이라는 식으로요. 세계체제 차원의 계급형성이라는 게 워낙 대규모의 작업이고 커다란 역사적 과정이라서 아직 노동계급이 제대로 형성되지 못한 단계라는 거지요.

일국의 노동계급도 처음에는 계급으로서의 자의식이 없었잖아요. 한국에서는 분단체제 아래서 말씀하신 대로 아직도 그 형성이 지체되어 있고요. 그래서 선도적인 노동운동을 하는 이들이 이제까지 선도계급이라고 말해온 그 사람들만 이끌려고 하지 말고 이런 커다란 세계체제를 봐야 한다는 거지요. 소위 1퍼센트 대 99퍼센트라는 게 그런 얘긴데, 사실은 99퍼센트를 들여다보면 우리가 상식적으로 노동계급이라고 인정할 수 없는 사람들이 너무 많잖아요. 그러나 90퍼센트든 99퍼센트든 그게 형성 중인 노동계급이라는 차원에서 그들의 계급형성 또 연대의식 촉진을 위해 일할 필요가 있고 그렇게 되면 사회연대라는 것이 이른바 통일전선전략 차원을 넘어 목하 진행중인 세계 노동계급 형성을 추동하는 작업이 되지 않겠나 하는 거예요.

김영훈 그렇습니다. 오늘날 노동계급이란 무엇을 의미하는가, 예컨대 우리가 포드주의 시절이라고 할까 신자유주의 이전, 2차대전 이후 자본주의 황금기라고 불리는 시대, 현실사회주의가 존재했던 시대에 규정했던 그런 노동계급을 여전히 상상하고 있다면 그건 시대착오적이라고 보고요. 신자유주의가 공격하는 것은 바로 그 지점이었기 때문에 인식전환이 필요합니다.

제가 어느 글에서 일본국철 노동운동을 잠깐 언급했지만, 민영화라는 것이 비용절감을 위해서인가? 지금 아웃소싱이나 하청 등등이 과연 비용절감만을 노리는 것인가? 선생님이 말씀하셨듯이 세계화는 어제오늘 일이 아니고 따지고 보면 16세기부터인데, 결국 우리가 신자유주의로 명명한 그것이 가장 크게 노리는 것은 '사회란 존재하지 않는다, 개인과 가족만 있을 뿐이다'라는 것이죠. 그들이 공격하고자 한 것이 바로 사회공동체, 그걸 이루는 원리로서의 연대와 그걸 만드는 강력한 기제로서의 노동조합이거든요. 그래서 일하는 사람들이 노동계급이라는 존재를 알아야 하는데 그 존재 자체를 모르게 함으로써 지배체제가 유지되고 있다면, 우리가 전략을 세울 때 그 전제는 스스로 어떻게 존재를 알게끔 할 것이며 무엇으로 손 잡을 것인가일 겁니다.

비정규직이 저렇게 많은데 왜 노동조합을 못 만들까 하는 여러 교수님들의 논문들을 볼 때마다 비정규직 위원장하고 제가 학교에 가서 그분들과 말씀을 나눴으면 좋겠다는 생각을 할 때가 한두번이 아닙니다.(웃음) 노동계급으로 자각을 이루는 게 굉장히 어려운 환경이거든요. 일례로 목포 쪽에 중소 조선소들이 많은 데가 있어요. 민주노총 지역본부가 컨테이너 박스를 차려서 '떼인 돈 받아드립니다'라고 써놓고 체불된 하청노동자들 임금을 소송해서 받아주는 일이 많은데 노동자들은 정작 조합 가입을 안하는 거예요. 왜 안하냐면 의미가 없다는 거예요. 노조를 만들어도 자기 회사 사장이 누군지 모른다는 거죠. 자기는 그 자리서 일하지만 내일 되면 월급봉투에 찍혀나오는 내 회사가 바뀌고 또 바뀌니까 누굴 상대로… 돈 받아주는 것은 고맙지만 말이죠. 분절화·파편화·개인화되어 있는 상황, 계급형성이 지체된 상황인 거죠.

그다음으로 계급이 변형된 문제가 있습니다. 노예 같은 유목민 신분과 공장 안의 그나마 부유한 신분처럼 두개의 신분이 존재하는 거죠. 여기서도 계급형성은 지체되어 있는데, 이 문제를 누가 풀 거냐 하면 아직까지는 어쨌든 조직된 노동자들이 먼저 손 내밀고 그들과 함께해야 한다는 거예요. 그걸 위해서는 대공장에서 지금이라도 예컨대 통상임금 소송에서 우리가 몇 퍼센트를 하청노동자들을 위해서 내놓겠다고 결단하든지, 금속노조가 계속 많이 내거는 구호인데 '원·하청 불공정거래를 중단시켜라' 하는 식의 요구를 하는 거죠. 대공장 제조업은 그런 걸 할 수 있을 거고, 철도나 의료나 여러 공공부문에서는 여러분들이 못 받는 사회적 임금을 보호하는 일을 하는 겁니다.

기업 차원에서 하청노동자는 자신의 기업주하고 아무리 싸워봤자 지불능력이 없다는 걸 알아요. 중소 하청 사장들도 워낙 형편이 열악하기 때문이죠. 그래서 우리가 할 수 있는 일은 공공부문을 튼튼히 해서 사회적 임금을 확보하는 겁니다. 원·하청 불공정거래가 없어지면 임금이 올라갈 수도 있지만 현 상황에서 기업 내의 임금인상은 한계가 있어요. 산재를 당하거나 정리해고됐을 때 공공부문이 사회적 안전망을 제공해줘야 되는 것 아니냐, 그로써 연대할 수 있는 것 아니냐 하는 거죠. 그다음에 상인들과의 관계도 만들어야죠. 상인들은 노동자들이 투쟁하면 손가락질하지만 시간이 지나 노동자들이 해고된 후 자기 옆집에 치킨집을 차리면 바로 경쟁상대가 되는 겁니다. 그런 차원에서 노동조합의 어떤 역할이 있다고 생각합니다.

올해 박근혜정부하고 싸우는 건 피할 수 없을 텐데, 저들은 아마 높은 국민적 지지를 가지고 공공 분야를 공략할 거고 현실이 그렇습니다. 올해 싸움에서 공공부문 노조 지도자들이 이러한 담론들을 내고 국민들을 설득해나간다면 지고만 있지는 않을 것이라고 생각합니다.(웃음)

백낙청 그러니까 노동운동도 담론투쟁에서 이겨야 됩니다. 담론투쟁에서 밀리면서 그냥 강력한 단결로 저들을 격파하자면 안되는 거죠.(웃음) 그런데 사실은 비정규직 문제도 꼭 비용절감의 문제는 아닌 것 같아요.

김영훈 예, 저도 그렇게 생각합니다.

정규직과 비정규직의 분열전략에 대하여

백낙청 물론 개별 사업주 입장에서는 비정규직을 고용해서 비용절감하려 하겠지만 더 큰 안목으로, 전체 자본의 입장에서 보면 이것이야말로 노동자들을 분열시키는 제일 좋은 수단이거든요. 정규직 또는 공공부문의 좋은 자리에 있는 사람들이 월급 많이 받는다고 하지만 빌딩이나 대량의 주식을 갖고 있는 사람들, 재벌 자식들이 기업상장하면서 한꺼번에 몇십조씩 버는 그런 경우는 아니더라도 부동산을 많이 가진 사람들이 가만히 앉아서 버는 돈에 비하면 별것도 아니죠. 그러나 비정규직은 그보다도 훨씬 더 열악하단 말이에요. 그러니까 밤낮 정규직과 비정규직 싸움을 붙여놓고, 또 그 과정에서 국민들이 노조에 대해 귀족노조, 사익추구집단으로 인식하게 만들지요. 또 노조 스스로 그런 혐의를 사기도 해요. 지금은 어떤지 모르지만, 전에 보면 노조에서 비정규직 문제에 대해 내놓는 구호가 '비정규직 완전철폐'란 말이에요. 이건 안되는 줄 뻔히 알면서 말로만 때우고 넘어가려 한다는 인상을 주기 십상이죠.

김영훈 운동진영에서 비정규직 철폐라는 구호에 대해서는 '철폐도 안되는 걸 왜 내걸었냐'는 비판도 있지요. 그걸 이론적으로 규명하면 다른 측면에서 앞뒤가 안 맞는 게 있습니다. 사실 대기업 비정규직이 중소영세기업 정규직보다 대우가 좋다는 거잖아요. 현대자동차에 다니는 사내 하청노동자들의 임금이 현대의 다른 3차 하청기업의 정규직보다 높다는 겁니다. 머슴 살아도 부잣집에 사는 게 낫다는 말처럼 이런 경우에는 정규직이냐 비정규직이냐 문제가 아닌 거죠. 그래서 굳이 표현하자면 불완전 저임금 고용의 철폐라 해야겠죠. 이런 것들을 이야기해야 되는데 비정규직 문제가 워낙 크다보니까 더 강력하게 우리 의사를 밝혀야 된다는 차원에서 그런 구호를 내세웠던 겁니다.

저는 요즘 어떤 생각을 하냐면, 선생님께서 파시즘은 아무나 하는 게 아니라고 이야기하셨던데(웃음) 저는 이명박정부나 박근혜정부도 일종의 유사 파시즘이라고 봐요. 왜 그렇게 생각하느냐면 히틀러가 전쟁 전에 제일 많이 했던 이야기가 평화였잖아요. 영국하고는 평화정책이라고 했고 소련하고도 불가침조약 맺고… 박대통령이 제일 많이 쓴 단어가 경제활성화예요. 거짓말도 자주 하면 속는다, 하려면 큰 거짓말을 하라는 식이죠. 히틀러 파시즘의 제일 큰 거짓말이 유대인 때문에 못 산다, 유대인을 잡아야 불황을 넘을 수 있다는 거였거든요. 이처럼 지금 우리 사회의 정규직들이 아마 그 시대의 유대인처럼 내부의 적으로 되어 있는 게 아닌가 합니다. 그렇게 볼 때 비정규직 문제는 비용절감 목적도 있지만 그보다 더 큰 것은 이등국민 전략이고 계급 내에서도 신분과 신분을 다시 나누는 전략이라고 보는 거죠.

이 거대한 전지구화 전략 속에 노동운동진영이 전략적으로 대응하지 못했다고 보고, 그렇다면 그에 맞서는 사회연대 전략을 제대로 구현해야 되는데 그러지 못했죠. 신자유주의 공세라는 게 모든 것은 개인 책임이고 열심히 안한 탓이라는 이데올로기이고 사회적 연대 자체를 부정하는 것이죠. 그건 돌이켜볼 때 군부독재 시절 3자개입 금지와 같은 겁니다. 최저임금도 마찬가지지만 중소영세업체의 임금이 전체 경제에서 차지하는 비율은 그렇게 크지 않고 이미 노동 외에 다른 자본소득으로 형성되는 게 더 큰데 비용절감·효율화라는 명분을 내걸지만 사실은 파편화·분절화에 그 목적이 있는 거고 한줌 남은 정규직은 내부의 적으로 고립하면서 저놈들 때문이다 하는 소동을 벌이고 있는 거죠.

백낙청 내가 "파시즘은 아무나 하나"라고 했는데(웃음) 그러면서 덧붙인 말이 있어요. 지금 이 사람들은 파시즘을 할 '실력'이 없다는 게 나날이 증명되고 있지만, 민주세력이 저들을 끝내 제압하지 못할 경우 국민들이 진짜 실력있는 파시스트를 원하게 될지 모른다는 거예요. 그런데 역시 한국에서 유대인에 해당하는 것은 이른바 종북세력으로 몰리는 사람들이라고 봐야죠.

김영훈 그렇죠. 종북하고 일치시키는 거죠. 대공장 노조도…

백낙청 그렇지만 대공장 노동자를 사익추구집단이라고 몰아붙일 때는 그건 '빨갱이'하고 다르다는 얘기가 되니까 아직 유대인까지는 안 갔지 싶어요. 다만 진짜 파시스트, 유능한 파시스트가 등장하면 대공장 노동자가 아니라 노동자들 전부가 빨갱이가 되고 유대인이 될 위험은 있다고 봅니다. 시간이 많이 흘러서 마무리를 할까 하는데 마지막으로 독자들께 하고 싶은 말씀이 있으면 해주시죠.

김영훈 아까도 그런 얘기가 나왔지만 한국의 노동운동이 계급형성을 오히려 지체시키거나 또는 변형시켜왔다고 한다면, 그것은 노동운동이 전략적 침로를 잘못 설정했다는 것을 의미할 것이고, 그 전략적 침로라는 것은 사회연대적 노동조합주의 또는 진보운동의 만형으로서의 역할을 못했다는 것을 의미한다고 생각하거든요. 그렇다면 노동운동이 새롭게 거듭나야 한다는 것은 응당 현 시기에 요구되는 노동운동의 전략을 새롭게 수립하고 그 담론을 국민의 눈높이에 맞는 언술로써 표현하고, 종당에는 국민의 눈높이가 좀더 진보적 상상력, 좀더 좋은 상상력으로 변할 수 있도록 하는 우리의 이야기들을 만들고 실천해야 된다는 점을 오늘 대담을 통해서 거듭 느꼈습니다. 그런

차원에서 현장에서 열심히 하는 것도 중요하지만 제대로 열심히 해야지 그냥 열심히만 한다고 해서…(웃음)

백낙청 포석도 잘하시고 전투도 잘하시고 행마(行馬)도 잘하시고 그래야…(웃음)

김영훈 예, 그래야 될 것 같고 올해는 특히 공공부문 노정대결이 예상되는데 종전과는 다른, 그래서 국민들이 볼 때 우리 노동운동이 뭔가 좀 달라지려나 하는 희망을 줄 수 있는 계기를, 이거 너무 큰 약속을 드리는 것 같긴 한데,(웃음) 그런 계기를 만들어야겠다는 생각을 하게 됐습니다.

백낙청 개인적으로 김영훈 위원장처럼 열린 생각을 하는 노동운동가들의 역할이 대단히 중요하다는 생각입니다. 오늘 감사합니다.

환경운동과 민주주의, 그리고 분단체제

안병옥-백낙청 대담

안병옥 安秉玉

기후변화행동연구소 소장, 시민환경연구소 소장. 환경운동연합 사무총장 역임. 주요 저서로 『어느 지구주의자의 시선』 『우리는 지구를 지키는 사람입니다』(공저) 『기후의 문화사』(공역) 등이 있음.

백낙청 오늘은 환경문제에 관해 안병옥 기후변화행동연구소 소장님 이야기를 듣고자 합니다. 안소장님은 환경운동연합 사무총장을 지냈고 최근에 환경련의 시민환경연구소 소장을 겸임하게 되었는데, 이렇게 환경운동 일선에서 활약하면서 동시에 연구도 계속 해오신 분이라 좋은 말씀 많이 해주실 걸로 기대합니다. 원전문제가 최근에 많이 부각됐으니까 그 얘기로 시작해보죠. 우여곡절 끝에 월성1호기가 일단 원자력안전위원회에서 재가동 결정이 났는데 법적인 문제제기도 있고 아직 완전히 결말이 났다고 보기는 어렵습니다만, 그 결정의 경위랄까 문제의 성격, 앞으로의 전망 같은 얘기부터 시작해보죠.

후꾸시마와 세월호 이후의 한국 원전

안병옥 예. 일본 후꾸시마(福島) 사고 이후에 우리나라에서는 원전문제에 대해서 중요한 결정이 한번도 없었습니다. 월성1호기 수명연장 문제는 일본 원전사고 이후 우리 사회가 원자력 문제를 다루는 데 변화가 있었는지에 대한 첫번째 가늠자였기 때문에 그만큼 많은 주목을 받았죠. 다른 한편으로는 원자력에 비판적 시각을 갖고 있는 분들이 원자력안전위원회 위원으로 참여한 상태에서 처음으로 중요한 결정을 하는 회의였다는 의미도 있었습니다. 월성1호기 문제를 떠나 원자력 문제를 둘러싸고 우리 사회에서 두가지 상반된 가치관이 충돌하면서 긴장감이 조성돼왔는데, 이번에 원자력안전위원회의 의사결정 과정은 그것의 집약판이 아니었나 생각합니다.

경위는 이렇습니다. 월성1호기는 캐나다에서 만든 캔두(CANDU)형 중수로입니다. 원자로에는 여러 노형(爐型)이 있는데, 캔두형 중수로는 우리나라에 많은 경수로에 비해 안전성에서나 핵폐기물 발생량에서나 문제가 많은 것으로 드러났기 때문에 최근에는 캐나다 외에는 건설하는 사례가 거의 없습니다.

백낙청 제가 무식하기도 하지만(웃음) 잘 모르시는 독자분들이 있을 테니까, 중수하고 경수하고는 어떻게 구별이 되는 겁니까?

안병옥 경수(輕水)는 우리가 흔히 볼 수 있는 물(H_2O)이고, 중수(重水)는 중수소나 중산소, 즉 중성자가 더 많은 동위원소로 이루어진 물(D_2O)입니다. 중수는 원자로에서 새어나오는 중성자를 흡수하는 성질이 있죠. 중수로는 중수를 가지고 식히는 건데 구조상 고장이 자주 발생하고 고장 시 피해가 경수로에 비해 더 클 수 있습니다. 또한 같은 양의 전력을 만들어내는 데 중수로는 핵폐기물을 더 많이 배출해요. 그래서 이런저런 점들을 고려해서 지금 중수로를 짓겠다는 국가는 거의 없는 실정이죠.

월성1호기는 설계수명이 30년입니다. 2012년 11월 21일 설계수명이 만료되었는데, 만료되면 가동을 중단하게 돼 있습니다. 그러니까 가동이 중단된 상태로 2년 남짓 유지해왔던 것이고 그 과정에서 한국수력원자력이라는 사업자가 수명연장을 신청한 거죠. 수명연장을 신청하면 원자력안전위원회가 심의해서 연장 여부를 결정하게 돼 있는데, 우여곡절이 있었지만 결국은 연장하는 쪽으로 결정이 난 것입니다.

백낙청 그런데 그 설계수명이라는 게 원래 설정할 때는 뭘 기준으로 하는 겁니까? 설계수명이라는 게 절대적으로 그 연한을 넘기면 안된다는 의미는 아니겠지만, 그 기한쯤 되면 여러 위험요소가 발생한다, 그래서 철저한 점검 끝에 다시 결정해야 한다 그런 거겠죠. 그렇다면 설계수명을 처음에 설정할 때 예상되는 위험들, 이런 게 일단 가동 중지되면 전부 점검되는 건가요?

안병옥 박근혜 대통령은 지난 대선에서 노후 원전은 유럽에서 해왔던 '스트레스 테스트'로 안전성을 확인한 후 재가동 여부를 결정하겠다고 약속했습니다. 그에 따라 월성1호기도 스트레스 테스트를 치렀고 한국원자력안전기술원에서 그 결과를 발표했는데, 수명연장을 해도 문제가 없다는 결론이었습니다. 한국수력원자력은 이미 2009년부터 5600억원을 들여 노후 부품들을 교체한 상태였거든요. 하지만 민간검증단은 안전성에 문제가 발생할 수 있다고 32개의 개선사항 이행 후 수명연장 여부를 검토해야 한다는 입장이었습니다. 물론 민간검증단의 의견은 받아들여지지 않았죠. 그밖에도 방사선환경영향평가에서 원자력안전법이 규정하고 있는 지역주민 의견수렴 절차를 거치지 않고, '원자로 격납건물 안전기준'(R7)을 적용하지 않은 문제도 드러났습니다.

백낙청 이게 후꾸시마 사고 이후에 우리 원전정책이 바뀐 게 있나를 시험하는 사례라 하셨는데, 사실은 후꾸시마 사고 후 얼마 안돼서부터 이명박 대통령이 우린 안 바꿀 거라는 걸 아주 분명히 말했죠. 오히려 차제에 우리가 수출을 더 하자 이렇게 나왔고…(웃음) 박근혜 대통령도 기본적으로 이명박정부의 정책을 계승했는데 그러나 선거를 치르기 위해서 아까 말씀하신 그런 공약을 했죠. 이분은 선거 끝나면 선거공약 잊어버리는 걸로 이미 소문이 난 분이니까…(웃음) 오히려 세월호참사가 우리 사회의 안전에 대한 인식을 바꿔놓았는데 그러고도 이런 결정이 나왔다는 게 주목할 일이지요.

안병옥 세월호 이전에 또 어떤 일이 있었느냐면 원전 핵심부품의 납품비리가 발생했어요. 부품 시험평가서가 위조되고 불량부품들이 원전에 납품되었다는 것인데, 이건 원전 가동 역사에서 전무후무한 일이었죠. 소위 원전마피아라는 집단 내에서 비리가 일상화되어 있고 그것을 밝혀낼 수 있는 씨스템을 우리가 갖고 있지 못하다는 것에 국민들이 경악했습니다. 사실 세월호참사는 선령 연장이 원인 중 하나였다는 점에서 원전 수명연장 문제와 겹쳐지는 부분이 있습니다. 월성1호기 수명연장 문제는 원전 찬반세력의 첫번째 대회전이기 때문에 정부가 스스로 물러설 가능성은 없습니다. 특히 최종 의사결정자인 대통령은 물론이고 원자력 정책을 담당하는 사람들의 생각이 후꾸시마 이후든 세월호 이후든 전혀 바뀐 게 없기 때문입니다.

백낙청 이번에 비판정신을 가진 위원들이 비록 중과부적이었지만 끝까지 헌신하며 투쟁하는 모습은 앞으로의 운동에 상당히 좋은 영향을 주지 않을까 생각했고요. 중단기적으로 볼 때 당장 월성1호기의 싸움도 아직 남아 있고 또 주민들 중에도 반대하는 분들이 활동하고 계시고, 그다음 큰 이슈가 고리1호기죠? 그 경우는 새누리당 부산시장도 반대한다고 했고 김무성 대표도 반대할 것같이 애길 하고 그랬으니까 좀 다른 싸움이 될 가능성이 있겠어요. 그런데 길게 보면 우리가 고리1호기의 재가동을 멈추는 데 성공한다 하더라도 그거 하나 가지고 풀릴 문제는 아니잖습니까? 이것저것 싸움이 많은데, 우리가 중장기적으로 어떻게 해야 한다고 보시나요?

안병옥 우리 사회는 원자력 문제에 대해서 종합적인 인식을 아직 갖추고 있지 못해요. 여러 이유가 있지만 우리가 우라늄 채굴에서 핵폐기물 처분에 이르는 핵연료주기의 전 과정에 대해 그 실체를 경험해본 적이 없거든. 월성1호기가 됐건 고리1호기가 됐건 가동을 멈추면 안전하게 해체하고 관리해야 하는 절차가 남아 있습니다. 그렇기 때문에 원전에서 전기를 만들어 쓸 때는 좋았지만 쓰고 난 후에 감당해야 될 짐이 어느 정도인지 우리 사회가 스스로 경험하는 것이 굉장히 중요합니다.

월성1호기는 현 정부의 결정을 뒤엎기는 현실적으로 어렵지 않은가 싶습니다. 고리1호기의 경우는, 부산 시민들의 여론이 워낙 부정적이기 때문에 정부나 새누리당에서도 밀어붙이기 쉽지 않은 측면이 있습니다. 원전 1기 정도를 중단시킨다면, 예를 들어 고리1호를 수명연장 하지 않고 영구적으로 가동 중단하면 재생에너지 이용을 확대할 여지가 굉장히 넓어질 것으로 보는 시각이 많습니다. 저 또한 그게 반드시 필요하다고 생각하고요. 또 하나는 지금 23기의 원전이 가동 중인데, 일거에 그것들을 멈추게 하는 것은 현실적으로 가능하지 않고 그런 주장을 하는 사람도 없을 겁니다. 결국은 사회적 여건에 따라 원전 수를 어떻게 줄여나갈 것인가가 관건이죠.

예를 들어 녹색당은 지난 총선에서 2030년 탈핵을 내걸었습니다. 2030년은 목표로 세울 순 있지만 쉽지 않은 과제인데, 제가 보기엔 언제 탈핵할 것인가보다는 여건이 되는 한 원전을 줄여나가자는 사회적 합의를 어떻게 만들어내느냐가 중요합니다. 원전을 계속 건설하게 만드는 사회구조가 문제인데 우리는 전기를 계속 쓰게 만드는 사회에 살고 있거든요. 그래서 전력소비를 어떻게 적정선에 묶어놓느냐 아니면 기술을 이용해 줄일 수 있느냐가 첫번째 관건이고, 두번째는 어차피 전기를 안 쓰고 살 수 없기 때문에 어떻게 안전하면서도 깨끗한 전기를 쓸 것이냐인데 정답은 이미 나와 있습니다. 재생에너지가 바로 그것이죠. 결국 에너지 소비를 줄여나가면서 필요한 전력은 재생에너지로 공급하는 것에 기대를 걸 수밖에 없습니다.

백낙청 원전은 싸고 재생에너지는 비싸다는 말들을 하는데 그게 재생에너지 산업을 국가가 독일처럼 대대적으로 지원해서 발전을 안 시킨 면도 있고, 또 원전 비용 계산이 잘못된 것 아닙니까? 가령 수명을 일단 다했다고 판단했을 때 다음에 할 일들이 있잖아요. 그게 너무 비싸니까 자꾸 다시 가동해서 돈을 벌어들이자는 것 아닌가요?

안병옥 그렇습니다. 2013년에 국책연구기관으로서는 처음으로 환경정책평가연구원이 숨은 비용까지 치면 원전 비용이 석탄이나 재생에너지보다 더 비쌀 수 있다는 연구결과를 발표했습니다. 정부와 한수원은 원전의 폐로 비용을 6천억원 정도로 추산하는데 외국에서는 1기당 최대 2조원 정도 들 것으로 보고 있습니다. 그런데 이런 폐로 비용을 반영하더라도 원전이 다른 에너지원보다 더 비싸지거나 하진 않습니다. 문제는 사고피해 비용입니다. 원전에서 사고가 발생했을 때 피해복구 비용까지를 고려하면 원전이 다른 에너지원보다 경제적이지 않을 수 있다는 것이죠. 피해복구 비용은 체르노빌 사고가 265조원, 후꾸시마 사고는 최소 81조원 정도로 추산되고 있습니다. 이 정도 규모의 사고가 발생할 확률을 적용해서 원전의 경제성을 분석하면 다른 에너지원보다 발전단가가 더 비쌀 수 있다는 얘기입니다.

너무 느리고 너무 거대한 기후변화에 대처하기

백낙청 원전문제만 하더라도 사고가 터지기 전까지는 국민들이 실감을 못하기 때문에 참 대처하기 어려운데, 그런 의미에서 더 어려운 게 지금 안소장님이 직접 활동하고 계시는 기후변화 문제 아니겠어요. 이거야말로 안소장님이 발표하신 글에서 나온 표현대로 너무 느리게 진행되기 때문에 감지하기 힘든 위험인데, 이런 문제의 특수성을 감안해서 우리가 어떻게 대처해야 하는지, 지금 기후변화행동연구소에서는 어떤 일을 하고 계시는지 말씀해주시죠.

안병옥 기후변화는 국민들의 생명·건강·재산을 지키는 의미에서 반드시 준비해야 하는 일입니다. 그런데 박근혜정부 들어와서 기후변화에 대한 언급 자체가 거의 없어졌어요. 이 문제에 관해서는 기후변화를 몇차례 언급하기라도 한 이명박 대통령에게 감사하다는 생각이 들 정도예요.(웃음) 산업주의 담론에 치우친 녹색성장이라는 것을 내걸고 원전 확대를 추진하고 4대강사업도 벌였으니 시민사회의 호응을 받진 못했지만 말이죠. 현 정부는 이명박정부와 비교하면 아예 문제의식 자체가 실종된 상황이라고 볼 수 있습니다.

기후변화행동연구소는 정책·소통·대안을 내걸고 기후변화와 에너지 분야에서 대안 연구와 운동을 병행하고 있습니다. 지금까지 활동 가운데 가장 기억나는 것은 〈폭염이 서울시 쪽방촌 독거노인에게 미치는 건강영향 조사〉와 〈2030 에너지 대안시나리오〉입니다. 특히 후자는 저희 연구소의 제안으로 시민사회, 학계, 종교계, 법조계, 국회 인사들이 '에너지 대안포럼'을 결성해 연구한 결과를 발표한 겁니다. 요즘은 기후변화법 제정에 힘을 쏟고 있지요. 법 제정을 촉구하는 서명운동도 벌이고 법안도 시민사회가 마련해 국회에 제안한다는 점에서 '국민이 발의하는 기후변화법'을 전면에 내세우고 있습니다. 2015년 3월 현재 약 4만 6000명가량의 서명을 받았어요. 저희가 제안한 법안은 의원 62명의 발의로 국회 정무위원회에서 심의하고 있습니다.

백낙청 이명박정부 시절에 어느 활동가한테서 들은 얘기 중에, 대통령이 녹색성장 운운하는 게 뻥이 대부분이지만, 그래도 대통령이 저러고 다니니 공무원들 만나서 녹색 의제를 제시하면 무조건 논의는 된다는 거였어요.(웃음)

안병옥 예, 2008년 8·15 경축사에 나왔던 이명박 대통령의 녹색성장론은 환경운동가들에게는 상당한 충격이었죠. 그때 제가 환경운동연합 사무총장이었기 때문에 잘 기억하는데요. 논평을 급히 써야겠는데 어떤 방향으로 써야겠냐고 동료들이 묻기에 일단 환영한다는 기조로 써야 한다, 국정의 최고지도자가 녹색이라는 말을 입에 담고 그것을 국가 비전으로 제시하는 것 자체가 굉장히 중요한 의미를 갖기 때문에 긍정적으로 쓰자고 했어요. 다만 당시엔 대운하 문제가 있었죠. 그래서 대운하사업과 녹색성장이 어떤 연관이 있는지, 또 원전과 녹색성장이 무슨 관계가 있다는 것인지를 대통령이 분명하게 밝히라는 취지로 쓰라 했던 기억이 나네요. 그린워시(greenwash, 친환경적인 이미지를 내세워 이미지 세탁을 하는 행위—편집자)가 됐건 약간의 사기가 됐건 국정의 비전으로 녹색을 내세웠다는 건 저희로서는 상당히 충격적이었습니다.(웃음)

백낙청 기후변화 대응이 어려운 게 너무 느리게 진행되는 위험이라는 면도 있지만, 또 하나는 너무 거대한 변화라서 개인이 할 수 있는 게 도대체 뭔가 하는 무력감을 주는 것 같아요. 어떤 이들은 그럴수록 사람마다 각자가 일상생활에서 에너지 절약을 하자고 말하는데, 물론 당연히 그래야 한다고 봅니다만 그러다보면 큰 그림은 놓치고 자기가 하는 자그마한 일에 자족하면서 위안을 받을 수도 있지요. 다른 한편으로는 내가 이렇게 십년 이십년 해봤자 한 기업의 결정이나 국가정책이 어떻게 되느냐에 따라 한방에 달라지는데 이걸 해서 뭣하나 하는 무력감도 있거든요. 그래서 이번에 제출한 법안이 통과되면 어떻게 달라지는지, 또 크게 봐서 운동이 이렇게 작은 일은 작은 일대로 촉구하면서도 그런 무력감을 방지하는 어떤 중장기계획하고 연결되는지가 중요할 것 같아요.

안병옥 어려운 문제입니다. 다른 이슈와 달리 기후변화는 환경문제만으로 보기 어려운 구석이 있습니다. 국제사회의 기후변화협상이 잘 풀리지 않는 이유는 선진국과 개발도상국의 입장이 좀처럼 좁혀지지 않기 때문이죠. 기후변화협상은 제국주의 시대의 축소판이라는 시각이 있을 정도니까요. 온실가스 배출을 일정 수준에서 제한한다는 것은 개도국 입장에서는 앞으로 발전할 수 있는 기회를 인위적으로 막으려는 시도로 해석될 수 있습니다. 선진국 입장에서도 중국 등 개도국의 제품들이 자국 제품들과 경쟁하는 상황에서 자국의 산업계나 국민들에게 더 강력한 기후변화 대응정책을 펴야 한다고 설득해야 하니 정치적인 부담이 만만치 않죠. 기후변화는 인류 생존의 문제이지만 그 해법을 찾아나가는 과정에서는 각 국가별로 이해관계가 첨예하게 충돌할 수밖에 없는 이유가 바로 여기에 있습니다.

우리에게도 기후변화 문제는 산업구조 문제와 직결되어 있죠. 철강, 석유화학, 시멘트 산업은 온실가스를 많이 배출할 수밖에 없는데, 우리나라는 에너지다소비업종이라 불리는 이들 산업의 비중이 매우 높습니다. 기후변화를 이유로 이들 산업의 비중을 인위적으로 줄여나간다는 건 쉽지 않은 문제죠. 하지만 중국이 이들 산업을 잠식해오는 현실에서 한국의 산업구조가 언제까지 철강 중심, 석유화학 중심으로 갈 것이냐도 냉정하게 따져볼 필요가 있습니다. 기후변화 문제를 풀어나가는 데서 산업구조 문제를 좀더 연구하고 대안을 내놔야 하는 것 아닌가 생각합니다.

우리나라는 온실가스 배출량이 세계 7위인데 국가 전체 배출량의 60퍼센트 이상을 산업계가 내뿜고 있습니다. 배출량 증가 속도도 산업부문이 가장 빠릅니다. 책임을 따지자면 산업계의 책임이 제일 크죠. 그리고 지금 인천 영흥도에 석탄화력발전소 2기를 더 지으려는 시도가 있는데 그게 들어서면 그간 국민들이 생활 속에서 온실가스 배출을 줄이기 위해 해왔던 노력이 무위로 돌아가게 됩니다.

이런 점 때문에 '내가 노력해봤자'라는 무력감이 있는 것도 사실이죠. 하지만 산업계의 책임을 이유로 우리가 할 수 있는 일을 하지 않는 것은 옳지 않습니다. 기업의 책임을 추궁하는 일은 그것대로 해야겠지만, 개인의 실천을 전제로 해야 더 강력한 설득력을 가질 수 있어요. 온실가스 감축부담을 회피하려는 자본의 논리에 대항하면서 동시에 에너지와 자원을 아껴 이웃과 함께 나눠 쓰는 생활양식을 뿌리내리는 것, 이 두가지가 우리 앞에 놓여 있는 과제입니다. 여기에 더해 기술혁신과 민주주의에 기초한 도시와 농촌의 에너지 전환, 다시 말해서 에너지효율 혁명과 재생에너지 혁명을 지역 단위로 추진해나간다면 기후변화 위기에서 벗어날 탈출구가 열리지 않을까 생각합니다.

한국 환경운동, 어디까지 와 있나

백낙청 환경운동 전반으로 이야기를 옮겨가서 특히 한국의 환경운동을 진단하고 평가하는 이야기를 해봤으면 하는데요. 2012년 환경운동 30주년 기념 심포지엄에서 안소장님이 「환경운동 앞으로의 과제」라는 발표를 하셨지요. 그때 환경운동이 여러 성과도 있었지만 결국 운동의 평가라는 것은 목표의 달성 여부에 달린 건데 그 기준으로 보면 전반적으로 더 악화됐다는 진단을 내놓았어요. 환경운동을 쭉 해오신 분으로서 그 주된 원인을 뭐라고 보시나요?

그 발표에서는 여러 문제를 언급하셨어요. 우선 용어문제도 환경이라는 말이 과연 적절하냐고 했고, 환경운동의 범주, 아까 기후변화 대응이 환경운동만이 아니라고 하셨는데 환경운동 자체가 환경운동만으로는 성립하지 않는다는 이야기도 하셨고요. 그런 몇가지 중에서 우선 용어문제는 우리가 흔히 쓰는 '환경'이란 말이 있고 '녹색'이나 '생태'란 말이 있고 또 안소장님이 어디선가 '지구주의'란 표현을 쓰셨죠. 현재는 어떤 표현을 선호하십니까?

안병옥 지표로 보나 체감도로 보나 우리나라의 환경현실은 20~30년 전에 비해 별로 나아지지 않았습니다. 일부 개선된 부분이 없진 않지만 전반적으로는 오히려 악화되었다고 평가하는 것이 객관적일 겁니다. 강과 들, 갯벌생태계 등 자연은 그 원형을 알아보기 힘들 정도로 파괴되었고 미세먼지, 원전, 기후변화 등 삶을 위협하는 실존의 위기도 더 심화되고 있습니다. 그 원인을 찾는 것은 쉽지 않아요. 신자유주의라는 이름으로 관철되는 자본의 지배력 강화가 원인일 수도 있고, 환경운동의 전략에 문제가 있었기 때문일 수도 있지요. 실제로는 둘 다일 텐데, 환경운동 30주년 기념 심포지엄에서 발표했던 원고는 후자의 가능성에 주목해 문제제기 수준에서 썼던 겁니다.

환경이라는 용어는 워낙 오랫동안 써왔기 때문이겠지만 낡았다는 느낌을 주는 것이 사실이에요. 환경운동연합은 국제환경단체인 '지구의 벗'의 한국 지부인데요, 언젠가 대학생 80여명과의 얘기모임에서 '지구의 벗'이라는 이름과 '환경운동연합' 둘 중에 어떤 이름이 더 좋습니까 하고 물으니 충격적이게도 80대 0이었습니다.(웃음) 한 사람의 예외도 없이 '지구의 벗'이 더 좋다는 겁니다. '운동'이라는 말도 지금 세대에게 참신한 느낌을 주는 용어가 아니죠. 더구나 '연

합' 그러면 뭐 '어버이연합'도 있고 그러니까…(웃음)

저는 생태라는 말이 좋고 익숙합니다. 제가 생태학을 공부했기 때문이기도 할 텐데요. 그런데 생태라는 말과 생태주의는 다가오는 게 좀 다릅니다. 왜냐하면 담론으로서의 생태주의는 과학기술에 대한 비판의식이 매우 강하고 산업화 자체에 대한 근본적인 문제제기를 바탕에 깔고 있습니다. 귀 기울여 들어야 할 점이 많은 담론이죠. 다만 저는 지금까지 인류가 이룩한 것에 부정적인 측면이 많다고 해도 여기서 출발하지 않는다면 무엇이 가능할까, 도저히 혜안이 생기질 않아 생태주의라는 표현을 쓰는 것에 부담을 갖고 있습니다.(웃음)

제가 얼마 전 책을 내면서 붙인 제목은 '어느 지구주의자의 시선'이었습니다. 인간은 지구의 일부이며 지배자가 아니라는 사실을 받아들이는 것은 특별한 사람들뿐 아니라 누구나 가능하다는 점을 강조하고 싶었어요. 하지만 제가 용어문제에 집착하는 것은 아닙니다. 환경이건, 생태건, 녹색이건, 지구건 중요한 것은 단어 그 자체라기보다는 그것에 담긴 사람들의 생각과 가치관이겠죠.

백낙청 녹색이란 말은 대체로 사람들이 호감을 가지는 말이긴 해요. 그런데 그것도 그냥 녹색이라고 할 때와 녹색주의나 녹색전환이라고 할 때에는 좀 어감이 달라지는데, 환경이라고 하면 그 개념 자체에 문제가 있을 것 같아요. 지금 하시는 게 시민환경연구소라고 하셨는데, 시민환경은 엄밀히 따지면 온갖 것이 다 시민들이 사는 환경 아니겠어요?(웃음) 두 사람이 있으면 나는 너의 환경이고 너는 나의 환경이고 그런 것 아닙니까.

환경이라는 용어에 대해서는 안소장께서 문제제기를 하신 것처럼, 운동하시는 분들이 한번 진지하게 검토할 때가 되지 않았나 싶고요.

그다음에 운동의 범주 문제는 환경운동뿐 아니라 모든 운동에 다 해당돼요. 운동을 하다보면 전부 여기저기 걸려서 고립분산적인 운동이라는 것은 불가능한데, 그렇다고 다 뒤섞인 상태에서 할 수도 없잖아요. 각자 전문 분야를 추구해야 하는 건데… 2012년 안소장님 발표문에서는 환경운동이 은연중에 다른 사회운동의 울타리 바깥에 있는 운동이라는 느낌을 준다고 말씀하셨어요. 가령 건강한 먹을거리를 매개로 생산자와 소비자를 연결하는 생활협동조합운동, 기업의 사회적 책임을 요구하는 노동운동, 유기농을 실천하는 농민운동, 인간과 자연에 대한 폭력에 반대하는 반전평화운동, 마을공동체를 복원하는 운동 등을 열거하셨는데, 구체적으로는 이 관계를 어떻게 살려나가야 할까요?

안병옥 저도 뾰족한 방법은 없습니다.(웃음) 지금의 질서를 어떤 방식으로든 전환해야 한다는 문제의식을 가진 정도지요. 규모가 큰 운동단체 중심의 환경운동이 의미를 지니는 시기가 있었는데, 정부가 대규모 국책사업을 통해 자연을 파괴하는 것에 대한 반작용이었다고 생각합니다. 최근에는 에너지·도시농업·여행 등의 분야에서 협동조합, 사회적 기업, 온라인 동호모임 등이 생겨나는 등 네트워크형 운동의 저변이 넓어지고 있어요. 제가 아는 젊은 사람들 몇은 텃밭 가꾸기를 해서 채소를 수확해 동네 유기농 까페에 직접 배달해 보람을 느끼고 약간의 돈도 벌곤 합니다. 그걸 환경운동이라고 봐야 하느냐 아니냐는 것은 별로 중요하지 않습니다. 인간사회만이 아니라 그 너머 자연까지 생각하면서 인간성을 회복하고자 하는 운동이라면 다 환경운동에 포함시키는 것이 합당하지 않은가 해요.

노동운동과의 관계도 마찬가집니다. 1980년대 '반공해운동' 시절에는 작업장 내에서 발생하는 직업병도 환경문제로 인식했거든요. 그런데 언제부터인가 환경운동과 노동운동의 접점이 사라져버렸습니다. 울타리가 생긴 거죠. 당시에는 노동자들과 밤새워 토론을 했던 기억이 납니다. 저는 노동자들에게 직업병과 공해문제는 뿌리가 같다, 차이가 있다면 공장 내에서 발생하느냐 아니면 공장 바깥에서 발생하느냐일 뿐이다, 그런데 가족들이 살고 있는 공장 바깥에서 발생하는 공해문제를 왜 노조가 남의 문제처럼 방관하느냐 이런 얘길 했던 기억이 납니다.

그런데 지금은 환경운동과 노동운동 간에 대화와 토론이 필요하다는 문제의식 자체가 희미해졌죠. 하지만 노동문제와 환경문제를 접목하려는 시도는 진보적 사회운동의 오랜 역사 속에서 늘 있어왔습니다. 최근에는 전세계적으로 노동시간을 유럽 수준으로 단축하면, 2100년까지 지구 평균기온 상승을 절반 수준으로 낮출 수 있다는 연구결과가 발표되기도 했습니다. 우리나라에서도 노동시간 단축이 환경 부하의 경감에 기여한다는 가설이 입증된다면, 환경운동과 노동운동의 연대는 자연스러운 일로 받아들여지겠지요. 어쨌든 민주주의, 경제, 노동, 농업, 인권, 평화, 복지 등의 가치와 생태적 가치가 서로 밀접하게 연관되어 있다는 사실을 구체적인 분석을 통해 확인하는 작업이 필요하다는 생각입니다. 그런 일을 하는 데는 다양한 분야의 사람들이 협업하는 네트워크형 운동방식이 유리하겠죠.

백낙청 작업장의 노동환경 문제를 환경운동이 다루는 '환경'에서 빼는 것이 원론상으로도 문제지만, 또 하나는 운동의 동력이라는 걸 생각할 때 그 사람들하고 같이 안하면 힘이 제대로 나올 리가 없겠죠. 그런 점에서 지금 안소장님이 말씀하시는 운동방식이나 조직형태의 변화가 굉장히 중요하지 않을까 하는 생각이 들어요.

지금 환경운동뿐 아니라 여러 군데서 거대조직보다는 수평적인 네트워크 형식으로 전환하는 경우가 많아요. 물론 그렇다고 거대조직이 필요한 곳에서 그걸 없앨 수는 없겠지만요. 가령 이제 와서 노동운동하고 환경운동하고 합쳐서 더 큰 조직을 만들자고 하는 것보다(웃음) 환경운동의 네트워크라 하면, 총사령부라기보다는 일종의 허브가 돼서 때로는 환경운동의 지부와 교류하며 동원하고 때로는 노동운동의 환경문제를 다루는 부서들과 연대하는 식으로 해나가는 게 더 효율적일 것 같네요. 그러려면 허브에 있는 분들의 안목이 아주 넓고 유연해야 할 것 같습니다.

이와 관련해서 안소장께서는 환경운동의 이념, 전략적 동맹대상, 조직형태, 재생산구조, 운동방식 등을 '마셜플랜'이라는 이름으로 주장하셨더군요. 그런데 하필이면 왜 마셜플랜입니까?(웃음) 그렇게 이름지은 특별한 연유가 있는지요?

안병옥 특별한 이유는 없습니다. 마셜플랜이 원래 갖고 있는 의미와도 무관한데, 제가 오랫동안 관찰할 수 있었던 독일에서는 사회혁신을 위해 새로운 계획이 필요할 경우 마셜플랜이라는 말을 쓰기도 합니다. '생태적 마셜플랜'도 환경운동가들 사이에서는 자주 쓰이는 용어죠.

백낙청 여러 방안이 동시에 포괄되는 새로운 플랜, 이런 뜻일 텐데 우선 첫째로 이념을 이야기하셨어요. 환경운동의 이념. 여기에 대해서는 2012년 발표에서도 그랬고 다른 자리에서 지속가능한 발전모델이라는 것도 말씀하시고 또 선택적 성장이라는 표현도 쓰셨던데 환경운동이 가령 마셜플랜이면 마셜플랜의 잇점을 강조하는 이유가 있습니까?

안병옥 환경이 인간을 배제하기보다는 포함시킨 개념이라면, 환경문제인 것과 아닌 것의 구별은 임의적일 수밖에 없습니다. 환경문제가 하늘에서 뚝 떨어지는 것이 아니고 사람들이 살아가면서 만들어내는 것이라면, 다른 사회문제와 분리된 환경문제가 있을 수 없겠죠. 대표적인 예가 새만금간척사업과 4대강사업입니다. 새만금의 경우, 지역 불균형발전 문제를 포함해서 전라북도 도민들이 갖고 있던 뿌리깊은 소외감이 없었더라면 그렇게 얽히고설켜서 어디서부터 손대야 할지 모를 상태까지는 안 갔을 것입니다. 4대강사업도 마찬가지인데, 이 사업은 말 그대로 '대통령의, 대통령에 의한, 대통령을 위한' 사업이었죠. 우리 사회의 민주주의가 제대로 작동하고 있었다면 강을 파헤쳐 훼손하는 일에 30조원에 달하는 혈세를 쏟아붓는 일은 벌어지지 않았을 것입니다.

이런 사례들을 보면 생태적 가치만 주장해서 되는 게 아니라 우리 사회의 민주주의를 더욱 공고하게 만들어야 하고 그것이 결국 환경을 지킬 수 있는 토대가 아닌가 생각해요. 담론의 경우 서구담론인 심층생태론도 있고, 국내에서는 장일순·김지하 선생의 생명사상도 있습니다. 이들 담론은 자연과 인간의 분리 자체가 문제이기 때문에 일원론의 입장에서 물아일체(物我一體)를 생태위기의 해법으로 제시하기도 합니다. 영성을 강조하는 이런 접근은 나름대로 의미가 있지만, 개인의 영적 성장이나 깨우침을 강조하는 것만으로 생태위기 해결의 구체적인 전략과 방안을 찾기는 어렵다고 봐요.

그런 점에서 저는 국제사회가 지향하는 보편적 이념인 '지속가능한 발전'이라는 개념에 대한 이해가 더 깊어져야 한다고 생각합니다. 지속가능한 발전 모델은 사회적 가치와 경제 가치를 생태적 가치에 굴복시키려 하지 않는다는 점에서 일부 생태주의자들로부터 절충주의 혹은 관리주의라는 비판의 대상이 되기도 합니다. 하지만 먹고사는 경제문제와 민주주의 또는 계급 및 성평등 같은 사회문제를 가볍게 여기는 환경담론은 에코파시즘으로 발전할 수도 있다는 것이 역사의 교훈입니다.

물론 지속가능한 발전 모델에도 문제가 없는 것은 아니죠. 제가 '내포적인 지속가능발전'이라는 표현을 썼는데, 그건 지속가능발전 담론이 경제는 사회에 포섭되고 사회의 작동원리는 생태계의 법칙에 따르는 내포적인 관계로 재구성되어야 한다는 의미입니다. 환경·사회·경제가 다 중요하고 서로 연관된 건 사실이지만 그 의미가 동등하지는 않습니다. 경제는 사회 작동원리의 일부이고 자연을 뛰어넘는 사회는 있을 수 없기 때문이죠. 그런데 지금까지 이야기되어왔던 지속가능한 발전은 환경·사회·경제를 병렬적으로 나열하는 데 그치고 있어요. 경제를 사회가 둘러싸고 있고 또 그 사회는 자연이 둘러싸고 있다는 인식을 확고히 하지 않으면, 지속가능한 발전은 경제논리의 압도적인 지배를 용인하는 수단으로 변질될 가능성이 크다는 겁니다. 국민의정부와 참여정부에서 대통령 직속으로 지속가능발전위원회를 설치해 운영했지만, 국정 전반에서는 환경보전과 사회적 형평성의 가치가 성장논리에 밀려 힘을 발휘하지 못했죠. 이것이 시사하는 바가 큽니다.

백낙청 아까 이명박정부 얘기도 하셨고 방금 참여정부 얘기도 하셨는데 참여정부가 환경문제에 대해서는 인식이 천박했다고 봐요. 대통령직속 지속가능발전위원회라는 게 아마 유엔의 지침에 따라 만들어진 걸 텐데 노무현 대통령이 그걸 키운답시고 갈등조정기구로 만들었어요. 환경보호를 위해 오히려 갈등을 일으켜야 할 기구를 갈등을 조정하라고 해놓으니… 그렇다고 갈등을 조정할 힘이 있는 것도 아니고…

안병옥 아, 잘 알고 계시네요.(웃음)

지속가능한 발전에 대한 논란

백낙청 지속가능한 발전의 개념에 생태주의 하는 분들을 비롯해 비판적인 분들이 많잖아요. 그런데 비판 중 하나는 안소장님 표현대로 내포적인 경제발전을 한다고 할 때, 그 내포적인 경제발전은 불가능하다는 주장 아닙니까. 자연 속의 일부이고 사회의 일부로서의 경제라고 설정해놓고 그걸 발전시키고 성장시키겠다고 하면, 그건 장기적으로는 안되는 일이라는 주장인데요. 그런 주장에 대해 어떻게 말씀하시겠어요?

안병옥 성장이라는 단어가 환경운동 하는 사람들한테 주는 거부감이 있죠. 그런데 저는 성장은 어떤 경우에도 악인가라는 질문을 던져야 한다고 생각합니다. 환경운동가들이 경제성장에 대해 거부감을 갖는 이유는 성장제일주의라는 신화 때문이죠. 성장은 무한대로 가능하고 자원고갈이나 환경문제는 기술혁신으로 해결할 수 있다는 신화가 지구생태계를 위기로 몰아넣고 있다는 것이죠. 저는 이런 성장주의 비판에 전적으로 동의해요.

하지만 성장이라는 단어에 알레르기 반응을 보이는 것은 문제의 본질에서 비켜난 것이 아닌가 합니다. 문제는 성장이 아니라 성장주의가 아닐까요. 재생에너지, 일자리, 숲, 도시텃밭, 사회적경제 등 대안사회로 나아가기 위해 '성장'해야 할 것들은 많습니다. 독일이 탈핵을 결정할 수 있었던 배경에는 재생에너지가 원자력보다 훨씬 더 많은 일자리를 만들어내고 독일 경제에도 도움이 된다는 경험론적인 확신이 있기 때문이었어요. 제 생각엔 '선택적 성장'은 가능할 뿐만 아니라 생태위기의 극복을 위해서도 반드시 필요합니다. 물론 그 '선택'을 누가 어떤 사회적 관계 속에서 하느냐의 문제는 남아 있지만요.

백낙청 그런 의미로 선택적 성장이라는 말을 쓰신 거군요. 이념 면에서 극단적인 생태주의가 아니라, 성장에 대해서도 원점에서 다시 생각해서 편견 없이 가자고 주장하시는 셈이네요. 그다음에 전략적 동맹 대상과 조직형태, 즉 네트워크 형식으로 점차 전환할 필요가 있지 않겠냐는 말도 하셨는데, 그 맥락에서 또 한가지 문제는 정치세력과의 관계입니다.

우리나라에서 녹색정치라는 게 아직까지는 잘 안됐잖아요. 안되고 있는 정도가 어떻게 보면 상당히 충격적이죠. 한국의 환경운동은 시민운동 전체 중에서도 꽤 활발한 편이고 민주화운동도 그 성과를 내세울 만한데 유독 녹색정치만은 잘 안되고 있어요. 또 하나는 우리나라에서는 소위 진보정당이라 할 때 녹색정당은 빼고 얘기하는 경우가 많아요. 그 진보정당들이 물론 지금은 어려운 시기에 있습니다만 녹색정당보다는 성공적으로 된 셈이죠. 환경·녹색문제에 개인적으로 관심을 가진 국회의원도 있고 운동가도 있는데 사실 정당으로서는… 녹색당이 없으면 녹색당이 할 일을 대신해주기라도 해야 하는데 별로 그렇지 못한 것 같아요. 이렇게 녹색정치가 안되는 이유가 뭐라고 생각하시나요?

녹색정치가 부진한 이유는?

안병옥 아, 정말 어려운 얘기인데요.(웃음) 지금 전세계적으로 가장 강력한 녹색당이 존재하는 국가가 독일이지요. 독일 녹색당은 사민당(사회민주당)과 기민련(기독교민주연합) 등 기성 정당들은 좌우를 막론하고 모두 낡았다는 것을 전제로 태어났습니다. 기성 정당들은 가부장적 권위주의에 젖어 젊은 세대에 낡은 가치관을 주입하는 퇴행적 정당이라는 인식이 1970년대 말 독일에서는 팽배했죠. 그런데 우리나라는 좀 다릅니다. 물론 지금 새정치민주연합은 대안이 아니라는 생각에서 새로운 정당을 만들려는 흐름도 나타나고 있지만, 독일사회처럼 새누리당, 새정치민주연합, 정의당 등 기성정당을 싸잡아 "다 낡았다"고 말할 수 있는지는 의문입니다. 우리나라에서 녹색당이 고전하고 있는 것은 선거제도의 제약 문제도 있지만, 내용과 형식 면에서 기성 정당들과는 완전히 다른 정당의 필요성에 대한 사회적 공감대가 아직은 미약하기 때문이 아닌가 생각합니다.

녹색당은 기성 정치는 물론이고 기성 가치관에 대한 전면적인 부정 속에서 나와야 합니다. 담론 차원에서는 다른 진보정당들과도 격렬한 논쟁을 마다하지 말아야겠죠. 그런데 지금 녹색당은 너무 얌전해요. 그러니까 기성 질서에 대해 부글부글 끓는 분노가 잘 느껴지지 않습니다. 녹색당의 성공을 기약하는 사회적 조건이라는 게 있다면 그건 앞으로도 쉽게 만들어지지 않을지도 모릅니다. 어쩌면 그 시기를 지난 게 아닌가 하는 생각도 해요. 그러니까 1980년대 학생운동이 한참 강력했을 때 의도하지는 않았지만 그 에너지를 통일문제나 정치민주화 이슈에 뺏긴 거죠. 물론 당시의 사회적 조건을 고려하면 그때 분출하던 사회적 에너지를 지렛대로 녹색당을 창당했더라면 하는 상상이 허황된 얘기일 수 있겠습니다만…

백낙청 그것을 뺏겼다고 볼 순 없을 것 같아요. 빼앗았다면 세상이 빼앗아간 거지… 처음에 환경운동 시작할 때 최열(崔冽)씨가 공해문제연구소를 만들고 그랬잖아요. 그때 산업에서 배출하는 공해를 지적하는데도 정부에서 빨갱이라고 몰아붙였단 말이에요. 그런 판이니까 민주화 과제가 우선적일 수밖에 없었고 그걸 뺏겼다고 말하긴 힘든데… 지금 녹색당이 잘 안되는 현실은 정말 제대로 분석할 필요가 있을 것 같아요. 녹색당의 존재가 얼마나 중요한가 실감한 게 후꾸시마 사건이에요. 그후에 독일은 자기 나라가 아니고 일본에서 사고가 터졌는데도 메르켈 총리가 곧바로 방침을 바꿨잖아요. 물론 메르켈이 처음부터 바꾼 건 아니고 당시 보궐선거에서 녹색당이 약진하고 기민련이 패배하면서 영향을 미친 거지요. 그런데 일본에서는 시민들이 총리 관저를 포위하고 아무리 난리를 쳐도 아베 총리가 자신만만한 거예요. 선거하면 내가 또 이길 텐데 너희들은 표가 안되지 않냐 이런 거죠. 만약 거기에 녹색당이라는 대안정당이 있었으면 일본정부도 그렇게는 못했을 겁니다.

저는 독일하고 한국을 비교하면서 서로 시차가 많이 벌어져 있다는 식으로 말하는 건 좀 문제가 있다고 봐요. 우선은 시차가 10년, 20년도 아니고 그런 식으로 계산하면 수십년이 될 텐데 그 오랜 세월을 어떻게 기다리나 너무 막막한 거고요. 다음으로는 아무리 독일이 선진국이라 해도 우리가 그렇게 못났다는 얘긴가 하는 생각도 들어요.(웃음)

그것보다는 독일의 분단과 한국의 분단이 성격이 다르다는 점, 그 점에 주목해야 하지 않을까 싶어요. 지금 독일은 이미 통일이 돼서 분단이 과거지사가 됐습니다만 분단될 때도 그건 어느정도 명분있는 분단이었어요. 독일인들 중에서 특히 진보적인 사람들이 거기에 크게 저항을 안했습니다. 사회주의자들은 동독이라는 별개의 활동 영역이 생긴 것을 오히려 고마워했고요. 보수적인 사람들, 즉 독일민족주의나 이런 입장에서는 달갑지는 않았겠지만 자기들이 저질러놓은 죄가 하도 크니까 분단해도 할 말이 없었단 말이에요. 한반도 분단은 전혀 그런 명분이 없는데도 강제로 이뤄진 거 아닙니까? 그러니까 처음부터 반민주적이고 비자주적인 상태가 되었고, 그러다보니 양쪽에 모두 통일해야 한다는 열망이 있었고, 양쪽 다 무력통일을 주장했죠. 남쪽은 실력도 없이 그러다가 당하기만 했지만, 아무튼 전쟁을 겪고 말지 않았습니까. 독일하고 전혀 다른 상황이고, 그래서 저는 전쟁이 다시 교착상태로 끝나고 휴전협정체제가 60년 넘게 지속이 된 점에 특히 주목해야 한다고 봐요.

독일에도 없었고 베트남에도 없었던 독특한 체제가 형성되었기 때문에 이 체제가 발휘하는 구속력이라든가 그런 걸 감안하지 않고 운동을 하면 실효성 있는 운동이 되기가 어렵다고 봅니다. 『창작과비평』 2013년 가을호에서 녹색정치 관련 특집을 한 적이 있어요. 그 특집에서 하승수(河承秀) 녹색당 공동운영위원장이 녹색정치를 주장했고 장석준(張碩峻) 당시 진보신당 부대표가 소위 적록동맹(赤綠同盟)의 필요성을 주장했는데, 두 글을 다 봐도 분단현실에 대한 분석이 빠져 있어요. 하승수씨는 녹색정치가 절실히 필요하다는 주장으로 끝난 것 같고 장석준씨는 진보정치와 녹색운동의 결합은 가능한가를 물으면서 외국의 적록결합 사례들만 열거하고 끝냈어요. 그런데 외국의 사례들이 한국에 왜 적용이 안되는가에 대한 분석이 있어야 할 것 같거든요.

적록동맹이라고 하지만 우선 녹색운동하는 분들은 '적'자가 끼어드는 걸 질색하는 분들이 많습니다.(웃음) 그게 우리 분단현실하고 관련이 있는 걸로 보이는데요. 반면에 적색이라는 용어는 아직도 우리 한국에서 좋게 받아들여지는 표현은 아닙니다만 노동운동·진보운동하는 이들은 민주화운동 하던 당시의 절박한 심경이 있는 거죠. 아니, 지금 노동자 탄압당하고 민주주의 후퇴하고 이런 판에 한가하게 기후변화 얘기나 하고 있느냐, 이런 분위기가 있는 것 같아요. 그런 분단한국 특유의 현실을 정확하게 파악해서 녹색정치를 해야 하지 않겠느냐는 거죠.

안병옥 선생님 말씀 충분히 공감하는데, 이 점은 한번 생각해볼 필요가 있겠습니다. 탈핵을 결정한 건 메르켈이지만 사실은 이미 1998년에 슈뢰더의 사민당과 녹색당이 연정합의문을 썼는데 그 주요 내용 중 하나가 탈핵 합의였거든요. 나중에 기민련 메르켈이 집권하면서 원전의 가동 연한을 연장하는 것으로 결정했다가, 후꾸시마 사고가 난 뒤에 다시 1998년 합의보다 약간 더 나아간 방식으로 탈핵을 선택한 겁니다. 이 말씀을 왜 드리느냐면 독일의 경우 탈핵의 저작권은 메르켈이 아니라 적록동맹에 있다는 점을 강조하기 위해서입니다. 적록동맹이 없었더라도 독일에서 탈핵은 거스를 수 없는 흐름이었을 것이라는 시각도 있습니다만, 적록동맹의 결과물인 1998년 연정합의의 의미를 과소평가할 수 없다고 생각합니다.

그리고 녹색당 사람들이 이른바 레드콤플렉스 때문에 노동운동이나 진보당과 손잡는 것을 꺼리는 것인가는 논쟁이 필요한 문제예요. 저는 그건 아니라고 봅니다. 오히려 녹색당이 추구하는 가치와 성장과 분배를 동시에 추구하는 전통적인 진보세력의 세계관 사이의 괴리가 크기 때문에 양 세력의 연대가 어려운 것은 아닐까요. 그래서 앞서 말씀드린 대로 노동의 가치와 생태적 가치가 만나는 접점을 구체적인 현실 속에서 찾아내 양 진영이 모두 동의할 수 있는 공동의 목표를 만드는 게 중요하지 않나 싶습니다.

한반도의 분단상황에 입각한 생태 비전이 필요하다

백낙청 좋은 말씀입니다. 어쨌든 적록동맹이라는 표현 자체가 우리 사회에서는 아직 별로 적합지 않다는 건 사실인 것 같고요. 녹색운동 하는 사람들이 실제로 레드컴플렉스 때문에 그러는 건 아니라는 말씀의 뜻은 알겠습니다. 가령 우리나라의 대표적인 녹색사상가이자 운동가인 『녹색평론』의 김종철(金鍾哲)씨는 항상 녹색문제와 민주주의 문제를 동시에 얘기하는데 그가 말하는 민주주의는 굉장히 래디컬한 민주주의거든요. 누가 적색이라고 불러도 얼마든지 부를 수 있는데 본인은 전혀 개의치 않고 줄기차게 그 주장을 하고 있지요.

그렇더라도 노동운동과 결합을 꺼리면서 노동운동의 이런저런 문제점에 대해 과도한 거부반응을 보이는 데에는 노선의 차이뿐 아니라 감수성의 차이 같은 것도 있는 듯해요. 레드컴플렉스까진 안 가더라도 말이지요. 어쨌든 그 점은 말씀대로 우리가 더 깊이 분석해야 할 일인데, 분단현실에 대한 구체적인 분석이 부족하다는 점은 적록동맹뿐만 아니라 다수의 현 진보진영 문제에 걸쳐 있는 것이기도 합니다.

이명박정부 시절에 민주화운동기념사업회에서 '대한민국민회'라는 회의를 조직했는데, 거기서 다룬 주제 중의 하나가 '한반도 생명 평화 미래 60년을 위한 의제'였어요. 이후에 『한겨레』(2014.2.20)에 유정길(柳淨拮) 선생이 이를 정리해 「성장주의 버리고 생태적 통일 한반도 만들자」라는 글로 발표했는데 거기서 첫번째 비전으로 '남북협력 통한 지속가능한 한반도'가 소개된 바 있습니다. 그런데 남북협력을 어떻게 하겠다든가 이것을 어떤 식으로 진전시켜야지 국내 문제와 맞물려서 해결하겠다는 구체적인 비전은 전혀 없고 그저 한반도문제 또한 중요하다고 하는구나라는 느낌을 받았어요.

안병욱 유정길 선생 글을 보니 자원무한주의에 기초한 대량생산주의와 소비패러다임의 극복을 이야기한 뒤, 이게 중요한데요, 합쳐진 통일이 아니라 오히려 쪼개지는 네트워크화, 호혜적 협동경제, 사회적 경제를 논했습니다. 중앙집권적인 정치체제, 경제체제가 아닌 소규모 연방제를 통일의 모델로 제시하고 있는 것이지요. 그러니까 지금 남한에 17개 광역지자체가 있는데 그 정도 수준의 독립적이면서도 호혜적인 관계를 맺는 그런 작은 단위의 연방제가 되어야만 무한경쟁의 궤도에서 벗어날 수 있는 게 아니냐는 이야기입니다. 환경운동 쪽에서는 분단문제 또는 통일문제에 대해 약간 방어적인 면이 있는 것이 사실입니다. 첫번째 걱정은 남과 북이 예기치 않았던 사변에 의해서건 아니건 준비가 부족한 상태에서 분단체제를 극복하게 되면 남북 모두가 엉망이 될 것이라는 다소 막연한 불안감과 우려에서 비롯된 것입니다. 한편으로는 남쪽의 자본이 과연 북한 땅을 그대로 내버려둘 것인가 하는 걱정에서부터, 급변사태가 발생해서 남북 간의 평화가 깨지면서 전쟁이 발발했을 때의 문제 등을 걱정하는 것이죠. 그러니 이 상황에서 이런저런 단계를 밟아 이렇게 갈 수 있겠다는 식의 확신에 찬 대안을 내놓는 건…

백낙청 걱정하는 건 당연하죠. 전쟁이 일어나도 큰일이고 전쟁이 안 일어나고도 엉망이 될 가능성은 얼마든지 있고요. 또 남북결합 안하고 대치된 상태에서 우리 사회가 점점 더 엉망이 되어가고 있는 것도 사실이고, 그런 걸 염려하는 건 당연해요. 그런데 "준비가 부족한 상태에서 분단체제를 극복"한다는 표현은 적절치 않은 것 같군요. 준비가 부족하면 통일을 이루더라도 분단체제극복에 해당하는 통일은 아닐 테니까요. 물론 환경운동이나 녹색운동을 하는 시민 한 사람 한 사람이 다 분단체제극복의 경륜을 가지라고 주문하는 건 무리예요. 다만 아까 말씀드렸듯이 환경운동과 다른 여러 운동을 연결하고 상승효과를 내는 네트워크의 허브에서 역할하고자 하는 분들이라면 그런 경륜은 갖춰야 할 것 같습니다.

말씀하신 소연방제라는 거요. 문단에서는 일찍이 고은(高銀) 선생이 이걸 주장하셨어요.(『창작과비평』 1993년 봄호 대담―편집자). 아예 스위스처럼 대통령을 돌아가면서 하는 그런 얘기를 하신 바가 있죠. 참여정부에서 일하신 성경륭(成炅隆) 교수도 정부에 들어가기 전에 비슷한 주장을 했지요. 그 뒤에는 흥미롭게도 이회창(李會昌) 자유선진당 총재가 2007년 대선에서 떨어지고 나서 한때 재기를 꿈꾸면서 그런 경륜을 표명하기도 했고요.(웃음) 소연방제 주장을 누가 했느냐가 중요한 건 아니에요. 소연방을 만든다고 할 때 언제 어떻게 만들 것이냐 하는 게 나와야 하는 거죠. 가령 지금처럼 남북대결은 그대로 둔 상태에서 우리 남쪽만 소연방제로 한다든가, 아니면 통일된 뒤에 적어도 남쪽에서만이라도 그걸 하자든가, 아니면 통일을 하면서 한반도 전체가 그런 식의 다연방으로 가자든가, 아니면 남북이 재통합하는 과정과 연계해서 단계적으로 시행하자든가, 자세한 플랜은 아니더라도 한반도가 현재 분단되어 있다는 사실을 감안한 대략적인 구상을 내놔야 한단 말이에요.

저는 남북대결의 현 상태에서 중앙집권제가 현격하게 약화되기는 어렵다고 봐요. 물론 적어도 남한에서는 지방분권을 더욱 확대해야 겠지만, 남한만의 연방국가로 가는 것은 불가능하다고 봐요. 북은 더 말할 것 없고요. 그래서 한국에서 지방분권을 강화하고 민주주의 발전시키고 녹색운동도 힘을 발휘하려면, 남북한이 엉망이 될 가능성을 충분히 인지하고 경계하면서 그걸 피해서 분단체제를 해소해가는 점진적인 방안을 마련하고 그 방안과 남한 내부에 분권화를 연계시켜 추진할 필요가 있지 않나 싶어요.

안병옥 우리 사회에서 환경문제와 분단문제 사이의 긴장, 그리고 양자를 접목시키려는 노력이 전혀 없었던 건 아닙니다. 가장 먼저 기억나는 것은 2007년 노무현정부가 정상회담을 통해 북한과 합의했던 '서해평화협력특별지대' 구상이 아닐까 합니다. 해주지역과 주변 해역을 평화협력특별지대로 지정해 남북 공동어로와 평화수역을 설정하고 한강 하구의 공동이용을 적극 추진하기로 한 것이죠. 그런데 이 구상이 환경운동가들의 환영을 받진 못했습니다. 왜냐하면 한강하구 공동이용이라는 것이 골재를 파내고 임진강을 개발하고… 그게 이명박 대통령이 한반도대운하 사업으로 밀어붙였던, 그러니까 나중에 4대강사업으로 이름을 바꾼 토건사업과 크게 다를 바 없는 내용이었으니까요. 참여정부에서 이 구상에 깊숙이 관여했던 분을 나중에 만났을 때 그걸 강하게 비판했습니다. 아니, 참여정부가 아무리 환경에 관심이 없어도 그렇지, 개성까지 육로로 가면 금방 가는데 왜 굳이 임진강 뱃길을 만들어 물자를 실어 나르려는지 모르겠다고요.

실용적인 접근도 있습니다. 남북 환경협력을 매개로 군사·정치 영역에서 경색된 걸 좀 풀어보자는 거죠. 민간단체들의 경우 실용주의를 넘어 북한 산림녹화를 통해 남쪽의 온실가스 감축 부담을 줄이면서 동시에 북한이 가진 에너지난을 해결해 상생하는 방향으로 가자는 그런 시도도 있습니다. 이 흐름들은 남북생태공동체를 어떻게 구성해나갈 것이냐는 큰 구상 속에서 이뤄지지는 않고 있는 것이 사실입니다. 그런 점에서 말씀하신 대로 좀더 깊게 공부하면서 생태위기와 분단문제를 접목할 수 있는 길을 찾는 것이 저희의 과제일 것입니다.

'적당한 성장'은 가능하고 바람직한가

백낙청 서해평화협력특별지대가 여러 의미가 있지만 그중에 하나는 국가주권의 절대성이랄까, 독점적인 성격을 완화해가는 의미가 있어요. 그것은 남북 간에 절대적으로 필요한 일이고요. 분단된 정권들이 독점적인 주권을 행사하고 있으면 풀리기가 어렵잖아요, 자기 걸 내놔야 하니까. 그래서 점점 허물어가는 게 중요한데 사실 이건 남북한만의 문제가 아니고 동아시아와 전세계의 문제예요. 그렇기 때문에 한반도의 특이한 이 분단체제의 진상을 제대로 인식해서 지혜롭게 풀어나가는 게 우리 한반도 주민들을 위해서뿐만 아니라 전세계적으로도 큰 의의가 있다고 봐요. 환경운동의 이념문제도, 지금 이 상황에서는 선택적 성장을 하기 어렵잖아요. 선택권을 반녹색주의자들이 다 갖고 있으니까.(웃음) 원자력에서나 국방에서나 비용을 엄청나게 쓰는 문제 등이 모두 그러하죠.

여기서 내용상으로는 선택적 성장하고 통하지만 발상의 근거는 좀 다른 이야기를 해볼까 해요. 우리가 자본주의 근대 속에 사는 이상, 또 그게 조만간 갑자기 무너질 게 아닌 이상 거기에 적응하면서 살 수밖에 없는 한편, 이런 체제가 지속되면 아까 말씀하신 내포적인 경제성장이라는 게 불가능하지 않느냐, 그 점에서 저는 녹색주의자들하고 생각을 같이합니다. 그렇기 때문에 이걸 극복하려는 노력이 동시적으로 하나의 과제로 진행되어야 한다고 보거든요. 이걸 이중과제라고도 하는데, 이중과제의 수행에 꼭 필요한 만큼 적당히 성장하자는 의미에서 '적당한 성장'이라는 표현을 쓴 적이 있습니다. 수세적 성장, 수비적·방어적 성장이라는 표현도 썼는데, 그 발상은 말하자면 이런 거예요. 우리가 개인의 차원에서도 우선 살아남기 위해, 또는 오늘날의 경쟁사회가 마음엔 안 들지만 경쟁에서 탈락해서 짓밟혀버리면 아무것도 못하니까 이 사회를 바꾸는 인간으로 살기 위해서라도 먹고살 만큼은 벌어야겠다는 의미에서 방어적인 돈벌이를 하는 태도가 있지요. 반면에 죽으나 사나 경쟁에서 이기고 '최고'가 되겠다, 부자가 되겠다는 목표를 세우고 일로매진한다면 이게 공격적인 성장이겠죠. 그런 의미에서 적당한 성장을 얘기한 바가 있는데 어떻게 생각하시는지요.

안병옥 충분히 공감합니다. 성장이라는 열차에서 뛰어내린다는 것이 과연 어떤 결과를 가져올 것인가, 사실 제 고민도 거기에 있는데요. 예를 들어 우리가 IMF 구제금융을 받았던 1998년의 환경지표들을 보면 역설적이게도 그때가 환경의 관점에서는 제일 좋았던 시기였습니다. 에너지 소비도 확 줄었다가 경제가 회복되면서 다시 올라갔죠. 성장에 브레이크가 걸리니까 환경 부하는 줄어드는구나, 이걸 인식하게 된 계기였지만 그게 과연 지속될 것인가가 관건이었습니다.

정치체제나 사회의 생산방식을 결정하는 것은 결국 사람들입니다. 당시처럼 많은 사람들이 일자리를 잃고 가족을 먹여살릴 수 있는 터전에서 밀려났을 때 그들이 과연 내 가족보다 환경이 더 중요하다고 생각할 것인가, 환경의 입장에서는 오히려 엄청난 반동이 벌어질 가능성이 크다고 봅니다. 다른 나라들도 그렇지만 우리나라에서도 여론조사를 해보면 경제 침체기에는 환경에 대한 국민들의 관심이 확 떨어지는 것으로 나타납니다.

『녹색평론』의 김종철 선생님처럼 산업사회에서 탈피해 소농 중심의 공동체사회로 가야 한다는 견해를 가진 분들이 있습니다. 산업주의에 대한 비판이나 독점과 집중의 폐해에 대한 이분들의 지적은 경청할 필요가 있지요. 하지만 한국사회가 소농 중심의 사회로 돌아가는 것이 과연 가능할지는 의문입니다. 혹시 가능하다 하더라도 그 과정에서 예기치 않았던 폭력과 반동을 만나게 되지는 않을까 걱정하는 것이죠. 지금보다 더 야만적이고 폭력적인 권위주의 체제를 만들어낼 가능성은 없는 걸까요.

선생님께서 말씀하신 적당한 성장에 대해서도 사람들은 반문할 수 있다는 생각이 듭니다. 예컨대 박근혜 대통령이 신년사에서 국민소득 4만불 시대로 가는 기반을 올해 닦겠다고 했는데, 과연 어디까지가 적당한 성장인가 이런 질문 말입니다. 에너지 소비의 관점에서 보면 한국은 이미 적당한 수준을 벗어난 지 오래입니다. 국민 1인당 에너지 소비량이 우리보다 소득 수준이 2~3배 높은 독일이나 일본보다 훨씬 많거든요.

독일 통일 후 서독 시민들은 동독의 재건을 위해서 연대세(Solidaritätszuschlag, 원 명칭은 '사회연대추가비용')라는 이름으로 상당한 양의 돈을 부담해야 했습니다. 통일 후 북한 주민들이 인간다운 삶을 유지할 수 있도록 남한 경제가 북한 경제를 뒷받침할 수 있는가, 지금 현실에서는 어렵다고 봅니다. 이런 관점에서 보면 분단체제로부터 통일체제로 평화롭게 이행하기 위해 적당한 성장, 방어적 성장이 불가피할 수도 있겠죠.

백낙청 당장의 독일식 통일은 안하더라도 언젠가는 그런 식으로 한다는 전제를 깔고 생각하니 고민스러울 수 있어요. 하지만 재정 형편이 엉망인 회사하고 돈 있는 회사하고 있을 때 전자를 살리는 최선의 길이 꼭 인수합병이 아니거든요. 상태가 나쁜 곳을 그대로 두고 적당한 시기까지 도와주면서 지켜보는 게 더 나을 수도 있단 말이에요. 그러다가 좀더 나아졌을 때 한 회사로 합치든지 상호출자한 두 회사로 공존하든지, 일정기간 더 공존하다가 합친다면 언제 어떻게 합칠지, 그 과정을 매우 정교하게 진행해야죠.

적당한 성장 얘기로 돌아오면, 이게 경제학적 개념은 아니에요. 경제학에서는 적정성장(optimal growth)이라는 개념이 있죠. 잠재성장률을 해치지 않는 한도 내에서 한껏 성장하는 것을 뜻하는 걸로 아는데, 내가 말하는 '적당'은 어떻게 보면 지속가능한 녹색운동을 위해 필요한 성장으로 이해할 수도 있어요. 경제학적 개념이라기보다 운동적이고 전략적인 개념이라고 봐야지요. 안소장님이 말씀하시는 선택적 성장하고 내용상 겹치는 부분도 꽤 많을 테지만 그렇지 않은 부분도 있어요. 왜냐하면 이건 전략적 개념이기 때문에, 성장의 내용이 꼭 환경친화적이 아니더라도 그것밖에 살아남아서 싸워나갈 방도가 없다면 해야 하는 거지요. 운동을 계속해나가기 위해서는 말이죠.

시간이 많이 지났네요. 오늘 대담에서 미진한 부분 등, 마무리하는 말씀을 듣고 끝내기로 하겠습니다.

안병옥 환경운동을 해왔던 사람들이 지금 고민이 많은데 앞이 잘 보이지 않는다는 얘기들을 합니다. 그 책임은 사실 저희 세대가 가장 엄중하게 져야 할 텐데요. 저도 운동가의 정체성을 갖고 있으면서도 현장보다는 자꾸 머리가 앞서 갑니다. 물론 운동가라고 머리 쓰지 말라는 법은 없겠습니다만.(웃음)

백낙청 아까 우리가 사령부라는 개념은 안 쓰기로 했지만, 운동 네트워크의 중심에 서는 분이라면 끊임없이 운동하면서 끊임없이 생각하고 공부해야겠지요. 그런 점에서는 안소장께서 지금 잘하고 계신 겁니다.(웃음)

안병옥 환경운동 진영에서 현실적인 대안에 대한 고민이 부족했던 것이 지금 앞이 보이지 않는 원인 중의 하나가 아닌가 생각합니다. 『녹색평론』을 비롯한 여러 갈래 운동이 지닌 장점, 담론의 성격으로서의 문제제기 등을 수용하면서도 5년, 10년 이내에 우리가 과연 무엇을 해야 하는지에 대한 구체적인 청사진이 필요합니다. 오늘 선생님과의 대담이 제게는 그런 작업을 해나가는 데 밑거름이 될 것으로 생각합니다. 좋은 시간을 가졌습니다.

백낙청 오랜 시간 좋은 말씀 들려주셨습니다. 바쁘신데 나와주셔서 감사합니다.

새로운 세상과
만나는
여성운동

조은−백낙청 대담

조은 曺恩

사회학자, 동국대 명예교수. 주요 저서로 『침묵으로
지은 집』『사당동 더하기 25』등이 있으며 다큐멘터
리 영화 〈사당동 더하기 22〉를 제작·연출했다.

백낙청 조은 선생을 모시고 여성 분야에 관한 이야기를 하게 되어 대단히 기쁘게 생각합니다. 조선생님께 참석을 청탁드렸더니 '왜 하필이면 나냐' 하고 궁금해하셨다고 들었어요.(웃음)

조은 예, 지금도 여전히 궁금합니다.(웃음)

백낙청 실제로 독자들 중에서도 왜 조은 선생을 모셨을까 궁금해할 분도 있을 거예요. 그러니 선생님을 모신 이유를 말씀드리는 걸로 시작하지요. 여성 분야라는 게 그 안에 여성이 처한 현실에 대한 분석이나 대응책도 있고, 여성운동도 있고, 또 여성학·여성주의 담론도 있어요. 굉장히 광범위하죠. 또 그 하위 분야들 안에도 갈래가 많고요. 그 어느 하나에 집중해서 얘기 나눌 실력이 저한테 없기도 하지만(웃음) 독자들 또한 이 분야를 포괄하는 이야기를 듣고 싶어할 것 같아요. 그러려면 연륜도 있고 다양한 경력을 가진 분이라야 하지 않을까 싶었어요. 조은 선생은 학자나 활동가로서 많은 일을 해오셨고 소설도 쓰셨고, 〈사당동 더하기 22〉라는 다큐멘터리의 감독도 맡으신 바 있지요. 그런데 조선생님이 '왜 나일까'를 궁금해하실 때에는 제가 관여하는 『창작과비평』이라는 잡지가 여성문제를 별로 다룬 것 같지도 않고 '이번 책의 대담자나 기획자가 전부 남성들인데 내가 가서 무슨 대화가 될까' 하는, 궁금증만 아니라 걱정도 있지 않았나 짐작합니다.

제가 얼마나 대화상대가 될지는 모르겠지만 혹시 미흡하더라도, 아주 젊은 활동가보다는 조금 너그럽게 봐주시지 않을까 하는 바람도 있어요.(웃음) 또한 조선생님께서 어느 자리에서 피력하시기를, 여성학의 '게토(ghetto)화' 현상을 돌파할 수 있는 장이라면 상대가 다소 마뜩찮아도(웃음) 나가는 게 좋겠다는 생각이라 하셨기에 나와주실 거라는 희망을 품었지요. 오늘 이 자리가 이 대담집으로서는 여성문제라는 대단히 중요한 분야를 고찰하는 기회가 되고, 조선생님으로서는 게토화 돌파에 다소나마 도움이 되는 자리가 되길 바랍니다.

그럼 본론으로 들어가서, 한국사회의 현실문제, 일반 독자들이 많이 관심을 갖는 시의성 있는 문제로 시작했으면 합니다. 언론에 제일 많이 오르내리기는 최근의 여러 성범죄 사건들인데요. 그중에는 성폭행(강간)범죄, 심지어는 살인이 따르는 성범죄가 있는가 하면, 직장에서의 성희롱·성추행 사건들이 이목을 많이 끌고 있어서, 그에 관한 얘기부터 듣고 싶습니다. 물론 더 시급한 이야기가 있다고 생각하시면 그것부터 해도 좋고요.

페미니즘에 대한 예기치 않은 역풍

조은 왜 저를 택했을까에 대한 대답은 대체로 선생님께서 잘 해주신 것 같아요. 한편으로는 제가 대담하기 편한 여성학자인가라는 생각이 들었고, 다른 한편으로는 우려하지 않아도 될 만큼의 진보성을 제가 담보할 수 있겠다고 남성 원로들께서 생각하신 게 아닐까 싶었어요. 선생님이 말씀하신 두가지, 저도 저 나름대로 여성학이나 여성운동의 지점들을 조금 더 넓혀가야 하고, 게토화에 대한 선배 여성학자로서의 사명도 없지 않고요.

선생님께서 말씀하신 성폭력이나 성희롱 같은 이슈보다, 최근 들어와서 저희가 더 걱정하는 것은 여성학이나 여성운동의 취약 또는 게토화도 있지만, 사실은 백래시(backlash, 역풍)입니다. 백래시가 시작되었구나라는 우려가 굉장히 커요. 그래서 그 문제부터 말씀드리고 성폭력 문제로 넘어가면 어떨까 싶어요.

얼마 전에 SNS에서 어떤 젊은 청년이 IS(급진적인 수니파 무장단체 '이슬람국가'—편집자)에 가담하면서 본인 트위터에 페미니스트가 싫다고 쓴 게 화제가 됐는데요. 그 청년이 트위터에 남긴 말이 그것 하나가 아닐 텐데 우리 언론은 『한겨레』조차도 그걸 표제로 뽑았어요. 그건 알게 모르게 한국사회가 페미니스트를 어떤 극단적인 혐오 대상이 될 수 있는 집단으로 드러낸 사례가 아닌가 생각돼요. 이런 일들이 연이어지면서 사람들이 이렇게 묻게 됐죠. '그동안 잊어버렸는데 페미니스트가 뭔데?' '페미니스트가 뭐 하는 사람들이야?'라는 질문을 새롭게 등장시킨 거예요. 우려한 바와는 조금 다르게 여성민우회 등의 여성운동단체에 가입자 신청이 늘었다고 해요.(웃음)

참 흥미로워요. 아무도 주목하지 않은 데서 여성운동과 페미니즘이 슬그머니 문제시된 것 같아요. 근래에 워낙 큰 사건들이 계속 터지면서 거기에 대한 내성이 점점 강해지는 것처럼, 여성문제에 대해서도 거의 내성이 생겨서 그것을 문제로 느끼지도 않는 수준에 온 것이 아닐까라는 우려가 있었거든요. 그러다보니 IS 가담 청년의 말을 어떻게 해석해야 하는가라는 문제의식에 마주친 거죠. 이런 반페미니즘 정서에 대해 정식으로 "나는 페미니스트다"라는 태그, 즉 꼬릿말을 붙여서 SNS에 올리자는 캠페인도 벌어졌어요. '나는 평등과 평화를 사랑하기 때문에' '환경과 교육기회의 평등을 원하기 때문에' '직장에서 성희롱이 자행되는 것을 더이상 볼 수 없기 때문에 페미니스트다' 등으로 선언하는 공론장이 등장한 거죠.

이에 대해 비교적 진보적인 색채를 가진 신문사의 한 칼럼니스트가 '그렇게 페미니스트라고 선언함으로써 페미니스트라고 선언하지 않는 여성들을 소외, 배제시키는 어떤 전선을 형성하는 것'이라는 투의 글을 실음으로써 다시 한번 논란이 일었지요. 페미니스트를 둘러싸고 예기치 않은 지점에서 논쟁이 일어난 거예요. 한국사회 여성문제의 수준과 현황, 담론생산자의 문제 등을 확인하게 된 거죠. 현실을 보면 '아, 정말 여성운동은 어디로 가야 할까' '페미니스트가 이제는 우리 진보담론에서 백안시되는 것은 아닐까?' 하는 생각도 들어요. 한때 페미니즘은 지식인 남성들 사이에서 진보이념의 중요한 지점이라고 인정하는 경향이 있었죠. 지금은 아까 말씀드린 것처럼 여러 면에서 백래시가 벌어지고 있는 듯해요.

그동안 여성운동을 해왔고 혹은 그 안에 있어왔던 저로서는 성폭력 문제 또한 가볍게 볼 수 없는, 굉장히 깊이 반성하고 성찰해야 하는 문제라고 생각해요. 최근 서울대 수학과의 한 교수가 일으킨 성추행사건이 단적인 예죠. 세계적인 수학자라는 사람이 그렇게 지속적으로 그런 일을 벌여왔음에도 오랫동안 드러나지 않았다는 것은 단순히 성폭력·성추행이 우리 사회에 얼마나 일반화되었는가의 문제를 넘어선 것이라고 봐요. 제가 이 문제를 더 깊이 성찰하게 된 건, 한국사회 최초의 성희롱 관련 소송이었던 1994년의 이른바 '서울대 우조교 성희롱사건' 이후 7~8년이 지난 뒤, 비슷한 경험을 제가 속한 과에서 겪게 된 뒤부터였어요. 제가 학과장이었는데 오히려 성추행 가해 교수로부터 명예훼손 및 업무방해로 고소당했어요.

백낙청 동국대 사회학과에서 겪으신 일이죠?

조은 예, 제가 당시 성추행 피해 여학생의 주장에 대해 신빙성이 있는 것 같다고 발언하게 되었는데 상대 교수가 제 발언을 책잡아서 오히려 피해 학생은 무고 및 명예훼손으로 걸고 저는 업무방해 및 명예훼손으로 걸었습니다. 이른바 성희롱 관련 '역고소사건'이었어요. 말하자면 힘없는 피해자가 힘있는 가해자에 의해서 오히려 가해자로 소송을 당한 사건인데, 제가 고소되면서 그런 역고소가 12건이나 계류 중인 것을 알게 되었어요. 또한 이 일이 마침 '운동사회 성폭력 뿌리 뽑기 100인 위원회 보고서'와 비슷한 시기에 일어났어요. 그 보고서는 우리 사회 성폭력이 진보적 운동권 안에서도 예외가 아님을 보여줘 많은 논란이 되었지요. 이번에 서울대 수학과 교수 성폭력사건을 보면서 10년 전, 20년 전에 누군가 문제제기를 강력하게 해줬다면, 이처럼 '세계적인 석학'이라는 교수한테 학생들이 지속적으로 맥없이 당하는, 이런 통탄할 일은 없었을 거라고 생각해요. 서울대 교수로 대변되는 우리 사회 지성계가 어떻게 카르텔을 형성하고 있는가를 뼈저리게 느꼈어요.

단지 남성들의 카르텔이라고만 할 수는 없겠고 여기에는 힘있는 남성에 동조하는 여성도 포함되겠지만, 일단 2002년 당시 제가 겪은 경험은 그린 일에 전혀 부끄러워하지 않는 강고한 남성 카르텔이 형성돼 있다는 점을 일깨워주었어요. 그때 저는 여성학을 강의하고 사회학자로서 여성운동을 한다고 했지만 '그동안 마른자리만 다녔구나'라는 걸 절감했어요. 특히 '여성학·여성운동 등 실천의 영역에서 여교수라는 건 뭔가' '대학에서 여교수 할당문제 같은 권리를 주장하면서 여학생들의 인권에는 그렇게 둔감할 수 있는 여성 기득권 지식인으로 산 것 아닐까' 등을 성찰하게 만든 계기였죠. 2012년에 정년퇴임 하면서 당시의 일을 정리하게 됐을 때에도 여러 회한에 잠겼어요.

성차별 이데올로기는 얼마나 극복되었나

백낙청 그밖에도 우리 사회의 더욱 대대적인 성차별 문제, 즉 노동현장의 남녀 임금격차가 엄연할 뿐 아니라 눈에 안 보이는 승진기회의 차별 등은 여전히 문제입니다. 육아나 보육 문제 모두가 여성에게 맡겨진다는 점 또한 노동현장에서 여성의 활동을 제약하지요. 어떻게 보면 더욱 근본적인 문제라고 볼 수 있는데…

조은 사실 노동은 먹고사는 문제가 걸려 있는 거니까요. 1979년 백선생님께서 창비에서 대담하실 때는(「오늘의 여성문제와 여성운동」, 『창작과비평』 52호, 1979년 여름호) 중산층 여성과 노동자 여성 간에 연대를 왜 못할까라는 문제의식이 강했던 것 같아요. 돌이켜보면 그때는 여성

노동 문제를 여성 노동자에 국한시킨 점이 없지 않았습니다. 저출산·육아 문제가 한층 보편적인 사회이슈 또는 국가 전체의 문제가 된 것은 교육받은 여성들이 늘고 그들이 일하기 시작하면서부터였죠. 지금의 여성노동 문제는 여성들 모두에게 매우 핵심적인 문제 중 하나예요. 얼마 전에 모 언론에서 OECD 각국별 유리천장지수(glass-ceiling index, 성적·인종적 차별 등으로 고위직 진출을 가로막는 장벽을 수치화한 것—편집자)를 인용하면서 우리나라 500대 기업의 남성 임금이 여성의 평균임금보다 월 220만원이 더 많다고 보도해서 논란이 뜨거웠어요(JTBC 〈9시 뉴스〉 2015.3.18). 유리천장지수는 100점 만점에 15.5점으로 OECD 회원국 중 꼴찌로 나왔고요. 그런데 그걸 보고 있던 제 주변의 남성들은 '하는 일이 다르잖아' '근속기간이 다르잖아' '일하다가 애 낳는다고 들어갔다 출산하고 나오는데 어떤 기업이 좋아하겠어' 식으로 남녀 임금격차 문제를 여성의 문제로 치부했어요. 심지어 학자들의 경우, 특히 경제학에서는 인적 자본론으로 이를 정당화해주는 논문들이 많지요. 성별 임금격차는 여성노동 문제를 기존 틀 내에서, 다시 말해 여성은 가사를 일단 책임진 다음에 남는 노동력을 제공한다는 인식에 기반해 있습니다. 노동을 '남성의 공적 영역'과 '여성의 사적 영역'으로 이분화하는 이 문제는 정말 해결이 어려운 것 같아요.

그런데 공적 영역과 사적 영역의 경계를 무너뜨려야 한다는 생각은 '진보'적인 그룹에서조차 과격하다고 생각되고 있어요. 특히 근대의 프레임 안에서 여성문제를 성별분업의 틀로만 접근한다면, 문제해결에 나서야 할 기득권은 역시 공적 영역을 장악해온 남성들이 갖고 있어서 기존의 생각 틀을 바꾸기도 어렵지요. 최근 들어와서 여성노동력이 필요해지니까 육아써비스 같은 것을 거론하기는 하지만 근본적인 성별분업 경계를 허물 생각은 없는 거예요. 육아써비스는 우리 사회에서 탁아·보육 등으로 여러차례 명칭이 바뀌어왔잖아요. 제 젊은 시절에는 탁아(託兒)라는 용어를 쓰는 순간 '그건 이북에서나 하는 거야'라면서 싸잡아 욕하는 걸 듣게 되니 거기서 더 나아가지 못했어요. 선생님께서 얘기하시는 분단이나 통일과 여성 문제가 어떻게 연관되어 있는가를 분명하게 보여주는 지점이기도 하지요.

지금까지는 그 문제들을 깊숙이 논의하지 않고 그때그때 형편에 맞게 슬쩍슬쩍 넘겨온 식이었죠. 그런 토대 위에서 근대적 의미의 성별분업을 어떻게 재정립할 것인가라는 문제와, 그 문제를 한국사회 맥락 안에서 어떻게 대응하고 해결할 것인가에 대한 문제제기가 이성적이고 합리적인 토론으로 합의에 이르기 어려운 조건에 계속 놓여 있었어요. 그러다보니 마치 여성문제는 부차적이고 하잘것없는 이슈처럼 다뤄졌죠. 2000년대 초반에 유시민 당시 개혁당 대표가 "저 멀리서 파도가 크게 치는데, 조개 줍는 소리 한다"라고 말해서 개혁당 내부의 여성운동가들이 대거 이탈했던 에피소드도 마찬가지죠. 여성문제를 이처럼 하잘것없이 보는 병폐를 어떻게 해결하고 갈 수 있는지, 또는 과연 그런 발언이라도 할 기회는 누구에게 주어지는 것인지 생각하면서 여기 오게 된 것 같아요.(웃음)

백낙청 그런데 지금은 어떤가요? 남성은 공적 영역, 여성은 사적 영역, 이렇게 분리하는 이데올로기 자체는 많이 약화된 것 아닌가요? 그러니까 여성의 공적 영역 진출이라는 것을 이념적으로 배제하진 않는 분위기죠. 물론 실제로는 과거에 남성이 공적 영역에서 역할을 하기 위해 여성이 가정을 잘 돌봐줘야 했듯이, 여성이 공적 영역에 진출하려면 그게 탁아든 육아든 보육이든 기반이 필요하게 마련이

지요. 지금 우리 사회가 그 기반을 안 만들어주는 문제가 하나 있고, 또 하나는 말로는 공적 영역에 들어오라고 환영하는데 그게 '내 밑으로 들어와라'라는 식의 기득권자들의 요구가 작용하는 상황인 거죠. 요즘 와서도 별의별 후진 사람들이 다 있지만,(웃음) 어쨌든 그 이데올로기 자체는 좀 약화된 것 아닌가요?

조 은 약화되었다고 볼 수도 있지만 다르게 나타나고 있다고 할 수도 있죠. 모든 문제가 시대나 상황에 따라 얼마나 다르게 나타나는지를 말씀하셨는데, 사실 성별분업이나 노동시장에서의 여성차별도 여러 다른 양태로 드러나잖아요. 우리나라에서 60~70년대 이른바 산업화 초기 여성의 노동참여율은 '역J' 형이었어요. 역J 형은 학력이 가장 낮은 사람의 노동참여율이 고졸 학력자나 심지어 대졸 여성들의 참여율보다 훨씬 높았다는 의미예요. 그런데 이게 요즘엔 바뀌고 있죠. 노동참여율에서 학력 간 격차는 줄어들었지만 오히려 비정규직, 하청노동, 기간제 노동 등 노동력 참가 양태에서 많은 차이가 나지요. 여성노동 문제는 한편으로는 성별분업 문제와 다른 한편으로 계급문제가 굉장히 조밀하게 엮여 있어요.

지금 한국사회에서 여성노동은 여성운동이나 여성학이 게토화되는 것과는 다른 의미에서 진정으로 게토화되어 있어요. 만약 중산층 여성이 선생님 말씀처럼 교육기회의 평등을 누리고 공적 영역이나 취업에서도 차별이 어느정도 없어졌다고 한다면, 여성운동이나 여성학자들은 이를 우려의 눈으로 보게 돼요. 여성운동가들이 열심히 활동해서 '결혼과 출산 후 퇴직'이라는 관행을 없애고 그 결과 어떤 계층 여성들은 출산휴가까지 받으면서 직장을 잘 다니게 됐어요. 하지만 대다수 여성은 비정규직이나 기간제 노동에 몰리고 있지요. 노동의 양극화와 여성 내부의 양극화가 교차하면서 여성노동의 게토화가 사회에 팽배해 있습니다. 실은 이런 이슈들 때문에 페미니즘이나 여성 일반에 대해 역풍이 일어나고 있지요. 된장녀나 명품녀 같은 말은 이런 노동의 양극화와 여성 내부의 양극화에 대한 반발일 수 있는데, 엉뚱하게 이에 대해 의식을 지닌 여성운동이나 페미니즘이 그 표적이 된 것이라고 봐요. 다른 분야도 마찬가지지만 운동의 표적이 잘못 알려진 경우죠. 선생님께 그런 질문도 드려보고 싶어요.

백낙청 여성운동가라고 해서 모두 계급문제에 관심있는 건 아니잖아요. 조은 선생은 늘 계급문제나 계급담론을 함께 생각해오신 게 매력의 하나라고 봐요. 사실 우리가 모시기로 한 이유 중의 하나지요.

논의를 확산시켜서 운동 이야기를 해보려 하는데요. 여성운동도 지금 갈래가 굉장히 많잖아요? 각기 관심사가 다르고 운동방식도 다르죠. 두가지를 여쭤보고 싶은데요. 이렇게 여러 갈래이면서도 그래도 대부분의 여성운동이 공유하는 아젠다가 있다면 뭔가요? 또 하나는 반드시 공유하는 아젠다가 아니더라도 조선생 스스로 어떤 아젠다를 특별히 중요시하시는지요?

조은 한때 여성운동은 '쓰레기처리에서부터 반핵운동까지'라고 할 만큼 그 범위가 넓었어요.(웃음) 정말 안 다루는 문제가 없을 만큼 범위가 넓었죠. 일상적인 쓰레기처리 등의 지역운동이나 반독재 민주화운동, 통일평화운동이나 환경운동 그리고 원전반대운동, 탈핵운동 등 모든 영역에 여성운동이 참여하고 개입해야 했고, 또는 끼어들기도 했어요. 그러면서 각 분과운동으로 가는 경우가 많았어요. 예를 들면 여성환경운동·여성평화운동·여성노동운동·여성탈핵운동 등 여성과 사회운동이 결합되는 경우 같은 거죠. 그래서 지금도 각 분야 NGO단체들의 사무국에는 여성들이 대거 몰려 있어요. 여성운동의 스펙트럼이 넓게 퍼져 있는 셈이지만, 한편으로는 여성학 고유의 학문영역이 있느냐는 질문에서처럼, 과연 여성운동이 해당 분과운동의 주체가 되거나 그 운동의 핵심의제가 여성운동의 그것과 연관지어질 수 있느냐는 늘 문제가 돼요.

제 또다른 고민은 이 여성들이 각자의 관심사를 벗어난 다른 이슈의 여성들하고 어떻게 연대할 것인가예요. 2011년 후꾸시마 원전사고 이후 핵발전에 대한 관심이 대중화되고 여성단체나 여성운동가들이 원전 반대, 자연훼손 반대, 군사기지화 반대에 전방위적으로 나서게 되었어요. 예를 들면 밀양 송전탑 반대운동에 할머니들과 함께 나서고 강정마을 지키기에도 함께 나섰지요. 이때 성별은 중요 이슈가 아니지만, 여성들의 연대 없이는 운동이 불가능해지는 경우들이 생겨난 거지요. 밀양 할머니들은 일상에 치여 살면서 여성이나 사회 문제에 대한 인식이나 실천에 극히 소극적이었던 분들이었죠. 하지만 송전탑 반대운동 과정에서 보여준 그들의 모습은 놀라운 수준이었어요. 이처럼 여성운동을 여성의 권익증진이라는 좁은 의미로 한정하지 않고 여성운동의 폭이 굉장히 넓다는 점을 인정한다면, 다른 여타의 운동과 연대하는 어떤 축이 만들어질 수 있을 것이라고 생각해요. 이것이 여성운동의 힘이기도 하고 역할이기도 합니다. 의제보다 연대에 더 역점을 두게 되었다고도 할 수 있지요.

여성운동, 다른 진보운동과의 만남

백낙청 조선생 자신은 요즘 어떤 운동에 특히 관심을 갖고 계신지 궁금하네요. 2013년 한국여성학회 창립 30주년 기념 학술대회에서 기조강연을 하셨죠? 거기서 '어떤 여성주의가 다시 우리를 설레게 할 수 있을까'라는 질문을 던지셨는데, 지금 가장 우리 가슴을 설레게 해줄 여성운동은 어떤 것일까요?

조은 강연을 요청받은 때는 제가 퇴임한 지 1년이 지난 때였어요. 당시 저는 사회운동의 모든 영역에서 한발씩 물러나서 거리를 두고 나도 내 일상을 즐겨보겠다는 생각으로 손을 접고 있었어요.(웃음) 그런데 강연 주제가 '시장화 사회'로 흥미로워 수락했죠. 그러면서 시장화되어가는 사회에서 여성운동이나 여성학이 무슨 문제를 얘기해야 할까라는 고민과 더불어 나도 지금 가슴이 뜨겁지도 않고 설레지 않는데 무슨 얘길 해서 사람들을 설레게 할까라는 고민이 들었어요. 적어도 1970년대 후반과 80년대에는 이렇게 답답할 때엔 동료 여성학자나 페미니스트와 얘기하면 좀 나아진다는 생각이 있었거든요. 판을 바꿀 수 있겠다는 설렘이 있었어요. 그래서 모임도 자주 했는데 지금은 여성학 모임이라는 게 굉장히 약화됐어요. 그래서 그 강연에서는 후학들이 고민해주었으면 하는 이슈를 제기해보려 했어요.

1984년 '또하나의문화'(이하 '또문')에는 당시 학계에 진입한 30대 여성들이 중심이 되어 모였어요. 주로 외국에서 공부하고 들어와서 사회과학 쪽에 겨우 입장권을 얻어 쥔 '토큰여성'들이었죠. 한 대학이나 한 학과에 한명씩 있는 학자들이 말벗이라도 있어야 하니까 모였고, 공동육아운동도 함께 펼치면서 그 힘을 모아 담론을 생산하고자 했지요. 요즘 '또문'에서 같이 활동하던 동인들이 점점 영역을 넓혀가고 있어요. 또문을 함께 시작한 이화여대 조형(趙馨) 교수 같은 경우 '남북어린이 어깨동무' 같은 남북이 조용히 함께해가는 운동을 시작했고, 조한혜정(趙韓惠貞) 교수 같은 경우는 환경운동이나 탈핵운동으로 영역을 넓혀왔죠. 저는 설레는 일보다는 분노하는 일에 힘을 보태고 있습니다.

근래 제가 해고노동자 손해배상가압류 반대 시민모임 '손잡고'('손배가압류를 잡자! 손에 손을 잡고')의 공동대표를 맡았습니다. 제가 역량이 되어서가 아니라 미안한 마음으로 맡은 거예요. 저는 어떻든 제도권 학계에서 월급 받아가면서 편하게 지내다 정년퇴임했는데, 아무리 봐도 갑작스럽게 해고되어 길거리에 내몰린 노동자들이 손배가압류를 당하는 것은 너무 심하지 않은가라는 생각이 들었어요. '손잡고' 모임이 평범한 회사원 남편을 둔 한 전업주부의 제언에서 시작되었다는 점도 제가 발을 뺄 수 없게 만들었어요. 쌍용자동차 파업노동자들이 47억이라는 손해배상을 당한 걸 보고 그분이 "10만명이 4만 7000원씩 내자"고 제안한 데서 시작되었거든요. 또한 김진숙(金鎭淑)씨 같은 여성노동자의 고공농성을 보면서 느낀 바가 많았고요.

여성학자들은 현장에서 전력투구하면서 싸우는 여성노동자들 앞에서는 늘 주눅이 들죠.(웃음) 약간의 부채감도 있고요. 무엇보다 손배가압류 같은 경우 제 주변에는 그런 경험이 없기 때문인지 '노동자라 해도 기물 파괴하면 당연히 배상해야지'라고 한다든가 '그 사람들 정말 너무 심하게 운동하지 않느냐'는 식으로 말하죠. '손잡고' 공동대표를 맡으면서 제가 주변 사람들에게 '이미지 기부'하기로 했다고 말했어요. 저는 그동안 '빨간 띠'를 머리에 두르지도 않았고 '조끼' 입고 거리로 나서지도 않았고 그런 점에서 비교적 온건하고 부드러운 이미지를 갖고 있는 정년퇴임한 여교수지요. 그런 제가 손배가압류 문제에 나섰다고 하면 뭔가 이유가 있겠지라고 생각해주지 않을까라고 생각한 거죠.(웃음)

그동안 노동문제도 거의 남성노동자 중심으로 이해되어왔죠. 1970년대까지 신발·가발 등 경공업 여성노동자들의 기여가 컸고 YH나 동일방직 여성노동자들이 주도한 노동운동 등이 있었음에도 노동운동사를 쓰는 (남성)학자들이 대개 우리나라 노동운동을 중공업이 시작되면서 본격화되었다고 썼어요. 그 정도로 여성노동운동에 대해서는 무지하거나 평가에 인색했어요. 어떻게 보면 이 손배가압류 문제에 부딪히면서 노동운동이 새로운 국면을 맞이한 거죠. 남성노동자들만의 문제가 아니라는 것을 새롭게 인식하게 되었고, '불법파업'이 아닌 노동자 파업은 가능하지 않다는 것, 그리고 기업은 언제라도 (불법)파업에 손해배상 청구소송을 할 수 있다는 이 부당함을 여성운동가인 저조차 늦게 알게 된 거예요. 파업에 참여한 노조 지도자뿐 아니라 다수 노동자들 각자의 재산, 심지어 전세금까지 가압류할 수 있게 되다보니, 노동자 가족들이 손배가압류에 묶이면서 급기야 해고노동자들이 자살로 몰리는 상황까지 마주하게 된 거죠. 노동자들이 옴싹달싹 못하게 묶여버린 거예요. 이제 어떤 방식으로 어떻게 연대해야 하는가라는 문제에 직면하게 된 셈입니다.

백낙청 돈으로 조지는 방식이에요.

조은 정말 그렇습니다. 이렇게 폭력적이고 끔찍할 수가 있을까요. 우리가 자본주의사회에 산다는 게 뭔가라는 생각을 다시 해보게 됐어요. 정말 이렇게 비인간적일 수 있나, 이 문제를 사람들에게 어떻게 알려야 하나라는 고민이 들어요. 어떤 때에는 '과거에 여성노동운동에 깊이 관여한 적 없는 제가 왜 "손잡고" 시민모임에 들어왔을까', 이런 질문을 스스로도 해보게 돼요.

지금 사람들이 느끼는 우려는 자본주의가 일상에서 어떻게 모두를 벌금이나 배상금이라는 이름으로 피폐화시키면서 작동하는가와 관련된 분노라고 생각해요. 이런 분노는 여러 영역에서 부글부글 끓고 있어요. 산업사회 초창기 영국에서 비슷한 손배가압류가 있었지만 현재는 어느 나라에서도 찾기 힘든 이 손배소가 왜 지금 한국사회에서 합법의 이름으로 횡행하는지… 노동력에서 이윤을 착취하는 정도가 아니라 모든 관계를 돈으로 환산해버리는 시장사회가 되어버렸죠. 거기에 더 놀란 것은 이렇게 말이 안되는 법이 집행되는데 왜 법학자들이 나서지 않는가였어요. 서울대 조국(曺國) 교수님이 공동대표로 와주시면서 어렵사리 힘을 받고 있지요. 어떻게 보면 지식인들이 자행하는 지식폭력에 대해 생각해보는 계기가 되었어요. 개인적으로 이런 체험들을 하면서, 여성운동이나 페미니스트들이 다양한 이슈를 통해 다른 진보진영과 계속 연대해야겠다고 생각했어요.

백낙청 네이버문화재단의 '열린 연단' 강의에서도 말씀하셨지만 여성운동이나 여성학이라는 게 기존의 인식 틀 자체를 흔드는 것 아니에요? 가령 서양으로 치면 옛날에 참정권운동 이후로 다시 새로운 물결이 일어날 때 들고 나온 '사적인 것이 정치적이다'라는 명제라든가, '객관성' 개념에 대한 도전 같은 게 사실 많은 지식인들을 설레게 했다고 봐요. 페미니즘의 발명품까지는 아닐지라도 확실히 새로운 내용을 부여했고 특히나 폭넓은 대중운동과 결합되어 있다는 점이 인상적이었지요. 요즘은 그런 명제들은 이미 알 만한 사람들은 다 알고, 외면하는 사람들은 여전히 나 몰라라 하고 있죠. 이런 때 페미니즘이 조은생님 표현대로 '위험한 페미니즘'으로 다시 태어나야 하는 과제가 남아 있다고 보는데…(웃음)

현안으로 돌아가서요. 지금 말씀하신 문제들 외에 정부 차원에서는 저출산 문제를 굉장히 크게 보고 있고, 다른 한편으로는 그런 국가적 아젠다와는 동떨어진 분야에서 특히 젊은 페미니스트들이 성소수자 문제 같은 걸 제기하고 있잖아요?

성소수자운동과 신구 세대의 페미니스트

조은 '위험한 페미니스트 되기'는 피할 수 없게 된 것 같아요. 그리고 저출산이 사회적 이슈가 되면서 정부 차원에서는 새롭게 여성문제에 대한 인식이 생겼다고 자부하는 듯하지만 저는 그렇게 호들갑스럽게 저출산위기를 담론화해야 하는지 그리고 그런 식의 정책방향으로 접근하는 것이 옳은가 하는 의문을 갖고 있어요. 왜냐하면 실제로 저출산은 만혼(晚婚)과 비혼(非婚) 비율의 상승과 관련되지요. 그리고 저출산은 계층적으로 봤을 때 중산층의 문제예요. 누가 결혼을 하고 누가 안하는지, 누가 아이를 낳는지 왜 안 낳는지를 분석해야 하죠. 우리 사회에서 대체로 보수적 가치를 체화한 중산층의 출산율이 떨어지니까 문제가 되는 것 같은데 그 점이 가장 주목할 부분이라고 봐요.

중산층이 애들 교육비 생각하랴 양육비 생각하랴, 그러다보니 애 낳기 힘들다고 말합니다. 이런 체제를 계속 유지한다고 가정할 때 비용감당이 안된다는 거지요. 이들은 근대의 등장과 함께 그렇게 강조됐던 합리적·이성적 모성을 지향하는 층이잖아요. 애를 낳아서 방치하는 게 아니라 정식으로 양육해서 모범적 사회구성원으로 만들어야 한다고 보는 층이에요. 다시 말해, 출산율이 낮으니 국가 위기라는 말은 적합한 진단이 아니에요. 이것은 '이성적 또는 합리적 모성의 위기'라고 불러야 한다고 봐요. 그렇게 정의하는 순간 그에 대한 대책 또한 달라질 거예요.

여기에는 자연스럽게, 우리 사회의 양극화 문제도 걸려 있고, 고용불안정, 보육이나 사교육 같은 문제의 해결과도 연관됩니다. 그런데 저출산 문제가 여성의 문제로, 또한 국가 위기로 담론화되면서 이 위기에 관한 정책과제가 대책없는 다산장려로 가고 '출산하지 않는 여성'은 뭔가 잘못된 비(非)여성처럼 부각됩니다. 이 문제와 관련해서는 남성 진보 학자들이 폭넓게 연대해줘야 합니다. 특히 이 문제를 제대로 볼 수 있는 경제학자들과 연대해서 담론을 생산해야 해요.

『창작과비평』 같은 경우도 이런 주제를 가끔 특집으로 잡아주셨어야 한다고 봐요.(웃음) 지금 보면, 언론에서도 저출산 위기를 그대로 국가 위기로 확대재생산하면서, 결혼을 미루거나 출산을 미루는 여성들의 출현을 자기밖에 모르는 이기적인 골드미스의 등장이라고 말하거든요. 이런 상황에서 대안담론을 어떻게 재생산할 수 있을까는 숙제입니다. 사실 사안마다 국가주의에 어떻게 대항해야 하는지는 진보 학계 그리고 여성주의가 함께 고민해야 하는 이슈입니다.

백낙청 예, 아주 따끔한 지적을 해주셨네요. 그럼 성소수자 문제는 어느 정도 비중을 두고 생각해야 할까요? 특히 젊은 페미니스트들은 어떻게 생각하는지…

조은 젊은 페미니스트 중에 성소수자 문제에 관심있는 친구들이 많이 있죠. 그런데 그중에 정치적 성소수자와 실제 성소수자, 또는 정치적 동성애자와 실제 동성애자의 비율이 어느 정도인지는 모르겠어요.

백낙청 정치적 동성애자라면 본인이 동성애자는 아니지만…

조은 예, 성적으로 동성애자는 아니더라도 정치적으로 동성애 문제에 개입하고 지원활동이나 후원도 하는 경우죠. 젊은 페미니스트들 중에 누가 얼마나 어떻게 성소수자 문제에 관여하고 있는지, 그 실상은 저도 잘 모릅니다. 동성애가 금기시되는 문제는 윤리적·도덕적 문제라고만 볼 수 없는, 우리 사회에 그만큼 숨 쉴 영역이 좁아져간다는 것을 뜻해요. 그러다보니 다름에 대한 인정이 없는 사회에 대한 반발, 이런 게 더 크지 않을까 생각이 들어요. 그동안 비교적 이 문제에 진보적으로 동조하거나 적어도 반대는 하지 않을 거라고 믿었던 박원순 서울시장이 보수진영의 벽에 부딪혀 성소수자 차별금지 내용을 담은 서울시민 인권헌장 선포를 거부했죠. 그러면서 그 문제가 새롭게 떠오르게 된 거잖아요. 우리 사회에서는 대다수 사안이 늘 도덕이나 윤리라는 이름의 옷을 빌려 입고 옳거나 그르거나의 문제로 환원되는데 여기서 문제는 반론이 숨 쉴 공간이 없다는 거예요.

그다음에 백선생님께서 말씀하신 것처럼, 누구에게 무엇이 가장 절박한 문제인가 또는 가장 가슴 뛰게 하는 문제인가라고 물었을 때 이 성소수자운동은 당사자들의 가슴을 분명히 움직이는 부분이 있어요. 우리 사회에서 그 수가 어느 정도인지는 모르지만, 실제로 자기가 동성애자이거나 퀴어(queer, 이성애자가 아닌 모든 성소수자)인 경우에는 이 문제를 정말 절박하게 느끼죠. 먹고사는 문제부터 가족 내 인정(認定) 문제까지 굉장히 시급하고 다양해요. 이들은 절박하기도 하고 가슴으로 분노하고 울분으로 고동치는 사람들이어서, 어떻게 보면 여성운동 안의 소수집단이지만 가장 강력한 발언을 하게 된 거죠. 그들은 다름을 인정해달라는 것이지 누구에게 피해를 주는 것도 아니니 명분도 있고요. 인권의 차원에서 가장 절박한 문제가 아닐까 싶어요. 누군가 제게 '정치적 동성애자'냐고 묻는다면 실제로 아무런 실천을 한 적이 없기 때문에 그렇다고 말하긴 어렵지만, 심정적으로는 그렇다는 입장입니다.

백낙청 그런데 그걸 정치적 동성애자라고 표현하시는 것은 정치적으로 그렇게…

조은 '정치적으로 올바른'이라고 하면 괜찮을까요?.

백낙청 아니, 그 표현이 정치적으로 현명한 선택이 아닌 것 같다는 거죠. 일반 사람들을 헷갈리게 만들어요. '정치적으로 올바른 동성애자'라고 말해도 '너도 레즈비언이었냐'라고 묻게 만드니까요. 그런 표현을 안 쓰고도 동성애운동을 지지하거나 거기 가담할 수 있는 것 아닌가요.

조은 우리 사회에서는 성적인 것과 관련되면 실제로 말을 꺼내지 못하는 분위기가 있어요. 그래서 실제 사례들이 많이 덮어졌던 거고, 남성들의 경우도 군대 같은 데서 비슷한 사례가 많죠. '퀴어'라는 영어 단어가 '이상한, 기묘한'이라는 뜻을 갖고 있기도 하지만, 우리 사회가 그들이 '이상한 소수'가 아님에도 그들이 그렇게 보일 수밖에 없는 조건들은 많이 만들어놓고 이들에게 덫을 놓고 있는 면도 없지 않아 있는 것 같아요. 저도 그렇고 초기의 여성운동가나 여성학자들은 어떻게 보면 이 문제를 피해갔지요. 굉장히 조심했어요. 동성애자로 몰려도 안되고 너무 진보적으로 보여도 안되고 행동도 조신하게 해야 했고요.(웃음) 너무 많은 자기검열을 한 거죠. 왜냐하면 그 검열 안에는 '내가 이러다가 사회가 허용하는 여성운동을 망치게 되는 것 아닐까' '그나마 여성들이 얻을 수 있는 몇가지 평등한 기회를 망가뜨리면 어쩌나' 하는 우려가 있었던 거예요. 그래서 우리는 '그런 퀴어 문제는 지금은 때가 아니다'라고 미뤄놓고 피해왔던 거예요. 그런데 지금의 젊은 페미니스트들은 어떻게 보면, 얻을 것도 없지만 잃을 것도 없어요. 그렇다면 자기들이 당장 원하는 것이라도 얻어야 하지 않을까라는 생각도 들었을 테고. 사회 전반적으로 인권에 대한 새로운 인식도 생겼고, 기존의 윤리로부터 좀더 해방되기도 했고요. 여러

가지가 작용한 것이죠.

여성운동에 요구되는 한반도적 시각

백낙청 본래 제가 여성운동과 다른 운동의 연대문제에 대해 질문하려고 했는데 조은 선생이 손배가압류 운동을 소개하시면서 좋은 사례를 이미 말씀해주신 것 같아요. '손잡고', 이건 통상적인 여성운동은 아니잖아요. 여성과 남성이 함께하는 운동이고 그러면서도 여성운동의 문제의식에서 출발해서 거기에 참여하신 거고요. 다른 사례를 여기서 더 열거할 시간은 없을 것 같은데, 그보다 제가 질문하고 싶은 게 있어요. 여성 또는 성차별 문제가 근대 전체의 문제, 또 세계체제의 문제이면서 한국에서는 특수한 형태로 드러나잖아요. 한국적인 특수성을 갖고 나타나는 과정에는 분단체제라는 것이, 그러니까 남과 북이 아주 다른 세상 같지만, 세계체제 속에서 한반도 분단체제라는 일종의 구조를 공유하고 있어서 남은 남대로 북은 북대로 각기 다른 방식으로 이 분단체제의 영향을 받아서 성차별 문제가 더 악화되고 있다는 생각이에요.

사실 북한사회가 옛날에는 사회주의를 표방했으니까 이데올로기적으로는 굉장히 선진적이었는데 지금은 그런 면도 많이 줄어들었고, 특히 현실을 봤을 때엔 그곳도 남성중심의 사회라는 걸 부정하긴 너무나 어렵게 됐죠. 남한의 경우도 한편으로는 북한과는 달리 성차별을 완화하기 위한 여러 제도적 조처와 변화가 있었음에도 불구하고 우리의 교육수준이나 경제력에 비해서 여성의 지위가 너무나 저열해요. 그래서 저는 이게 분단과 분명히 관계가 있고 따라서 이 분단체제를 극복하는 운동, 꼭 남북교류나 통일만이 아니라 분단에서 파생하는 남쪽의 다양한 문제에 대응하는 여러 개혁운동들과 분단 자체를 극복하려는 운동이 연대해야 한다고 이야기해왔어요. 여성운동 하는 분들을 보면 그렇게 생각하는 분이 많지는 않은 것 같은데, 조선생님 생각은 어떠신가요.

조은 저는 전적으로 우리 분단체제가 여러 차별을 확대재생산하는 데 활용되고 있고 성 불평등도 그렇게 활용되는 영역 중의 하나라고 생각합니다. 그리고 그걸 극복하려면 여성들이 더 적극적으로 이 문제를 연계해야 한다고 보고요. 우리 분단체제의 모순을, 해결이라고 하긴 그렇지만 어떤 식으로든 균열을 내거나 해체하는 역할을 하는 것은 모든 영역에서 매우 중요해요. 여성운동이 그 나름으로 어떤 균열의 지점을 확보하고 있다는 점에서 어떻게든 연대해야겠지요. 돌이켜보면, 이효재(李效再) 선생님이 초기부터 분단시대의 여성학을 들고 나왔다는 것은 그만큼 중요하다는 문제의식도 있었고 용기도 있었다는 생각이 들어요. 그 용기를 따라가는 후배 여성운동가나 여성학자들이 많지 않았고 크게 진전을 못 시켰지요.

한국사회의 분단체제는 저변의 심리적 수준에서 시작해서 굉장히 다층적으로 우리 행동과 생각을 제약해왔어요. 이런 상황에서 한층 더 취약한 여성권익을 위하는 운동부터 해야 하지 않는가가 여성운동의 고민이었죠. 그러다 보니 여성운동이 분단문제나 통일문제를 직접 치고 나가지 못하고, 정치적 담론 생산에도 약했고 실제로 운동 수준도 매우 낮았다고 생각합니다. 그 문제를 어떻게 풀 것인가는 저도 잘 모르겠지만, 이제는 심리적 위축이나 강박에서 벗어날 때가 됐고 과거와 같은 사전검열을 하지 않아도 되는 세대가 등장했다고 봐요. 이는 희망사항이기도 합니다.

백낙청 통일운동이나 남북교류협력사업에 여성들이 얼마나 나서는가가 핵심은 아니라고 봐요. 남한사회 안에서 여성들이 처한 현실에 대응하면서 국내 의제에 집중하더라도, 자기가 부닥친 어려움이 분단하고 무관하지 않다는 분석능력을 갖고 관련 담론을 생산하는 것이 중요한 거지요.

조은 전적으로 동감입니다. 예를 들면 언론인이나 정치인의 경우 중동이나 아프간 사태에서 복잡한 국제정세를 읽어주는 대신 '거기는 여자가 부르카 입고 학교도 못 다녀', 이런 식으로 스스로를 친여성주의자로 쉽게 둔갑시키기도 하지요. 사실 그런 폭력적 담론화, 즉 개별 사안의 특수성은 무시하고 단 하나의 기준만을 내세우는 식으로 여성을 호명하는 일이 우리 사회에 만연해 있어요. 그런 점에서 선생님께서 분단체제의 문제를 중도적 입장에서, 세밀한 영역으로 나눠서 분석해야 한다고 하신 말씀에 공감해요. 여성문제는 한편으로 굉장히 복잡해서 다른 담론과 연계할 때는 치밀한 분석을 많이 해야 하는 영역인데 사실 덜 되어 있죠.

백낙청 실천과정에서는 그때그때 상황에 맞게 슬기롭게 대처해야겠지요. 더군다나 페미니즘 진영이 하는 일이라면 다들 눈을 치켜뜨고 있고 여성운동 진영이 여러가지로 몰리고 있는데 거기다 분단체제까지 없으면(웃음) 덕 볼 건 없기 십상이에요. 저는 분단체제를 강조해온 입장에서 여성들이, 적어도 여성학자같이 페미니즘을 주도하는 층에서는 자신들의 운동과 담론이 남한사회에서 부닥친 문제가 분단체제와는 어떻게 연계돼서 작동하고 있는가를 인식했으면 해요. 그런 인식을 갖고, 이 분단체제의 변화를 가로막고 있는 그들이 동시에 남성카르텔이기도 하다는 점을 좀 신랄하게 폭로해줬으면 하는 소망을 갖고 있습니다.

조은 그 카르텔을 겨냥하려고 할 때에는, 잘못하면 사실 그 카르텔 담론의 적대적 대상이 될 위험이 있고 또는 거기에 끼워주지 않아서 생기는 불편이 있을 수 있어요. 그 카르텔의 구조에 대해서는 『창작과비평』 등에서 계속해서 비판의 영역을 넓혔으면 해요. 대상이 없다면 좀 발굴도 해주셔야 하고요. 다른 한편, 여성들의 경우에는 사실 지금 여성운동이 침체되고 퇴조하기도 했지만 동시에 어떤 의미에서는 성찰과 반성이 필요할 것 같아요. 그래서 어떤 문제제기를 할 때 '여성주의적 시각은 어떤 점에서 기존의 인식틀을 바꾸는 일인가'라는 모토를 자신있게 들고 나와야 하고, 그런 경험들을 통해 구체적인 사례들을 얻을 수 있을 것 같아요.

자본주의의 여성과 근대의 패러독스

백낙청 자연스럽게 여성주의 담론이나 여성학 이야기로 옮겨온 셈이네요. 여성주의 담론이 단순한 여성권리 주장이 아니라, 조선생님께서 여성학회 30주년 기조발제에서 쓴 표현대로 "학문체계를 새롭게 재구성하는 역할"을 해야 한다고 봐요. 저는 지금 여성학이 약간 퇴조했다고 할까 게토화한 이유가 우리 사회의 전반적인 담론 수준의 퇴보와 무관하지 않다고 봐요. 우리가 새롭게 이걸 돌파해야 할 때인 거죠.

'열린 연단'에서 하신 말씀을 좀더 천착해보면 어떨까 싶네요. 강연제목이 '여성, 젠더, 제도: 근대의 패러독스'잖아요. 여기서 근대의 패러독스라는 개념을 좀더 설명해주시면 어떨까요.

조은 한국의 근대를 얘기하면서 젠더와 여성을 얘기한다면 어떤 키워드를 끄집어낼 수 있을까 고민하면서 '패러독스'라는 용어를 떠올렸어요. 독일에서 활동하는 사회학자 김덕영씨가 최근에 '환원근대'를 말씀하시던데, 이 환원근대란 근대화가 경제와 돈만을 우선시하면서 본래 근대화가 표방하고자 한 '개인·생명·존엄' 등의 가치는 제대로 구현되지 못했다는 뜻입니다. 이처럼 근대에서 '무늬만 근대'인 경우들을 조합해놓았을 때 가장 딜레마적 상황에 처하게 된 사람들은 바로 여성이었어요. 근대의 가치가 자유·평등·박애라고 할 때 한국 사회는 이 자유와 평등을 내걸고 여성을 호출하고 나서, 또다시 비슷한 방식으로 배제하거나 축출했지요. 근대의 기획이나 발전계획에 여성을 포함시키면서 또한 축출하는 작업을 되풀이해왔다는 점에서도 일종의 패러독스였고요.

그리고 앞서 말씀드렸듯이 이 '근대'는 성별분업에 기반을 두었는데 그것 자체가 진정한 패러독스예요. 왜냐하면 그 분업에 기반을 두고서 그 분업을 깨뜨리고 나오라고 하고는 깨뜨리고 나올 수 있는 조건은 만들어주지 않았죠. 그러다보니 여성들은 근본적으로 역설적인 상황에 놓일 수밖에 없었어요. 담론의 영역에서도 끊임없이 권력을 쥔 쪽이 페미니즘을 계속 불러냈다 축출했다 하는 과정을 되풀이했고요. '신여성'이라는 근대 초기의 개념에서부터 시작해서 지금까지 그런 상황이 계속되고 있다는 점에서 여성은 진정 패러독스를 체현하고 있는 집단이라는 생각을 했어요.

백낙청 근대가 평등을 지향하면서도, 특히 남녀관계나 성별 문제에서 젠더의 불평등을 현실적으로 극복하지도 못했고, 또한 젠더차별을 오히려 더 필요로 하며 이 과정을 끊임없이 재생산한다고 하셨어요. 그게 분명히 패러독스는 패러독스인데요. 저는 이걸 '무늬만 근대' 식으로 표현하는 것은 별로 적절하지 않은 것 같아요. 물론 근대의 선진사회가 표방한 여러 이데올로기를 무비판적으로 수용했느냐고 묻는 게 의미는 있죠. 하지만 선진 근대사회들이 이데올로기나 사상을 생산했을 뿐 아니라 사실은 더 중요하게는 자본주의 세계체제를 건설한 것 아니에요? 그런데 이 자본주의라는 것은 불평등 없이는 존속할 수 없어요. 꼭 성별불평등이라야 하느냐는 질문보다는 자본주의의 근본적 속성에 주목해야 할 것 같아요. 자본주의의 불평등구조라는 것은 제가 보기에 굉장히 잡식성이어서 성별이든 인종이든 닥치는 대로 그때그때 활용하는 능력이 있다는 겁니다. 인종도 어느정도 그렇지만 성별이라는 건 없어지지 않잖아요. 남과 여의 차이가 있으니, 자본주의의 본질적 불평등구조에 활용하기가 그만큼 편리한 것이고, 그래서 남녀평등을 표방하면서도 성차별을 못 없애는 것이 바로 패러독스일 텐데…

조은 본질적 패러독스라는 데 동의합니다. '환원근대'를 말씀드렸는데 서구 근대를 표준으로 했을 때에는 그런 해석이 가능하지만, 사실 이념과 실상의 괴리라는 차원에서 근대라는 개념은 그 자체가 패러독스고, 그때 가장 활용하기 쉬운, 특히 한국사회처럼 단일민족 얘기하는 사회에서 활용하기가 쉬운 게 여성과 젠더였다는 거죠. 여기에 여성 내부의 계급적 차이까지 더해집니다. 특정 계층의 여성, 어떤 집단의 여성은 정말 언제라도 불러냈다가 언제라도 축출시키기가 너무나 쉬워요. 그러다보니 자본주의적 발전이라는 논의 틀에 '여성'을 끼워넣기가 쉬웠을 거고요. 초기 산업자본주의 단계에서는 노동력 착취가 이윤극대화의 주요 영역이었다면, 그 영역이 점점 넓어져서 최근에 들어서는 심지어 '관계' '감정' 등 모든 게 이윤창출의 지점이 되고 있어요. 그중에서 남녀관계야말로 또다른 의미에서 굉장히 흥미롭고 다양한 착취와 이윤증식이 가능한 영역으로 부각된 것 같아요. 여성학 쪽에서 시장화사회 문제를 들고 나온 이유가 여기에 있고요. 초기 산업사회에서는 '관계'나 '감정'도 상품이 된다는 것은 생각지 못했던 거잖아요.

백낙청 감정, 자연, 정신 모두가 상품이 되었죠.(웃음)

조은 그렇게 보면 정말, 여성운동은 여성이 소비되는 방식과 영역을 어떻게 잡을 것이냐라는 숙제에 당면한 지 오래예요. 또한 그동안 여성들이 해왔던 성별분업 관계에서 주로 여성이 맡아온 분야가 돌봄을 중심으로 한 사회적 써비스 영역이죠.

후기자본주의 단계에서 이 사회적 써비스에 참여한 여성노동이 소비되는 방식은 또다른 영역인 것 같아요. 돈벌이에 남녀관계가 동원되는 담론화 방식도 주목할 만하지요.

섹스와 젠더, 그리고 음양조화라는 개념

백낙청 이 문제를 집중적으로 제기한 게 젠더담론 아니에요? 조선생님은 '열린 연단' 강연에서 '사회적 관계가 없는 진공상태에서 성을 구분하는 것은 무의미하다' '여성이라는 것이 담론적 구성물이고 고정된 범주가 아니라 너무나 유동적인 의미투쟁의 장이다'라고 하셨죠. 젠더담론은 이런 논의를 확산하는 데 큰 공헌을 했다고 봐요. 하지만 그 전파력에 한계가 있는 듯한데, 저는 문학평론가의 한 사람으로서 섹스(sex)와 젠더(gender)의 개념을 이렇게 구별하는 게 오히려 대중을 헷갈리게 하지 않는가 하는 의문을 갖고 있어요. 더구나 이걸 번역할 때 여성학계에서는 sex는 성차, gender는 성별로 옮기잖아요? 그러나 우리가 일상생활에서 무슨 공문서를 써낼 때 보면 '남자냐 여자냐' 란에 '성별'이라고 쓰여 있어요.

조은 개념어는 어차피 지식인사회에서 어떤 사유를 어떻게 하면 좀더 예리하게 벼릴 수 있을까, 그 미세한 차이를 어떻게 드러내서 설명할 수 있을까를 고민하다가 나누게 된 것인데요. 즉, 사회문화적 성[gender]과 생물학적 성[sex]으로요. 그런데 그 사회문화적 성과 생물학적 성이 완전히 분리된다고도 할 수 없고 분리되지 않는다고 할 수도 없어요.

백낙청 이렇게 생각하면 안되나요? 원래 인간의 성이라는 것은 사회적인 측면과 생물학적 측면이 결합된 것인데, 이걸 사회적인 극(pole)에 치중해서 분석하면 여성학계의 용어로 '젠더'가 되는 것이고 생물학자나 생리학자가 주목하는 신체적·자연적인 극이 '섹스'에 해당한다고 보는 거지요. 그렇지만 그 둘이 별개로 구분할 수는 없게 결합되어 있는 거고요. 젠더가 생물학적 성에 기반을 둘 뿐 아니라 실은 생물학적 성이라는 것도 그것만 따로 떼어서 생각할 수 있는 게 아니라고 보는 것이 정확하고 어느 면에서 더 효과적이지 않을까요.

조은 그래서 한 사안을 놓고 어떤 학자는 섹스라고 말하고 또다른 학자는 젠더에 더 가깝다고 해요. 그 용어의 혼동은 여전히 논쟁거리예요. 하지만 어떤 현상을 분석하기 위해 우리가 개념을 조작하여 정의하기도 하잖아요. 그렇게 본다면 담론분석을 위해 사회문화적 성격이 강한 것은 젠더라고 하고 생물학적 성격이 강한 것은 섹스라고 하자, 그다음에 성적 행위는 섹슈얼리티라고 하자고 할 수 있죠. 그게 서로 떨어져 있진 않지만 분석을 위한 일종의 조작정의(操作定義, operational definition)라고 이해하시면 될 것 같아요. 그것 자체가 여성학이나 페미니즘, 여성운동의 중요한 이슈일 수밖에 없어요. 어디까지가 생물학적인 성이냐, 즉 우리가 지금 대통령을 여성 대통령이라고 부르는데 '여성 대통령임에도 여성성은 없어'라고 한다거나 '여성이 아니라고 할 때 당신들이 말하는 여성은 뭐냐'는 식의 논쟁이 끊이지 않는 거예요. 그래서 여성 자체가 유동적 개념이고 담론적 구성물이라고 말한 거지요.

결국 생물학적 기반을 두고 있는 개념어가 가진 한계예요. 그런데 여성이 처한 위치를 생각해보면 또다른 숙제가 있어요. 계급·성·인종·국가·민족의 여러 지위 안에서 여성은 n분의 1만큼 자리를 차지하고 있느냐, 또는 어떤 것이 더 우위에 있느냐라는 문제를 어떻게 풀 것인가예요. 그게 사실은 통합되고 연계된 것인데 우리는 그 우열을 매겨서 구분하는 경향이 있어요. 식민사회를 논할 때는 민족이 계급보다 위였다가, 어떤 시대에는 계급이 더 위로 가는 식이죠. 이처럼 주요 모순에 등급이 매겨져 있다는 인식이 있다보니 담론 자체가 위계화되는 거죠. 우리 사회과학 담론에서 성과 젠더는 늘 하위 모순으로 자리매김되었어요. 성불평등이나 젠더 문제가 같은 차원의 모순적 위치에 놓여 있다는 인식이라도 할 수 있게 되면 좋겠다고 생각해요.

백낙청 계급이 상위개념이고 더 포괄적인 개념이라고 보는 사람들, 가령 엥겔스(F. Engels)도 인류사회에서 가장 먼저 생긴 계급차이가 남녀차별이므로 해결도 제일 마지막에 될 것이라고 했어요. 저는 엥겔스의 그런 이론도 일종의 계급환원론이라고 봅니다. 그래서 지금 말씀하신 것처럼, 그 두가지를 동렬에 놓고 어떤 점에서 일치하면서도 또 구별해야 할 건 뭔가 싶어요. 이와 관련하여 제가 「큰 적공, 큰 전환을 위하여」를 쓰면서, 성차별 철폐가 시급한 단기적 과제이며 또한 단기간에 해결될 수 없는 중장기적 과제이기도 한데, 우리가 가장 원대한 안목으로 어떤 궁극적 목표를 세운다고 할 때는 '성평등'이라는 표현이 과연 적합한가라는 물음을 던졌지요(본서 54면―편집자). 차라리 '남녀 간의 조화'라고도 생각했다가, 너무 남녀를 구분한다거나 양성에 국한한다는 지적이 있어서 오히려 동양 전통의 표현을 가져와서 음양조화라고 표현했고요. 그런데『창작과비평』의 여성 편집위원들로부터 그다지 후한 평가는 못 받았어요.(웃음)

조은 저도 사실 그 글에 쓰신 음양조화, 이 부분을 보면서 굉장히 불편했어요. 음양이라든가 조화라든가 하는 표현이 매우 보수적이고 기능주의적인 담론의 한 축을 형성하거든요. 조화를 얘기할 때, 기득권이 얘기하면 굉장히 불편해지거든요.(웃음) 지역주의도 패권적 지역주의와 저항적 지역주의, 이렇게 나누잖아요. 그런데 패권적 지역주의 쪽에서 지역주의가 문제라고 이야기하면 굉장히 불편하듯이, 지금 이 상황에서 아무리 장기적으로 본다고 해도 음양의 조화를 얘기하시면… '아, 선생님께서 무슨 생각을 하고 계시는 걸까' 싶고요. 더구나 음양의 조화가 한국 유교 가부장제사회의 유산이라 한다면, 굉장히 불편한 거예요, 그 언어 자체가…(웃음) 차라리 타파할 건 타파하자 이렇게 얘기해야 할 것 같아요.

백낙청 저는 그런 얘기를 했다고 생각하는데요.(웃음) 다만 인간사회에 여러 불평등 문제가 있는데 그게 평등으로 해결되는 문제가 있고, 평등만 추구해서는 해결이 안되고 조화랄까 그런 차원으로까지 나아가야 해결되는 문제가 있다고 보는 거예요. 가령 계급문제라면 계급은 결국 철폐해서 해결해야죠. 하지만 남녀의 차이는 철폐 못하는 것 아니에요? 성차별을 철폐하되 남녀의 차이가 없는 사회는 있을 수 없잖아요. 계급 없는 사회는 있을 수 있지만 말이죠. 그런 측면에서 남녀관계의 문제는 당장에 불평등과의 싸움이라는 차원과 함께 또 다른 차원이 있다는 사실을 감안해서 담론을 전개하는 게 좋지 않겠느냐는 뜻이었어요.

지금 조선생께서 예리하게 지적하셨듯이, 여성이 그런 얘기를 한다면 모를까(웃음) 기득권을 가진 남자 주제에 그런 얘길 하니 '이게

도대체 무슨 소린가' 싶으셨을 듯해요. 사실 그것 때문에 『창작과비평』편집진 내부에서도 여성들의 비판을 받았죠. 그런데 그게 원론적으로 아주 틀린 얘기가 아니라면 남자가 욕 좀 먹고 해놓는 것도 나쁘지 않겠다는 생각을 했어요. 가령 여성평등 주장하면 평등만 중요하냐 사랑도 중요하고 배려도 중요하다고 대꾸하는 입장과 제 입장은 달라요. 저는 근대에 적응하면서 근대를 극복해야 한다는 소위 이중과제론을 펼치고 있는데, 여기서 근대에 적응한다는 것은 근대의 나쁜 부분을 감내하면서 견뎌야 하는 것도 있지만 근대가 이룩한 훌륭한 성취 또는 그것이 내놓은 훌륭한 목표나 개념 등은 흡수하자는 거거든요. 결국 저는 근대가 표방한 성평등 이념을 수용하고 이러한 근대에 적응하면서 넘어서려는 거니까, 이건 누가 믿어주든 말든(웃음) 복고주의적인 음양조화론하고는 다른 것이라고 생각해요. 물론 제가 여성운동과 연대해 나서서 싸운 경험도 없으면서 그런 이야기를 하니 좀 느닷없다는 느낌도 줄 것이고, 심지어는 상당한 의심의 대상이 될 수도 있다는 건 인정합니다.(웃음)

조은 그런데 선생님께서 평등을 너무 기계적으로 생각하시는 건 아닐까 싶어요. 논리적으로나 원론적으로 옳다고 해서 궁극적으로 그게 옳으니 이 모든 과정을 생략하고, 그 안의 모순을 들여다보지 않고 가야 한다는 것은 문제라고 봐요. 물론 그렇게 극단적으로 말씀하시진 않았지만… 그리고 근대가 표방한 성평등 이념을 수용하는 조화라고 말씀하시는 것은 근대 자체가 본질적으로 패러독스라는 선생님의 논리에도 반하고요.

백낙청 저는 과정을 생략한다는 표현을 하지 않았어요. 단기·중기 목표로서 성평등을 위한 노력이 굉장히 중요하다는 것도 명시했죠. 하지만 제가 신뢰를 받을 만한 자격이 있느냐, 그건 별개의 문제겠죠.(웃음)

조 은 사실 그 자격이 있느냐도 문제겠고요.(웃음) 선생님께서 「큰 적공, 큰 전환을 위하여」에서 장기 과제를 논하면서 '성평등이 궁극적인 목표가 아니라면'이라는 식으로 말씀하셨는데, 어떤 사회가 지향하는 목표가 평등한 사회, 차별이 없는 사회, 혹은 차별이 덜한 사회로 간다고 했을 때, 그것을 이루는 측면에서 성평등 또한 굉장히 중요한 부분일 수밖에 없어요. 그 성평등을 이뤄내는 데에서 이를테면 어떤 사람은 이런 평등, 또다른 사람은 저런 평등을 구현하겠다라고 하면 문제될 게 없어요. 문제는 음양의 조화, 여기서 조화라는 단어가 들어오는 순간, 복고주의적 발상과 다를 바 없는 거라는 점입니다.

같은 지역주의 철폐라고 해도 패권적 지역주의가 말하는 것과 저항적 지역주의가 말하는 것은 다르다는 건 서로 공감했잖아요. 그런 점에서 '성평등이 본질적인 것이 아니라면' 식으로 얘기하시고 '조화가 더 본질적인 것이다'라는 식으로 말씀하실 때, 그럼 과연 여기서 조화는 무엇을 얘기하나라는 의문이 드는 거죠. 본래의 평등 개념 안에 배려도 있고 조화도 있는 것인데, 어떻게 조화가 평등보다 더 상위의 개념인가… 지금 남녀의 조화가 더 상위의 개념이라고 얘기한다면 거기에 대해서 분명히 의문을 제기할 수밖에 없다고 생각해요.

백낙청 지금 단기적인 운동의 구호로 조화를 내세우자고 한 것은 아니에요. 그러나 일반 대중들의 일상에서는 평등보다는 조화가 위에 있는 경우도 많아요. 부부 간에도 그렇고요.

조은 아니, 우리 사회가 계속 그렇게 말해오면서 성차별 해온 것 아닌가요?

백낙청 제 말씀은, 운동의 전략으로서도 조화를 앞세울 필요는 없지마는 성평등을 지상목표처럼 내세울 경우에도 마찬가지 부작용이 있다는 거예요. 하나는 페미니즘 안에서도 뭐가 부당한 차별이고 뭐가 정당한 차이냐라는 논란이 끊임없이 벌어지게 됩니다. 또 하나, 성평등 사회를 이룩하려면 남녀가 같이 노력해야 하는데, 남성을 적대시하는, 적어도 적대시한다고 느낄 남자가 많아진다는 점에서, 단기적·중기적 운동에서 전술적으로 고려할 면도 있고요. 사실은 그보다도 원론적 차원에서 여성운동가들이, 적어도 여성주의 담론을 개발하고 주도하는 분들은 진정 계급 간, 지역 간 평등 문제와 남녀 간 평등 문제를 같은 차원에서 볼 수 있는지 고려할 필요가 있다는 거지요.

조은 성평등을 기계적으로 해석하는 경우가 있죠. 예를 들어, '내가 가사를 이만큼 맡았으니 남자 너도 이만큼 해라'라는 식이에요. 제 뜻은 성평등이라는 개념을 토대로 서로를 배려하는 것이 필요하다는 거예요. 여성운동가들이 성평등 문제를 얘기하는 이유는, 우리가 살아가는 사회의 구조적 불평등에 함몰된 약자에 대한 끊임없는 배려 때문이에요. '여성' 그 자체도 약자지만 여성 내부의 약자들에 대한 배려 또한 말씀드리는 거고요. 어느 여성학자는 제자들에게 "측은지심 없으면 페미니즘 수업 들어오지 마라"(웃음) 그랬다 하죠. 여성운동이 성평등을 지향하면서 남성을 적대시하거나 남성을 그런 대상으로 놓는다는 것은 분명 옳지 않죠. 그건 아니죠. 그런 면에서는 전술적으로 조화를 꾀해야 한다고 말할 수 있을지도 몰라요. 하지만 현재 한국 상황에서 남성과 여성이 조화롭게 가는 것이 성평등을 지향하는 여성운동보다 상위에 있어야 한다든가, 거기에 역점을 더 둬야 한다고 말씀하신다면 그건 아니라는 거죠.(웃음)

백낙청 그런 건 아니라는 걸 믿거나 말거나 다시 한번 말씀드리고,(웃음) 평등을 기계적으로 해석해선 안된다는 말씀은 유념해야 할 부분이라 생각해요. 그것은 성평등뿐 아니라 모든 영역에서 염두에 둬야죠. 가사노동 문제만 하더라도, 가사노동을 되도록 평등하게 배분한다든가 또는 가사노동을 주로 하는 여성들의 짐을 덜어주는 사회적인 제도를 만들어야 하지만, 동시에 생산노동 자체를 돌봄노동과 양립 가능한 방식으로 바꿔나가는 것도 중요하다고 봐요. 본래 자본주의사회가 출발할 때 성별분업을 토대로 했기 때문에, 공공영역에서의 노동이라 하면 으레 돌봄노동과는 양립하기 어려운 것으로 전제되어왔거든요. 지금은 과학기술 면에서도 재택근무가 더 쉬워졌고, 단순히 그런 기술적인 측면을 넘어 이 사회를 물질적으로 유지하기 위해 필요한 노동을 얼마만큼 어떻게 고쳐나갈까라는 점도 근본적으로 다시 생각하는 게 필요하다고 봐요.

조은 예, 그런 점에서 인식체계의 변화, 기존 편견에 균열을 내는 작업을 여성학이 계속 해야 한다고 말씀드렸던 거예요. 우리의 일상을 구성하는 현재의 체제가 너무 당연하다고들 생각하고 있는데 그게 과연 당연한 것이냐는 물음을 던지는 작업은 결국, 물론 이것뿐은 아니겠지만, 페미니즘적 시각을 통해서 가능하지 않겠느냐 싶고요. 사실 자본주의사회의 가장 큰 문제인 계급문제를 보면, 때로는 여성문제가 계급문제 아래에 은폐되거나 혹은 계급문제가 여성문제로 은폐되는 때가 많죠. 우리가 그 점을 제일 신경써야 하고, 학자들이 정말 이 은폐를 좀더 천착해야 해요.

요새 세대 간 갈등이 아니라 동기 간 갈등, 즉 같은 코호트(cohort, 취향집단) 안의 갈등을 이야기하기도 해요. 다만 그 안의 갈등 중에 큰 것이 여성과 남성 간 갈등이다보니 표면화되진 않았지만, 그 내면에 있는 사실상의 계급갈등이 많이 은폐되어 있다고 생각합니다. 그러다보니 목소리 센 여자들에 대해 대다수 사람들이 한편으로는 많이 당황하고, 한편으로는 폭력적으로라도 입 좀 다물게 하고 싶다는 움직임이 우리 사회에 알게모르게 나타나고 있는 것 같아요. 아무리 목소리가 커졌다고 하지만, 여전히 한국사회에서 여성은 이등시민이거든요. 그 이등시민이라는 점을 간과하거나 '이등시민 아닌 여성 많잖아'라고 해버리면 안될 거 같아요. 분명히 여성은 한국사회에서 여전히 이등시민이라는 점을 전제로, 운동 또는 지식인 담론생산 같은 점들을 신경써야 하지 않을까 생각합니다.

백낙청 시간이 많이 지나서 이제 마무리를 지어야겠는데, 끝으로 한 말씀 해주시죠.

조은 글쎄요. 방금 말씀드린 게 제 이야기의 마무리인 것 같아요. 『창작과비평』은 누가 뭐래도 우리 사회에서 지식생산, 담론생산에 굉장히 중요한 역할을 맡고 있죠. 그런 점에서 1979년에 여성문제를 한번 다룬 뒤로 거의 안 다루셨는데 오늘 이 대담을 통해 여성문제가 어떻게 우리 사회의 여타 문제와 얽혀 있는가에 관심을 가지셨다면 좀더 적극적으로 여성문제나 성평등, 성해방 담론을 치고 나가주시면 좋겠습니다. 여성들이 말할 때 갖는 폭발력과는 또다른 폭발력을 가지리라 봅니다. 인정하기 싫지만 그동안은 남성들이 주도한 지식권력의 장에서 여성문제를 주되게 할당하지 않았고 중요한 담론이라고도 생각하지 않았다는 것이 제 생각이에요. 그렇기 때문에 지금 왜 여성들이 다른 운동에 끼어들지 않느냐 또는 왜 여성학자들이 한층 치밀한 분석을 하지 못하느냐 하시면 안될 듯하고요.

2015년 3월 8일 '세계 여성의 날' 행사에서 '성평등은 모두를 위한 진보'라는 모토가 나왔어요. 진보의 모든 영역에서 여성이 연대하지 못하는 부분에서는 여성들의 책임도 분명히 있어요. 하지만 그것은 성평등이 진보의 영역이라고 아직도 소리쳐야 할 만큼, 성평등을 진보의 사회적 의제로 받아들이기보다는 여성권익 신장 정도로 이해하고 있음을 일깨우는 표어였다고 생각합니다. 성평등이 남성 그리고 우리 사회 기득권이 크게 의존하고 있는 불평등체계의 핵심영역이라는 것을 인정했으면 합니다.

백낙청 예, 잘 알겠습니다.(웃음) 오늘 여러가지 좋은 말씀 해주셔서 감사합니다.

2017 대선,
어떻게
이길 것인가

박성민–백낙청 대담

박성민 朴聖珉
정치컨설턴트, MIN컨설팅 대표. 주요 저서로 『강한 것이 옳은 것을 이긴다』 『정치의 몰락』(공저) 『불량 사회와 그 적들』(공저) 『불확실한 세상』(공저) 등이 있음.

백낙청 오늘 정치에 관한 대담에는 박성민 MIN컨설팅 대표를 모셨습니다. 제가 「큰 적공, 큰 전환을 위하여」라는 글을 쓰기 전 2014년 9월 세교포럼에서 초고를 발제했었지요. 그때 박대표님께서 약정토론자로 오셨는데 현장을 아는 전문가의 생생한 얘기를 들으면서 저를 비롯하여 여러 사람이 '학자들하고 토론하는 것과는 다르구나' 하고 실감했어요.

그래서 이번에 책을 기획하면서 다시 모셔서 더 자세한 이야길 듣기로 했습니다. 그런데 마침 2015년 1월부터 『한겨레』에 「2017 오디세이아」라는 연재를 시작하셨더군요. 제1화 끝머리에서는 "어떤 사람이 대통령이 되어야 하는가. 대통령이 될 사람들은 무엇이 달랐는가. 국민은 어떤 대통령을 원하는가. 어떤 이슈가 중요한가. 승리하기 위한 각 진영의 전략은 무엇인가. 여야의 경쟁력 있는 후보는 누구인가" 등의 질문에 답해보겠다고 하셨지요. 사실 이게 사람들이 모두 관심 갖는 문제거든요. 그래서 마침 잘됐다고 느꼈고요. 지난 토요일(2015.03.14)에 나온 문재인 후보에 관한 글을 보니까 상당히 허심탄회하게 이야길 하셨더군요.(웃음) 오늘도 그런 얘길 좀 많이 들어보았으면 합니다. 물론 선거의 중요성, 선거의 지형 등 정치 전반의 이야기를 먼저 하고, 구체적인 인물 이야기는 뒤로 아껴놓을까 해요.

2014년 세교포럼에서 말씀하신 것 중에 또 인상적이었던 것은, 한편으로 우리 사회의 수구·보수 카르텔이 얼마나 강고한가를 강조하면서 "그래도 그 보수의 약한 고리가 있는데 그게 바로 정치고 선거다"라는 말씀이었습니다. 또한 "지금 우리 국민은 '웬만하면' 야당을 찍어줄 준비가 되어 있는데 지금은 웬만하지가 않은 것 같다"라고 말씀하셨는데요.

박성민 선생님께서 분단체제에 대해 오랫동안 이야기해오셨고, 지난번 세교포럼에서는 '변혁적 중도주의'를 다시 한번 강조하시면서 분단체제에 무관심한 개혁주의 세력을 비판하셨습니다. 많은 이들이 북한을 염두에 두지 않은 채 대한민국 내부만의 온건한 개혁을 생각하는데 그렇게 되면 자기성찰에 소극적이 되고 한국사회를 온전히 이해하기가 어렵다는 말씀이었어요. 사실 한국의 강한 국가주의 역시 분단체제에 기인한 것이라고 봐야죠.

실제로 한반도는 휴전이라는 불안정한 상태로 유지되고 있고, 핵과 미사일 개발 같은 북한 뉴스가 하루도 빠지지 않고 나오죠. 사드(THAAD, 미사일방어체제) 배치나 킬체인(Kill chain, 한미연합 선제타격체제) 구축 같은 군사 이슈가 일상화되어 있고요. 그런 사회라면 역시 보수가 모든 면에서 우위에 서고 심리적으로 지배할 수밖에 없을 겁니다. 그게 현실이죠. 하지만 그런 악조건 속에서도 87년 민주화투쟁이 얻어낸 전리품이 있다면 바로 '선거'일 것입니다. 보수진영에서 보면 '우리도 쿠데타를 안할 테니 너희도 혁명을 포기해라. 선거에서 이긴 사람이 여당 하고 진 사람은 야당하자'라는 합의를 한 셈이죠. 서구보다는 많이 늦었지만 그래도 민주화운동의 자랑스러운 성과라고 생각합니다.

1987년 헌법에는 직선제 개헌뿐 아니라 경제민주화 조항이나 행복추구권, 헌법재판소 관련 조항 등이 포함되었다는 의의가 있지만, 대부분의 국민들은 '대통령을 내 손으로 뽑는다'라는 직선제 개헌으로 기억하지 않습니까? 그것이 민주화운동세력이 얻은 최대 전리품이라면 보수세력 입장에서는 팔 하나를 잘라준 것 같은 아픈 양보일 겁니다. 그후에 진보진영의 성장이 있었다고는 해도 한국사회는 시장이나 언론, 법조 쪽에서는 여전히 보수가 우위에 있죠. 그에 비해 선거는 그 결과에 승복해야 하는데다 대합의를 통해 만들어졌기 때문에 보수세력 입장에서는 다른 영역에 비해 가장 약한 고리입니다. 그 때문에 보수세력은 선거를 두려워하죠. 특히 대통령선거는 보수 입장에서 보면 너무 많은 걸 걸고 싸우는 불확실한 게임이에요.

백낙청 이건희씨도 한표, 박근혜씨도 한표.(웃음) 그리고 길에 지나가는 아무개씨도 한표니까요. 물론 그 표를 위한 상징조작 등의 과정에서는 돈이 작용하지만, 어쨌든 선거는 기업의 주주총회하고는 정반대의 원리로 운영되잖아요.

박성민 반칙이라는 게 지금은 국정원 댓글 정도니까, 불공정한 힘의 우위를 이용한 다른 영역에서의 반칙에 비하면 선거는 비교적 평평한 운동장에서 치르는 경기라고 보는 겁니다.

우리가 대통령을 뽑는 세가지 이유

백낙청 전반적으로 아직은 개혁세력의 힘이 약하고 불리한 지형이 조성돼 있다고 보시면서도 선거에서는 한번 해볼 만하다는 말씀인데요. 선거를 치른다면, 특히 대통령선거에서는 국민이 야권을 '웬만하면 찍어주려고 한다'고 보시는 거고요. 그런데 지금은 어떻게 된 것 같나요? 제 느낌에도 여전히 웬만하면 좀 바꿔봤으면 하는 생각을 하는 분들이 많을 것 같긴 해요. 그런데 그게 말씀처럼 '웬만해지고' 있습니까?(웃음)

박성민 제가 2012년에 『정치의 몰락』(박성민·강양구 지음, 민음사 2012)을 쓰면서 '보수시대의 종언과 새로운 권력의 탄생'이라는 부제를 달았는데 종언이라고 얘기할 정도는 아닐지 몰라도 보수세력이 지닌 강력한 지배력은 전에 비해 약해지고 있는 것이 사실입니다. 그런데 선거는 승패를 예측할 수 없을 정도의 박빙의 승부가 반복되니 그중에서도 가장 약한 고리일 거고, 그래서 보수는 되도록이면 선거를 하고 싶어하지 않습니다. 일례로 교육감선거에서 몇번 지고 나서 보수 쪽에서 제일 먼저 말한 게 '교육감 직선 그만하자'였거든요.

　한국사람들은 정당이나 정책에 대해 물어볼 때보다 인물에 대해 물어볼 때 좀더 솔직하게 대답하는데요. 이 때문에 어느 정당을 지지하느냐고 묻는 것은 민심의 지형을 아는 데 별로 도움이 안돼요. 오히려 대통령에 대한 평가를 물어볼 때 비교적 솔직하게 대답합니다.

　현재 박근혜 대통령에 대한 긍정과 부정 평가가 대체로 1 대 2쯤으로 나오고 있지 않습니까? 부정평가가 훨씬 많죠. 그리고 다음 대통령이 누가 됐으면 좋겠느냐는 질문에는 야권 대선주자 지지율 합이 압도적으로 높습니다. 그리고 김대중·노무현·이명박·박근혜, 이런 순서대로 불러주면서 '누구를 좋아하십니까'라고 물어보면 2014년 지방선거 이후에는 김대중·노무현 지지율의 합이 이명박·박근혜 지지율 합보다 더 높습니다. 과거, 현재, 미래 대통령에 대한 평가가 모두 하나의 방향을 가리키고 있어요.

이명박 대통령의 선거 슬로건이 '국민성공시대'였고, 박근혜 대통령 역시 '국민행복시대'를 내세웠잖아요. 솔직히 국민들도 먹고사는 문제만큼은 보수 대통령이 조금이라도 나을 것이라고 기대했죠. 내가 대출 많이 끼고 집을 사서 하우스푸어가 됐는데 그래도 이 사람들이 되면 집값도 어느정도 회복되고 장사도 좀 될 거라고 기대했을 것 같아요.

하지만 그런 기대가 많이 꺾였습니다. 대기업만 '성공'하고 부자만 '행복'한 시대가 되었으니까요. 특히 50대가 상당히 실망한 것 같아요. 50대는 여전히 박근혜 대통령에 대한 지지가 20~40대보다는 높지만 최근에는 그들이 60대와 분리된다는 느낌이 있습니다. 60대 이상이 주로 안보 때문에 보수정당과 박근혜정부를 지지했다면 50대는 경제적 이유가 더 컸을 거라고 봐요. 그런데 이명박·박근혜 정부에서 그 답이 없었다면 이제는 전과 다르게 선택할 가능성이 있습니다.

2014년 지방선거 때 출구조사를 보면, 50대 즉 1차 베이비부머인 1955~63년생까지의 야당지지가 서울에서부터 부산에 이르기까지 대체로 40퍼센트를 넘었습니다. 전지역에서 다 넘은 건 아니지만 대체로 그랬지요. 이 결과를 보면서 상당한 변화가 있다고 느꼈습니다. 다음 대선에서 야권 후보가 50대에서 45퍼센트 이상 득표한다면 정권교체가 된다고 보거든요.

백낙청 박대표의 MIN컨설팅에서도 독자적인 여론조사를 하죠? 이번 『한겨레』 연재에서는 갤럽 조사를 원용하셨지만요. 각 당의 대선후보를 4명씩 언급하셨던데, 5 대 5로 하면 누가 더 들어갑니까. 연재에서 거론된 인물은 야권에서는 문재인·박원순·안철수·안희정(安熙正)이고 여당 쪽은 김무성(金武星)·김문수(金文洙)·이완구(李完九)·홍준표(洪準杓)였는데요.

박성민 그게 2015년 2월 조사였는데, 갤럽은 매월 둘째 주에 발표하거든요. 갤럽은 조사하기 전주에 오픈 문항으로 물어 순위별로 4명씩 조사대상자를 정한다고 하더군요. 5 대 5로 제시하는 리얼미터는 정몽준(鄭夢準)과 김부겸(金富謙)을 추가하는 것 같습니다.

백낙청 인물 얘기는 나중에 하기로 했습니다만… 박대표가 하신 말씀이, 대선이 지금 한 3년 남았는데 3년 전의 시점에서 여론조사 1위라고 해서 그 사람이 된다고 예측할 수 없다는 거죠. 또한 지금 거론되는 여덟명이나 열명 바깥에서 대통령 후보가 나오긴 어렵다고 하셨고요. 그렇다면 그 열명 안에는 누가 들어가나 궁금했던 것이고요.(웃음) 그런데 『한겨레』 기고문에서는 주요 후보들 지지율의 합이 야권은 50퍼센트고 보수 쪽은 그보다 훨씬 떨어진다고 하면서도 "그러나 역전표가 얼마나 많은가"라는 단서로 글을 끝내셨어요. 그 말씀에 동감해요. 대통령선거라는 게 한사람씩 후보를 내놓고 한표라도 더 받는 사람이 되는 거지, 여권과 야권 각각의 유력후보자 표수를 합쳐서 승패를 결정하는 제도가 아니잖아요.

결국 지금 야권의 네사람을 합쳐 50퍼센트가 나와 여권을 훨씬 능가한다 해도 사실 새누리당이 갖는 조직력이나 수구·보수 카르텔의 막강한 저력 등을 감안하면 당장에야 새누리당의 후보가 정해지지 않아서 그렇지 누구 하나로 정해지면 40퍼센트가량은 거저먹고 들어갈 거고요. 그럴 때 야권에서 역전패를 안 당하려면, 국민들은 웬만하면 찍어주려고 하고 있지만(웃음) 훨씬 더 많은 걸 해내야 하지 않나…

박성민 제가 '웬만하면'이라는 표현을 썼던 것은, 야권 지지자들이 다음엔 우리가 반드시 정권을 찾고 만다는 강력한 의지를 보이고 있기 때문이에요. 대선이 이 정도 남은 시점에서 야권의 차기 대통령 후보들 지지율의 합이 40퍼센트를 넘어 어떤 경우에는 50퍼센트까지 가는 경우도 있는데, 이전 대선에서 노무현이나 문재인의 득표율이 50퍼센트에 못 미친 점을 감안하면 단순 지지율이 45퍼센트를 넘는다는 건 거의 최대치에 다다랐다는 걸 뜻합니다. 안철수에서 박원순으로, 박원순에서 문재인으로 순위가 바뀌는 건 누가 더 경쟁력이 있는지 판단이 안되니까 왔다갔다 하는 거고요. 그래서 웬만하면 찍을 준비가 돼 있다고 말씀드린 거지요.

선생님 말씀과 같은 맥락인데요. 박근혜 대통령에 대한 직무 수행평가는 지지율과는 다릅니다. 대통령의 직무수행에 대해 부정평가가 60퍼센트 정도 되더라도 그중에는 선거 때 보수와 진보 후보가 1대 1로 붙으면 보수 후보를 찍을 사람들도 상당수 포함되어 있는 거죠. 왜냐하면 상대를 더 싫어할 수 있으니까요.(웃음) 유권자가 대통령을 지지할 때는 선택의 이유가 세가지예요. 좋아해서 찍거나, 좋아하진 않지만 필요해서 찍거나, 아니면 상대가 싫어서 찍거나입니다.

예컨대 60대 이상의 유권자들은 박근혜 대통령을 좋아하기도 하고 필요하다고도 생각합니다. 그리고 무엇보다 '종북좌파'가 너무 싫어서 찍을 수밖에 없다고도 생각합니다. 세가지 이유에 모두 해당하니 60대가 박근혜 대통령을 그렇게 압도적으로 지지하는 겁니다.

안타깝게도 야당의 경우에는 지지자들은 웬만하면 찍어줄 준비가 되어 있는데 정치인들이 그걸 끌어들이지 못하고 있습니다. 김대중 대통령과 노무현 대통령은 단지 좋다는 이유로 지지하는 사람들이 꽤 있었습니다. 인물 자체가 좋은 거죠. 거기다가 상대가 싫어서, 즉 보수가 싫든 이회창이 싫든 기득권이 싫든 하여간 그 표들을 합쳐서 겨우 이겼습니다. 그런데 지금 야권의 대통령 후보인 문재인·박원순·안철수는 김대중·노무현 정도의 열광적 지지자를 갖고 있지 못합니다. 지도자로서의 신뢰나 인간적 매력 면에서 뭔가 부족한 거죠. 그렇다면 '필요하다'는 이유로라도 지지하게 만들어야 하는데 그건 더 약합니다. 예컨대 2013년 화성 보궐선거에 서청원(徐淸源)씨가 출마했는데 그분은 나이도 70대고, 정치자금법 위반 등으로 감옥도 두번 갔다 왔어요. 도덕적으로 보면 선출될 수 없는 분이죠. 그래도 당선됐잖아요. 지역발전을 위해 필요한 존재라는 이미지를 어필한 거죠. 여당의 실세니까요. 2014년 7·30보선에서 박근혜 대통령의 최측근인 새누리당 이정현(李貞鉉) 후보는 순천에서 출마하면서 자기를 뽑아주면 예산폭탄 쏟아부으려고 하는데 '저 한번 써먹어보고 시원찮으면 쓰레기통에 버리라'고 했어요. 이렇게 자신이 필요하다는 이미지를 줘도 되는 거예요.

야당은 '진보의 전략적 자산'이라는 이미지는 가지고 있는데 '대한민국의 전략적 자산'이라는 이미지 구축에는 실패했습니다. 대한민국 경영을 위해 '이 사람들이 꼭 필요하지'라는 신뢰를 주지 못한 겁니다. 그런 면에서 한국의 보수는 국가경영을 위해 필요하다는 이미지를 비교적 잘 만들어냈습니다. '대한민국의 전략적 자산'이라는 포지셔닝은 '어쨌든 거기에 맡기면 기본은 해'라는 이미지거든요. 손님을 모시고 식당에 갔을 때 손님이 '여기 맛있어?'라고 물으면 '여기가 기본은 해'라고 답하는 데 있지 않습니까?(웃음) 어쨌든 야당은 좋아해서 지지하거나 필요해서 지지하는 적극적 지지자를 더 많이 만들어야 합니다. 이명박과 박근혜 싫어서 찍는다는 소극적 지지자에만 기대면 또 실패하겠죠.

2000년대 한국사회 권력의 판도

백낙청 야당의 문제를 주로 말씀해주셨는데요. 「누가 결정하는가: 권력이동」(『한겨레』 2015.1.24)의 한 대목에서는 직접적인 선거판보다 우리나라 전체적인 사회랄까 정치지형 속에서 여러 집단 간의 세력판도가 바뀌는 과정을 말씀하셨어요. 그 글의 결론은 개혁의 대상은 점점 강해지는데 개혁의 주체는 점점 약해지는 것 같다는 것이었고요. 또한 정치가 보수의 최대 약점이라고 보면서도 전체 사회 속에서 정치의 힘이 약화되고 있다고 진단하면서 "정치의 위기는 한국 민주주의의 위기"라고까지 결론을 내리셨어요.

그간의 말씀과 이 결론이 꼭 상충되는 건 아닙니다만, 박대표님의 얘기를 들으면 '야당이 잘할 수 있을까' '웬만큼 잘해서 될까'라는 의문도 품게 되거든요. 우선 '권력이동'에 대해 이 연재칼럼을 읽지 못한 독자를 위해 설명해주셨으면 합니다.

박성민 제가 민주주의 전문가는 아닙니다만, 선거를 통해 달성하게 되는 민주주의 과제는 세가지라고 생각합니다. 첫째는 '정권교체'입니다. 선거라는 건 스포츠와 전쟁 중간의 어디쯤엔가 있을 겁니다. 규칙은 스포츠처럼 정해놓고 경기는 전쟁같이 치르는 거죠. 전쟁으로 가까이 가면 상대를 적으로 보게 되고, 스포츠로 가까이 가면 상대를 경쟁자로 보게 됩니다. 독일의 법철학자 카를 슈미트(Carl Schmitt)도 『정치적인 것의 개념』(살림 2012)에서 적과 동지를 구분하는 것이 정치의 본질이라고 말하기도 했고요. 소크라테스 재판에서부터 프랑스혁명까지 역사의 주요 사건들을 보면, 그게 재판이든 전쟁이든 혁명이든 체제 안에서 싸운 게 아니라 체제 자체를 놓고 싸웠기 때문에 상대를 적으로 보고 죽이는 것을 목표로 했습니다.

민주주의가 발전하면서 '이긴 자가 여당, 진 자는 야당' 하는 단계, 즉 아담 쉐보르스키(Adam Przeworski)가 말한 대로 '여당이 평화적으로 야당이 될 가능성을 열어두는 체제'로 발전하게 됩니다. 한마디로 평화적 정권교체, 상대를 죽이지 않는 단계죠. 우리는 1987년에야 그 단계에 왔습니다. 새뮤얼 헌팅턴(Samuel Huntington)은 신생국가가 평화적 정권교체를 두번 정도 반복하면 민주주의가 공고화되는 단계라고 얘기했는데, 우리는 아직까지 반칙이 없진 않았지만 대선을 부정하는 사람은 없으니까 그 단계에는 와 있는 거죠.

두번째는 '문민통제'입니다. 유럽에서는 전통적으로 관료가 통치하는 것이 아니라 시민의 대표들이 결정하고 통치한다는 개념이 있어요. 관료는 그걸 보조할 뿐이고요. 1차대전이 끝났을 때 프랑스 총리 조르주 끌레망소(Georges Clemenceau)가 "전쟁은 군인들에게 맡겨두기에는 너무나 중요하다"라는 유명한 말을 남겼어요. 문민통제를 대변하는 말이지요. 유럽에서는 국방부장관이나 정보기관장들도 민간인이 맡습니다. 기본적으로 관료가 통치한다는 개념이 거의 없고, 군이나 정보기관의 관료들도 정치인들이 결정하는 것 아니겠습니까?

그에 반해 우리는 중앙집권의 전통이 강해서인지 민주주의의 역사가 짧아서인지는 모르겠지만 비선출 권력인 관료의 힘이 막강합니다. 미국은 선거를 통해 뽑는 자리가 51만개 정도인 데 비해 우리는 5000개도 안됩니다. 반면에 시험을 통해 뽑는 공무원이 100만명이고, 군인·경찰·교사까지 합하면 또 100만명가량이 더해집니다. 그러니까 대한민국을 이끌어가는 200만명가량의 기본조직이 있는 거죠. 선거를 통해 이걸 견제하고 감시하는 사람은 5000명이 채 안되는데 말이죠. 관료의 힘이 막강할 수밖에 없는 이유입니다.

게다가 우리 사회에는 '행정은 좋은 것이고 정치는 나쁜 것이다'라는 왜곡된 인식이 있습니다. 아주 잘못된 생각입니다. 정치와 행정은 둘 다 필요하고 중요합니다. 정치가도 행정을 하고 행정가도 고도의 정치를 합니다. 차이가 있다면 시험을 통해 뽑힌 사람은 행정가고 선거를 통해 뽑힌 사람은 정치가라는 점이죠. 민주주의는 선출된 권력이 선출되지 않은 권력을 통제하는 것입니다. 이것이 문민통제의 원칙인데, 아쉽게도 우리의 정치인들은 관료들을 견제하고 감시한다는 인식 정도에 머무르고 있습니다. 자기들이 '결정의 주체'라는 인식이 너무 약합니다.

민주주의의 세번째 단계가—문민통제가 더 어려운 과제라서 문민통제를 세번째 단계로 옮겨놓아야 할지도 모르겠습니다만—'갈등관리'입니다. 민주주의라는 게 결국 생각이 다른 사람들과 함께 살아가는 지혜라고 한다면 저는 대한민국이 이제 두개 정도(양당제)의 보기를 제시하고 국민들에게 선택하라고 하기에는 다양한 답안에 대한 갈망이 무척 커져버린 사회가 된 게 아닌가 싶습니다. 그렇다고 너무 많은 선택지를 내놓으면 고르기가 어려우니 대략 네개의 선택지(다당제)가 적절하겠고요. 제가 『정치의 몰락』에서 4당체제를 제안했는데 한국사회의 갈등구조를 제대로 반영하려면 우파 정당인 '자유당', 중도우파 정당인 '공화당', 중도좌파 정당인 '민주당', 그리고 좌파 정당인 '진보당' 정도가 경쟁하면 좋을 것 같습니다. 당명도 정체성을 알 수 없는 이상한 이름 말고, 쉽고 익숙한 걸로 했으면 좋겠어요.(웃음) 물론 좀더 오른쪽과 좀더 왼쪽에 위치한 당들이 함께 경쟁해도 좋습니다. 국민들이 자신의 다양한 의사를 대변하는 정당과 정치인을 갖는다는 것은 갈등관리를 위해 꼭 필요한 일이라고 생각합니다.

백낙청 민주주의의 세가지 목표로 정권교체, 문민통제, 갈등관리에 대해 말씀해주셨는데 그중에서도 우리는 이제 겨우 정권교체 단계에 도달했다는 인식에 동의합니다. 또한 2000년대 들어와 정치의 힘이 약해지면서 두번째와 세번째 목표가 더 힘들어진 현실을 지적하셨는데 그렇다면 박대표께서 보기에 지금은 누가 가장 힘이 센 집단입니까?

박성민 1980년대까지는 군인이 다 결정했죠. 그때는 제일 위에 군인이 있었고 그다음엔 관료가 힘이 셌지요. 그 아래엔 관료들과 결탁해 독점적으로 돈을 버는 재벌들이 있었고, 끄트머리에 정치인들이 겨우 자리를 차지했다고 봅니다. 1990년대 문민정부 시대엔 정치인이 파워블록의 맨 윗자리를 차지했습니다. 정치인 아래에는 여전히 관료들이 굳건히 자리를 지켰고 재벌들의 힘은 과거에 비해 더 커졌죠.

언론도 한자리를 차지했다고 봅니다.

이 판도가 IMF 이후에 완전히 바뀌었습니다. 2000년대 이후 현재는 파워블록의 맨 꼭대기에 관료가 올라왔다고 봅니다. 그다음은 재벌이고 그 아래는 헌법재판소·대법원·로펌·검찰을 포괄하는 법조계고요. 선출되지 않은 권력들이 패권을 장악한 것이 오늘날 대한민국의 현실이에요. 정치는 다시 끄트머리로 밀려났습니다. 불행하게도 지금은 보수·진보 가릴 것 없이 이 씨스템에 다 포섭됐기 때문에 '어용'이나 '사꾸라'로 수식할 집단도 사라졌습니다.

대한민국에서 관료가 되거나 대기업에 들어가거나 법조인이 되려면 초등학교 때부터 공립학교 말고 다른 델 다녀야 해요. 사립학교나 국제중·특목고를 거쳐 외국유학을 갔다 와야 하거든요. 교육을 그렇게 시키려면 한 아이에 일년간 적어도 수천만원은 듭니다. 아이비리그에 유학 보내려면 수억원이 들고요. 그게 공무원 월급 갖고 됩니까? 불가능합니다. 스폰서가 있어야 가능한 거죠. 정치인도 마찬가지입니다. 보수·진보 할 것 없이 자녀들을 다 외국에서 공부시켰는데 이건 돈을 원래 갖고 있었거나 누군가의 후원을 받아 보낸 거라고 생각합니다. 어쨌든 지금은 뉴스에 제일 자주 등장하는 정치인이 욕을 제일 많이 먹지만 그중에 누가 가장 나쁜 놈인지, 누가 힘센 놈인지 헷갈리는 시대입니다.(웃음) 적이 잘 안 보이니까 싸우기가 쉽지 않습니다.

세번의 정권교체가 있어야 민주화가 정착된다

백낙청 지금은 적이 안 보이는 시대고 또 싸우기 어려운 시대라는 지적에 공감하고요. 또한 말씀하신 집단들 간의 세력변화에도 큰 틀에서 동의합니다. 세부적으로 좀더 들어가보면, 지금 관료가 전체적으로 제일 강하다고 할 순 있겠지만 말씀대로 관료가 그저 관료로서 그때그때 권한행사만 하는 게 아니고 자기의 힘을 다음 세대에까지도 물려주려면 스폰서가 필요한 것 아니에요? 그러면 '스폰서의 힘이 더 큰 것이냐 관료의 힘이 더 큰 것이냐'(웃음)라는 질문이 하나 나올 수 있을 것 같고요.

그리고 군사독재시대에, 심지어는 문민정부가 들어섰을 때까지 군인이 제일 위에 있다가 민주화·문민화되면서 탈락했다고 하셨는데, 군이라는 세력집단이 순위 바깥으로 완전히 밀려난 건 아니잖나 싶어요. 옛날에는 군인들이 군복만 벗으면 대통령도 되고 정치를 직접 하던 시기가 있었어요. 수 틀리면 쿠데타도 하던 시기였지요. 그런 게 불가능해졌다는 점에서 군부가 일등권력으로서는 탈락한 게 틀림없지만 직접 국정에 개입 안하는 대신 지금 말씀처럼 문민통제로부터 여전히 가장 거리가 먼 집단이 된 게 아닌가 싶어요. 전반적으로 군에 대한 문민통제가 이루어지지 못했기 때문에 말씀하시는 민주주의의 중대한 다음 단계에 이르지 못하고 있다고 봅니다.

또 하나는 군이 다시 쿠데타를 할 수 있다고는 본인들도 생각하진 않겠지만, 군복만 벗으면 고위장성들이 직접 국정에 관여하는 일들이 다시 두드러지는 것 같아요. 군의 영향력이 이명박정부 아래 엄청나게 커졌거든요. 문민통제가 노무현정부 때보다 훨씬 안됐던 시기인데, 박근혜정부 들어와서는 우선 초대 국정원장(남재준)이 육군 대장 출신이고, 청와대 안보실장은 첫번째(김장수)와 두번째(김관진) 모두 역시 대장 출신이고요. 지금 3대 국정원장 후보(이병호, 이후 정식임명―편집자)도 고위장성 출신은 아니지만 육군사관학교 출신 아닙니

까. 한동안 국방부장관 말고는 군 출신이 국무위원도 맡지 않았는데, 지금은 국정운영의 고위직까지 다시 차지하고 있단 말이에요. 그런 걸 볼 때 2000년대라고 뭉뚱그려 말씀하신 그 시기를 세분해서, 이런 또다른 트렌드가 자리잡아가는 시점을 짚어줘야 하지 않나 하는 생각이 들거든요.

박성민 1997년 IMF가 계기였습니다. 선생님께서 「큰 적공, 큰 전환을 위하여」에서 노태우·김영삼정부를 보수정권이라고는 할 수 있어도 반동이라고 얘기할 건 아니라고 이야기하면서 이명박·박근혜 정부에 대해서는 명백히 반동정부라고 혹독하게 비판하셨는데요. 1990년대는 역시 정치가 경제와 관료 모두를 통제하던 시기였기 때문에 반동에까진 이르지 않았던 같습니다. IMF를 거치면서 힘의 역전이 이루어진 거죠. 슬라보예 지젝(Slavoj Žižek)이 말한 대로, 현재의 핵심적 위기는 자본주의가 민주주의와 이혼하려고 하는 것입니다. 즉 테크노크라트들이 민주적 통제를 벗어나서 중요한 결정을 내리는 것이지요. 마이클 쌘델(Michael Sandel) 식으로 표현하면 돈으로 살 수 없는 것을 돈으로 사는 시대가 되어버린 거죠.

민주주의가 제대로 작동한다면 유권자는 정치인에게 표를 줄 수 있으니까 갑(甲)인 존재 아닙니까. 유권자는 정치인들한테 갑질을 좀 합니다. 선거 때는 '내가 표가 있는데 왜 안 오냐' 하면 정치인들이 불려다니고 그러지 않습니까. 그런데 유권자는 관료한테 을(乙)입니다. 아무리 정치인한테 큰소리치는 친구들도 판사 앞에 가면 꼼짝 못하고 세금 내라 하면 불만은 많아도 실제로 저항하는 사람은 별로 없잖아요. 그럼 이 관료는 누가 통제하느냐. 바로 정치인이나 정당이 그들을 통제하는 게 민주주의의 먹이사슬입니다.

그런데 그 먹이사슬이 깨졌습니다. SNS시대가 되니 정치인에 대한 유권자의 갑질이 더 커졌어요. 그런데 그것 이상으로 국민에 대한 관료와 사법권력의 힘이 훨씬 더 커졌습니다. 문제는 이 사법권력 등 관료에 대한 정치의 통제력이 굉장히 약해졌다는 겁니다. 이런 일이 왜 벌어졌을까요. 방금 2000년대를 몇가지로 세분해보자고 말씀하셨는데, 1997년에 IMF가 있었고 2002년에 노무현 대통령이 등장할 때 정당개혁이 상당히 진척되었습니다. 개혁이라는 미명하에 정치자금도 확 줄이고 지구당도 없애버리고요. 정당은 비효율적이고 정치는 부정적인 것이라는 인식이 경쟁자들, 관료든 언론이든 사법이든 그들의 힘을 통해 대한민국을 확 휩쓸고 지나갔어요. 거기에 굉장히 많은 사람들이, 나쁘게 표현하면 부화뇌동했어요.

결국 정치의 힘을 약화시켜버리니 자연스럽게 관료·재벌·법조 쪽으로 힘이 넘어갔습니다. 문제는 어디 있느냐. 군인들은 전략적 마인드라도 있지 않았습니까. 이 나라를 어떻게 끌고 가겠다는 식이고, 산업정책·대북정책 면에서도 '어떻게 해보겠다'라는 게 있었어요. 정치인들도 내가 햇볕정책 한번 해보겠다, 내가 금융실명제 한번 해보겠다 식의 의욕이 있고요. 그에 반해 관료들은 힘은 총량으로 제일 센데, 자기네 기수(期數)나 부처 별로밖에 생각 못하지 않습니까. 대기업도 자기네 기업 이익을 위해 움직이고 로펌도 그렇고요. 그러니까 2000년대에는 대한민국을 이끌어갈 만한 거대한 전략의 주체가 사라진 셈입니다.

국가전략은 국민의 민의를 반영하는 정치의 몫이에요. 당연히 전략 관련 토론도 정치계에서 이뤄져야 하는데 그게 안되고 있어요. 관료들이 만들어놓은 제도나 법이 너무 어렵기 때문이에요. 대학진학률이 이렇게 높은 나라에서 국민들 중에 본인 건강보험료와 세금이 얼마인지 계산할 수 있는 사람이 거의 없습니다. 너무 복잡하기 때문에 그저 세무법인이나 회계법인에 맡기는 거예요. 동네 아주머니들이 커피 한잔 하면서 '이번에 이 세금은 이렇게 바꾸는 게 맞아, 이건 이렇더라'라고 이야기할 수 있어야 하는데 그러질 못해요. 대학진학도 너무 복잡하기 때문에 상담받지 않으면 지원할 수가 없고요. 정당도 마찬가지입니다. 선거에 나가는 후보를 뽑는데 무슨 수학공식처럼 가중치를 계산하고…(웃음) 대기번호표처럼 사회의 모든 분야가 공정하고 예측이 쉽고 가능해야 하는 데 말이죠.

정치는 현실을 10분의 1로 줄여서 쉽게 설명해주는 것입니다. 그리고 이것을 또 10분의 1로 줄여 더 쉽게 설명하는 게 선거고요. 그러니까 선거는 현실을 100분의 1로 단순화해서 설명하는 것입니다. TV

토론을 보면 대개 1분 30초 안에 이야기하라고 하잖습니까? 지금은 현실이 너무 복잡해서 정치인들도 쉽게 설명해주질 못합니다. 이게 관료들이 만든 폐해고 민주주의의 질을 점점 낮게 만드는 요소가 아닌가 싶습니다.

백낙청 우선 IMF 금융위기가 우리 사회에서 정치의 힘을 약화하는 결정적인 계기가 됐다는 건 동의하고요. 그게 지금 말씀하시는 2000년대의 현 상황을 가져온 것이겠지요. IMF 전까지 YS정권이 그야말로 정치의 힘을 최대한으로 발휘해서 하나회도 해체하고 금융실명제도 하고 전두환·노태우도 구속하고, 결국 군부가 1등이던 시절을 완전히 끝내고 또한 검은 돈의 힘을 많이 약화시키는 일도 했어요. 하지만 바로 그 정치인들의 무능 때문에 국가부도위기 사태가 왔고 정치권 전체가 맥을 못 추게 되었죠. 다른 한편으론 국내 관료의 힘이 세지고 또 하나는 IMF 같은 국제사회의 일종의 관료조직과 자본의 힘이 세졌고요.

그래도 김대중정부 시절은 그런 악조건 속에서 정치가 꽤 힘을 발휘했다고 봅니다. IMF 위기의 수습과정에서도 그랬고 남북관계에서도 이를 개선해서 새로운 돌파구를 열었죠. 노무현 대통령 때 정치 약화의 결정적인 계기 하나가 왔다는 점에는 저도 동의합니다. 그런데 노무현정권만 해도 반반이었다고 봅니다. 노사모 등으로 시민들을 동원해서 한나라당의 막강한 후보를 꺾었고 그 나름의 개혁을 시도해서 일부는 추진했는데, 정당정치를 약화하는 데는 노무현 대통령 본인이 결정적으로 공헌했고 그것이 그다음 선거에서 당시 여당의 패배를 자초했다고 봅니다.

그렇긴 하지만 관료의 힘, 군부를 포함한 공무원집단의 힘이 결정적으로 강화된 것은 역시 이명박정부 때가 아닌가 싶어요. 아까 박대표께서 헌팅턴의 소위 '두번의 정권교체' 명제를 말씀하셨는데, 제가 어떤 글에서도 썼습니다만(「포용정책 2.0을 향하여」, 『2013년체제 만들기』 116면—편집자) 그것은 헌팅턴이라는 사람의 보수적 성향의 표현이라고 봐요. 헌팅턴의 말인즉슨 군부독재 하고 나쁜 짓 한 놈들이 한번 쫓겨났다가 고생 좀 하고는 민간인 복장으로 다시 돌아와 정권을 잡으면 그 나라의 민주주의가 안정된다는 것인데요. 그 사람들이 제대로 한다면 정국을 안정시키는 효과가 있긴 하죠. 그러나 다른 나라에도 그렇게 되지 않은 사례가 있지만 특히 한국에서는, 헌팅턴 식으로 말하려면 **세번**의 정권교체가 있어야 민주화가 정착된다고 봅니다. 한번 민주화됐다가 그 민주세력이 신통치 않아서 원래의 수구세력한테 넘겨주었을 때 이 사람들이 민주화나 개혁을 제대로 진전시키는 게 아니거든요. 오히려 1987년에 이루어진 협약, '이제부터는 죽이고 살리는 게임이 아니고 이긴 사람이 여당 하고 진 사람이 야당 하자'라는 이 협약을 깨는 쪽으로 가는 시기가 시작된 거죠. 종편 허가도 그런 전략의 일환이고 종북몰이도 진보진영을 다 죽이겠다는 얘기와 다를 바 없어요. 꼭 과거처럼 쏴죽이지 않더라도 말이죠.

2012년 대선 때는 국가기관이 '대북심리전' 차원에서 선거에 개입하는 등, 정치가 '스포츠와 전쟁의 중간쯤'에서 전쟁 쪽으로 더 다가갔어요. 그래서 두번째 정권교체는 헌팅턴이 말하듯 민주주의 정착의 조건이 아니고, 우리 경우에는 민주주의에 대한 새로운 위협이고 과거 문민정부가 타파했던 군부의 지배력마저 다시 복원되는 조건을 마련했다고 봐요. 그 과정에서도 이명박정부 시기의 천안함사건이 일종의 변곡점을 이뤘다고 봅니다. 게다가 박근혜 대통령은 자기 아버지 시대처럼 해보고 싶은 사람이니까 군인들을 근본적으로 신뢰하고, 군인들을 정부 요직에 동원하는 것이 민주주의나 국가발전에 도움이 안된다는 생각이 없는 것 같거든요. 저는 아무래도 '세번째 교체'가 민주주의의 성패를 가르는 고비라는 생각이에요.

박성민 저도 세번의 정권교체가 있어야 민주화가 정착된다는 선생님의 의견에 전적으로 동의합니다. 2017년에 정권교체가 된다면 검찰·국정원·경찰·국세청 같은 권력기관의 정치개입도 거의 사라질 겁니다. 그렇게 되면 보수·진보가 좀더 공정하게 경쟁할 수 있겠고요. 민주주의의 위기라는 말은 더이상 나오지 않게 되겠죠. 이명박·박근혜 정부에 대한 선생님의 강한 비판과 우려를 충분히 이해합니다.

주제를 조금 바꿔보겠습니다. 김영삼·김대중 정부가 집권 후기에는 비판에 많이 직면했지만 초기에는 그래도 성과를 낼 수 있었습니다. 반면 노무현 대통령은 처음부터 어려움에 직면했는데 그 이유는 그가 통치기반을 스스로 와해시켰기 때문이라고 봅니다. 노무현 대통령이 가진 정통성이 양김보다 약하다는 것도 있지만요. 유권자가 대통령을 뽑을 때는 대체로 인물에 대한 지지도 있지만 '통치연합'에 대한 지지도 들어 있습니다. 알다시피 김영삼 대통령은 3당 합당으로 대통령이 됐습니다. 1992년 대선에서 대구·경북(TK) 유권자들은 '김영삼 당신이 평생 민주화투쟁 하고 전두환·노태우 싫어하는 거 알지만 힘이 없으니까 3당합당 한 거 아니냐, 전두환과 노태우 배신하지 마시오'라는 정서가 있었을 겁니다. 충청도 사람들도 당시 합당의 한 축이었던 김종필(JP) 보고 찍었을 거고요. 처음에는 통치연합을 유지했기 때문에 하나회 척결도 가능했고 금융실명제도 가능했다고 봅니다. 그런데 민주계가 자신감을 갖고 1994년 12월에 JP를 내치고 95년 12월 전두환과 노태우를 구속시키면서부터 대구·경북과 충청도가 이탈하고 여론이 악화되면서 힘이 현저히 떨어졌죠. 어떻게 보면 이회창은 충청도 출신이라고 하지만 TK 쪽의 반격을 상징하는 인물이거든요. 그뒤에 집권한 김대중 대통령은 DJP연합의 와해로, 노무현 대통령은 대북송금특검과 민주당 분당으로, 이명박 대통령은 박근혜 의원과의 갈등으로 통치기반이 약해지면서 레임덕을 맞았습니다. 통치의 원칙은 간단합니다. 기반을 넓히면 살고 좁히면 죽습니다. 서서히 좁히면 서서히 죽고 빨리 좁히면 빨리 죽습니다. 예외가 없습니다.

백낙청 87년체제의 형성과정에 대해서도 한가지 지적하고 싶어요. 당시의 헌법개정이 여야 타협으로 순조롭게 이뤄졌다고 말씀하셨는데, 6월항쟁 이후의 과정에 국한해서 보면 그렇게 말할 수 있다고 봅니다. 그러나 그 타협의 공간이 거저 열린 게 아니잖아요. 저는 우리 사회가 1987년에 시민혁명을 한번 겪었다고 봐요. 부족한 점은 많지만, 100퍼센트 완벽한 시민혁명이라는 건 다른 나라에도 없는 거니까요. 아쉬움은 많지만 시민혁명으로 여야 간 타협을 **강제**했기 때문에 가능한 거였어요. 국가적인 위기고 민주주의의 위기인데 당신들이 여야 동수의 8인위원회라도 만들어서 합의하는 게 좋지 않겠느냐고 누가 설득해서는 절대로 이뤄지지 않았을 일이지요.

　문제는 지금은 87년체제의 성립으로, 말씀하신 것처럼 선거라는 귀중한 전리품을 쟁취한 상태에서 이걸 버리고 다시 거리에 나가자 했을 때 따라나올 사람이 많지 않다는 거예요. 결국은 또 한번의 전환을 선거를 통해 이뤄야 할 텐데… 선거에 이겨도 개혁이 쉽지 않다는 얘기는 박대표님이 자세히 해주셨고, 다만 선거에서 이길 가능성은 있다고 보시는데요. 정말 옛날하고 달라서 선거 외의 길이 별로 없는 것 같아요.

지도자는 '좋은 사람'이 아니라 '강한 사람'?

백낙청 이제 2017년 이야기를 좀 해보죠. 박대표님은 우리나라 정치장의 대립구도를 진보·보수로 보는 것보다 새누리당과 반새누리당 이렇게 보는 게 맞을 거라 하셨어요. 어떻게 보면 새누리당과 비새누리당이 맞을지도 몰라요.(웃음) 왜냐하면 반새누리당으로 뭉쳐 있길 못하니까. 다만 이 **비**새누리당이 **반**새누리당으로 뭉치면 선거에서 이길 가능성이 꽤 있는 거죠. 박대표님 말씀처럼 적어도 지난 2012년 선거에서 보수는 죽기살기로 했는데 진보진영은 "처삼촌 묘 벌초하듯이" 한 경향이 다분했는데, 그렇잖아도 불리한 지형에서 그러고는 이기기가 힘들었겠지요.

수구보수세력은 사실 선거 한번 진다 해서 죽을 일이 별로 없어요. 흔히 하는 말로 "있는 사람이 더 하다"고 아흔아홉냥 가진 사람이 한냥 가진 사람 것까지 가져가고 싶어하는데 그걸 못하게 되니까 김대중·노무현 집권기 10년 동안 절치부심했던 거지 진짜 못살게 된 사람은 드물죠. 어쨌든 그들은 죽기살기로 나왔고, 박근혜 현 대통령이 다른 건 몰라도 선거는 참 잘 치르잖아요, 국민을 속일 때는 가차없이 속이고요.(웃음) 노무현씨나 문재인씨는 그렇게 맘대로 거짓말을 못하는 성격인 것 같은데, 그게 정치인으로서 유리한 건 아니지요.

『한겨레』 연재에서 문재인씨에 대해 평하면서 그런 얘기를 하셨잖아요. '국민이 대통령을 뽑을 때는 좋은 사람이 아니라 강한 사람을 원한다. 그런데 문대표는 결국 강한 사람이라기보다 좋은 사람 같다'

라는 거였지요. 또 심지어 노무현과 비교할 때도 노무현은 강한 사람
이고 문재인은 좋은 사람이라고 하셨어요. 뭐 그렇다고 문재인 후보
가 완전히 절망적이라는 말씀은 아니겠지만요.(웃음) 문재인씨가 지
금부터라도 그런 이미지도 바꾸고 실제로 행동도 바꿔야 한다는 취
지라고 생각하는데요. 어쨌든 그러면서 "배은망덕은 정치인의 타고
난 운명이다"라고도 하셨잖아요?(웃음) 문재인 후보가 배은망덕해야
할 사안들은 어떤 게 있을까요?

박성민 아, 참 어려운 이야기인데요.(웃음)

백낙청 이미 연재 칼럼에서 몇가지 꼽긴 하셨어요. 그중 "보수는 대한
민국을 위해 싸운다는 이미지가 있고 진보 중 일부는 대한민국과 싸
운다는 이미지가 있는데 그 대한민국과 싸운다는 사람들과 절연해
야 한다"라는 말이 있었어요. 그게 과연 배은망덕에 해당하는지 궁금
했어요. 또 "당 내에서 자기가 당을 위해 이렇게 해보겠다는 사람이
아니라, 당이 날 위해 이렇게 해달라는 사람과는 절연해야 한다"라는
말씀도 하셨는데 물론 옳은 말씀이지만 구체적으로 어떤 주문을 하
신 건가요?

박성민 사실 『한겨레』 연재는 앞으로 20회를 더 써야 하니 여기서 다
풀어내긴 어려울 것 같고요. 배은망덕이라는 것은… 저는 정치인이
두가지 숙명을 갖고 있다고 생각합니다. 하나는 자기 성공의 희생자
가 된다는 건데요. 예를 들면 먹고살 만해지면 보수세력이 정권을 잃
죠. 먹고살 만하게 만든 게 보수세력이기 때문에 국민들이 이제는
우리가 민주화해야겠다고 생각하는 거예요. 그러다가 민주화가 좀

되고 나면 다시 욕망이 꿈틀거리면서 돈을 벌게 해주는 보수정권을 선택하죠. 대체로 실적이 좋으면 정권이 재창출된다고 하지만 그렇지 않습니다. 유권자들은 주머니 속에 이미 들어온 돈에는 관심이 없어요.

아버지 부시가 빌 클린턴한테 진 것도 그렇고, 빌 클린턴이 이후 8년 동안 그렇게 잘했음에도 앨 고어가 정권을 재창출하지 못하고 조지 부시 2세한테 넘어가게 된 것도 마찬가지예요. 독일의 콜이 동서통일을 이룬 뒤에 정권을 사민당 슈뢰더한테 빼앗기기도 했고요. 그런 모습들을 보며 느낀 건 정치는 뭔가 성과를 내려 하지만 성과를 낸 순간 그 성과 때문에 밀려날 수밖에 없는 존재라는, 즉 자기 성공의 희생자가 되는 필연적 숙명이 있다는 것이었어요. 왜냐하면 대중은 줄기차게 변화를 요구하면서 손을 벌리는 존재니까요. 도무지 만족을 모르죠.(웃음)

또 하나의 숙명은 배은망덕이에요. 문화대혁명 당시 숙청돼서 하방당했던 덩 샤오핑(鄧小平)이 1970년대 초에 다시 불려왔을 때, 마오 쩌둥(毛澤東)이 "내가 죽으면 나중에 나를 어떻게 평가할 것 같냐"라고 묻자 덩 샤오핑이 했다는 말이 있죠. "공(功)이 7이고 과(過)가 3이라고 평가받을 것 같다." 그러자 마오가 파안대소하면서 "아, 그 정도면 되지 않았느냐"고 했다는데 실제로 마오 쩌둥이 죽고 나서 덩 샤오핑은 "마오 주석은 과보다는 공이 큰 사람이다"라고 했죠. 그런데 사실 그 말은 덩 샤오핑이 마오가 과가 꽤 많다고 이야기하고 다녔다는 뜻도 됩니다. 그 에피소드의 강조점은 오히려 과가 있다는 걸 그가 부각했다는 것이죠.

일전에 제가 노무현과 김근태(金謹泰) 두분을 비교한 적이 있습니다. 노무현은 강한 사람이고 김근태는 좋은 사람이라고요. '강한 사람' 노무현은 양김의 공보다는 과를 더 많이 봤죠. 사실 노무현은 부산에서 YS의 공천을 받았고 DJ로부터는 장관으로 임명됐죠. 그런데 노무현은 일관되게 양김과 지역주의를 공격하는 걸로 성장했어요. 김근태는 남들이 다 양김을 비판할 때도 '그 두분은 이 땅의 민주화에 정말 큰 공이 있다'라는 생각을 기본으로 깔고 대응했어요. 결과적으로 노무현은 대통령이 됐죠. 김대중 대통령 시절에 정동영(鄭東泳) 의원이 청와대에서 "권노갑(權魯甲) 고문은 물러나셔야 한다"라고 말해서 지위가 급부상했는데 과거에 그로부터 도움받은 걸 생각하면 배은망덕한 거죠. 정치인은 그런 숙명을 지니게 됩니다. 국민의 목소리를 대신하는 거니까요. 마음 여린 사람은 할 게 못되는 게 정치입니다.(웃음)

백낙청 박대표님께서는 선거에서 세대별 동향, 특히 50대의 흐름에 주목하셨죠?

박성민 예, 우선 일반적인 선거별 특성을 얘기하자면 지방선거는 '주민'의 정체성을 중요하게 생각합니다. 내 집 앞 쓰레기 치워줄 사람, 우리 애들 학교에서 왕따문제 해결해줄 사람을 원한단 말이죠. 그래서 진보 정치인도 제법 당선되죠. 대통령으로 박근혜를 찍은 보수적인 사람들도 지방선거에서는 '주민자치 같은 건 진보가 더 잘해' 이런 생각을 갖기도 합니다. 반면에 국회의원선거와 시장선거 같은 광역선거는 '시민'으로서의 정체성을 갖고 선택하는 경향이 있습니다. 대선의 경우는 조금 더 이동해서 '국민'의 정체성을 갖고 선택하죠. 안보 이슈가 대단히 중요해지는 이유가 여기에 있어요. 다시 말해 진보가 경제와 안보에 대한 분명한 대안을 갖고 있지 않으면, 즉 새로운 경제 패러다임과 안보독트린을 갖고 있지 않으면 승리하기 어렵다고 봅니다.

야권이 경제와 안보에서 대안을 내놓지 않으면 그 이슈에 민감한 50대 이상의 유권자층에서 앞으로도 크게 질 것입니다. 유권자 수도 많고 투표율도 높은 이 세대에서 지금처럼 크게 진다면 정권교체는 불가능할 겁니다. 지금 1차 베이비부머가 50대인데요. 이 세대는 김영삼·김대중·노무현을 연속으로 당선시킨 주역이었어요. 그런데 왜 이 사람들이 근래 들어 이명박·박근혜를 찍었느냐가 중요합니다. 20~40대까지의 이력을 보면 그럴 수가 없는데 말입니다. 저는 세가지 이유, 즉 경제적·정치적·문화적 이유가 있다고 봅니다.

먼저 경제적 이유입니다. IMF를 맞고 집권했던 김대중정부는 대규모 구조조정을 피할 수 없었는데 이때 베이비부머가 그 직격탄을 맞았습니다. 직장에서 한창 일할 나이에 쫓겨난 거죠. 그런 와중에 김대중정부가 벤처·부동산·카드에서 거품을 키웁니다. 그 피해도 고스란히 그들의 몫이 되었습니다. 이어 노무현정부가 들어섰는데 정권 초기부터 집값은 계속 폭등하는데 대통령은 집값 걱정하지 말라고, 부동산문제만은 해결하겠다고 했죠. 대통령 말 믿고 2006년 이후에 대출 받아서 집 샀던 사람들이 다 하우스푸어로 몰렸어요. 아마 지지자들일수록 뒤늦게 샀다가 그렇게 됐을 거예요.

두번째는 정치적 이유인데 김대중과 노무현 대통령 모두 정치적 의제에 더 집중했습니다. 김대중 대통령은 평생의 숙원인 남북정상회담을 하고 노벨상도 받았죠. 그리고 IMF는 완전히 극복했다고 선언합니다. 지지자들은 여전히 힘들어 죽겠는데 말이죠. 노무현 대통령도 집권 초기에는 소수파였으니 그렇다 치더라도 2004년 총선에서 국민들이 과반을 넘는 다수당을 만들어주자 이른바 '4대 개혁입법'

을 들고 나왔어요. 국가보안법·과거사법·언론법·사학법. 그를 지지한 베이비부머들한테는 전혀 중요하지 않은 이슈거든요.

세번째는 문화적 이유입니다. 90년대 3김정치 때만 해도 동네 정치의 중심은 향우회였습니다. 호남·충청·영남 향우회가 앞에 서고 베이비부머가 뒤를 받치는 형국이었어요. 이분들은 대학진학률은 그리 높지 않습니다. 베이비부머들도 25퍼센트 정도였으니까 그전 세대는 더 낮았겠죠. 그런데 노무현 대통령이 당선되고 갑자기 운동권들이 쫙 들어오면서 정당개혁 부르짖으며 지구당 없애고, '어느 대학 몇학번이냐' 이렇게 묻는 분위기가 되었어요. 그때부터는 지식인들이 정치를 주도하게 된 거죠. 그전에 3김 때는 지식인 정치가 아니라 뒷골목 정치였는데…

이 세가지가 겹치면서 베이비부머들이 배신감을 크게 느꼈던 거 같습니다. 기껏 찍어줬더니 자기들이 힘들 때 도와주지는 않고 오히려 손만 벌리니 화가 날 만도 하죠. 홧김에 서방질 한다고 2006년 지방선거 때부터 완전히 등을 돌리고 그뒤 이명박·박근혜를 연속으로 찍었습니다. 돈 버는 건 포기했는데 보수정권 찍으면 떨어졌던 아파트값을 조금이나마 해결해주지 않을까 싶었던 거고요. 보수 쪽에서 50대의 가계부채 해결해주고 자영업 도와주고 민생문제 풀겠다고 하니 기대를 품은 거죠. 그런데다 야당은 20~40대에만 관심을 보이니 상실감이 더 커졌습니다. 동네에서 장사하는 사람들도 단골손님에게는 뭐 하나라도 더 주는데, 야당은 수십년간 지지해온 사람들을 외면한 거죠. 뼈아프게 반성해야 합니다. 이명박 대통령이 '국민성공시대'를 약속하고 박근혜 대통령이 '국민행복시대'를 공약한 것도 먹고사는 문제 해결이 중요한 걸 알았기 때문입니다. 그런데 이명박·박근혜 정부를 지나면서 보니 대책 없는 건 여기도 마찬가지고 오히려 대기업 중심의 정책을 펼치니 50대가 계속 이대로 머물러 있을 것 같지는 않아요. 50대가 보수정권에 실망하고 있는 지금이 야권의 기회입니다.

안보이슈 앞에서 두려워 말아야 한다

백낙청 문재인씨가 새로 당 대표가 돼서 '경제정당' 이야길 했는데 문제는 그 구체적인 내용이겠죠. 어쨌든 김대중·노무현에게 실망해서 저쪽을 찍었던 세대가 또 보수 쪽에 거듭 실망하고 '웬만하면' 돌아오려는 흐름이 있는데…(웃음) 그걸 돌아오게 만들어야 하는 문제가 있겠지요. 또 하나는 안보담론의 위력이 보수진영의 카드로 아직 살아 있다는 점이에요. 야당이 여기에 정말 현명하게 대처해야 한다고 보는데요. 그저 '우리도 안보는 당신들 못지않습니다'라고 말하고, 군복 입고 백령도 찾아가는 식으로 보수 쪽을 흉내내는 걸로는 '저 사람들이 선거에서 다급하니까 안보의식 있는 척하는 구나'라고 생각하게 한다는 거죠. 더 큰 문제는 박대표 말씀처럼, 국민들이 대통령을 찍으려 할 때는 그 사람의 강한 리더십에 주목하는데 주뼛주뼛 밀린다는 느낌을 받으면 벌써 지고 들어가는 거지요.

이게 엉터리 컨설팅인지 몰라도 2012년 초엽에 제가——그뒤 어느 시점 지나서는 이를 '시효가 끝난 이야기'라고 말했지만——야당 후보 특히 '특전사 출신 문재인'이라든가 '성공한 기업가 안철수'·이런 사람이 천안함사건을 차라리 세게 들고 나와야 한다고 말했어요. 사건의 진상을 단정지을 필요는 없지만 그게 5·24조치와 맞물려 있지 않습니까. 우리 경제가 살려면 북방경제로 나아가야 하는데 5·24조치가 이에 걸림돌이 되고, 그 조치는 천안함사건 때문에 생겼단 말이죠. 천안함사건의 당국발표에 대해서는 세계 과학계에서도 수긍을 하지 않고 국내에서도 여러 합리적 의심이 나오고 일반 국민들조차 못 믿는다는 여론조사 결과들이 있어요. 그러니 야권 후보가 '내가 대통령이 되면 납득이 갈 만한 조사를 새로 하겠다' '그 조사 결과가 나올 때까지는 5·24조치의 시행을 유보한다'고 할 수 있지 않나 싶었어요. 즉 무조건 폐기하자는 게 아니라 일단 유보해놓고 재조사 결과 그게 북의 소행이라는 게 확실해지면 절대로 그냥 안 넘어가고 사과를 꼭 받아내고 말겠다고 말하면, 북에 대해서도 훨씬 강한 태도가 되고 5·24조치도 실질적으로 효력이 정지됩니다.

물론 그렇게 나갔으면 보수 쪽으로부터 종북이다 뭐다 온갖 비난이 퍼부어졌을 텐데요. 하지만 김대중 대통령이 1971년 대선 당시 후보로서 "향토예비군 폐지하고 4대국이 보장하는 남북평화체제를 이루자"고 했을 때에도 빨갱이로 얼마나 몰렸습니까. 그럼에도 그게 오히려 유권자들에게 강한 지도자라는 인상을 주고 야당의 돌풍을 일으켰단 말입니다. 그래서 저는 2012년 초엽에 그렇게 주장했어요. 후보들이 그렇게 나서려면 일찍 해야지, 나중에 처지가 궁해지고 나서 들고 나오면 안되거든요. 물론 그러려면 후보 본인이 공부를 해서 확신을 가져야지요. 아무튼 제 조언이 원천적으로 엉터리 컨설팅이어서 그랬는지 주요 후보들한테 다 이야기했는데 아무도 안 받아들이더라고요.(웃음) 저의 요지는 안보문제라는 게 그저 저쪽에서 공격해대니 국민들 앞에서 해명하고 안심시키겠다는 식으로 나와서는 대응이 안된다는 얘기였어요.

박성민 안보담론과 관련해서는 60세 이상의 노년층이 중요한데, 이분들은 50대와는 또 다릅니다. 50대도 안보이슈에 민감하기는 하지만 60대보다는 덜하죠. 2010년 지방선거 전에 천안함사건이 터졌을 때 유시민(柳時敏) 경기도지사 후보가 "꼭 북한의 소행이라 단정할 수 없다"고 얘기했어요. 당시 출구조사를 보면 60대 이상에서 김문수 후보가 80퍼센트, 유시민이 19퍼센트 정도였던 걸로 기억해요. 그때 60대 이상이 안보이슈에 얼마나 민감한지 실감했습니다. 안보와 결부되면 전통적인 야당 지지자 중에서도 60대 이상은 보수 후보를 찍더라는 거죠.

2013년에는 NLL과 관련한 남북정상회담 회의록 공개 여부와 국가정보원 댓글 사건이 이슈였습니다. 그때 야당이 박근혜 대통령을 공격하면서 '대통령이 공안통치를 벌인다' '보수세력이 정치적 반대자들을 매카시처럼 종북으로 몬다'라고 주장했습니다. 그런데 매카시(J. McCarthy)의 사례에서 야당이 배워야 할 교훈은 따로 있습니다. 1950년대 미국에서 그게 먹혔다는 겁니다. 왜 그랬을까요? 미국인들이 공산주의를 두려워했기 때문입니다.

2년 전인가 미 대법원이, 미 정보기관이 미국인들의 이메일을 불법적으로 감청한 것은 헌법위반이며 제임스 매디슨(James Madison, 미 4대 대통령으로 '헌법의 아버지'로 불린다─편집자)이 하늘에서 보면 경악할 거라고 말했습니다. 그런데 미국은 이미 10년 전부터 공항에 전신 스캐너를 설치한 나라 아닙니까? 그것 역시 9·11테러라는 공포 때문에 가능한 거였겠죠. 사람들은 공포를 느끼면 비이성적으로 행동하기도 합니다. 전쟁의 공포에서 자유롭지 않은 60대 이상의 노인분들은 안보 상황에 민감하게 반응합니다. 이 세대는 김대중 대통령의 햇볕정책이 실패했다고 보는 것 같습니다. '햇볕정책 때문에 북한이 핵을 개발했다는 거냐'라고 반문할 수도 있지만, 문제는 실제로 그렇게 생각하는 사람들이 있다는 거예요. 북한의 핵개발이 오래된 전략적 목표였다고 하더라도 적어도 햇볕정책을 통해 핵개발을 포기시킬 수 있다던 목표에서는 실패한 게 아니냐고 문제제기하는 것입니다. 천안함사건이나 연평도 포격사건은 둘째로 하더라도 통합진보당사 건 같은 문제는 60대 이상 세대한테는 큰 두려움을 유발했을 거예요. 60대 이상 세대는 안보 때문에 보수정권으로 확 쏠린 것 같습니다.

백낙청 60대 이상을 설득한다는 건 참 어려운 일 같고요. 50대에서 지는 폭을 줄이려고 할 때, 가령 안보담론 문제가 있으면 뭔가 담대하고 카리스마가 있는 대응책을 내놔야 한다는 거죠.

박성민 거기엔 전적으로 동의합니다. 안보의제에서 너무 수세적일 필요는 없어요. 너무 주눅이 들어서…(웃음) 야권이 이 이슈로 지금보다 더 지지율을 까먹는 일은 없을 겁니다. 그러니까 야권만의 안보독트린을 만들어서 간명하고 자신감 있게 국민들을 설득하면 됩니다. 강한 신념이 중요합니다. 자기들도 믿지 못하는 걸 국민들이 믿겠어요? 자신들이 믿는 것을 국민들도 믿도록 만들어야죠. 당당하게 해야죠.

백낙청 그렇죠. 설명이 간단해야지, 뭐 '햇볕정책 이전에 어땠고, 부시 때문에 일이 꼬였고' 이러면 안되죠. 말하자면 2002년 대선 당시 보수진영이 '권양숙(權良淑) 여사 아버지가 어쨌다느니' 하고 처가의 빨치산 전력으로 몰아세우니까 노무현 후보가 "그럼 마누라 버리란 말입니까"라고 대응했던 것처럼요. 그런데 문후보가 그런 점에서 좀 약하죠. 노무현 대통령도 변호사지만 그 양반은 매우 특이한 사람 아니었나요?(웃음) 좀 별종인데, 문재인 후보는 그보다 더 변호사적인 논리에 얽매여 있는 것 같아요. 문대표에 대해서는 이미 글로 쓰셨는데 얘기하시는 김에 다른 유력 후보군도 좀 평가해보시면 어떨까요.(웃음) 가령 야당에서는 박원순·안철수·안희정까지 언급하셨고 만약 한 사람쯤 더 늘린다면 흔히 김부겸 같은 사람이…

야권 대권후보들의 강점과 약점은?

박성민『한겨레』연재에서 다른 후보들도 다룰 예정입니다. 문재인 후보에 대해서도 아직 할 이야기가 많습니다.(웃음) 문재인은 지난 대선에서 3.53퍼센트 차이로 아깝게 졌고, 대선 역사상 두번째로 많은 표를 얻은 후보고 현재 새정치민주연합 대표이죠. 팬 층도 두텁습니다. 그리고 경쟁자들보다 국정경험도 많고 무엇보다 시련도 많이 겪었고 노무현의 친구이자 동지라는 이미지가 있어요. 유력한 후보일 수밖에 없습니다. 다만 노무현의 계승자라는 이미지가 좋기만 한 것은 아닙니다. '아류는 이류다'라는 말이 있잖습니까. 그리고 당내에 친노에 대한 반감이 커서 당을 완전히 장악하지 못한 상태에서 두번 연속으로 출마가 허락될까 하는 점은 극복해야 할 겁니다. 외연확대의 한계로 이회창처럼 두번 연속 석패하는 길을 가게 될 거라는 인식도 불식시켜야 합니다.

박원순 시장은 이명박 후보와 비슷한 포지션이죠. 2007년 대선 전에 박근혜 한나라당 대표는 노무현 정권과 싸우면서 '보수의 아이콘'이 되어 견고한 지지층을 갖게 된 반면 그것이 도리어 외연확대에 걸림돌이 되었습니다. 결국 박근혜는 전통적인 지지기반을 가진 '올드 한나라당'의 대표적 정치인이었고 이명박은 지지기반의 외연을 확대하는 '뉴 한나라당'을 상징하는 후보가 되었습니다. 선거는 이기는 게 중요하니까 정체성보다는 경쟁력을 더 많이 보게 됩니다. 그런 점에서 보면 박원순 시장의 장점은 호감도 대비 비호감도가 경쟁자들보다 낮다는 데 있습니다. 한국리서치가 매달 조사하는 자료에서도 이 점은 일관되게 나타납니다. 그런데 두가지 문제점이 있어요. 하나는 시민운동가 출신이라 그런지 자기가 대한민국의 대체재(代替財)라는 인식을 별로 안 갖고 있는 것 같아요. 다른 정치인들이 흘리고 가고 비우고 지나간 걸 꼼꼼히 채우는 '엄마의 리더십' 같은 보완재라는 인식만 갖고 있는 것 같습니다. 나라를 이끌어가겠다는 권력의지가 잘 안 느껴져요. 두번째는 역시 거기서 연유하는 거지만, 대선은 시민의 정체성보다는 국민의 정체성으로 기준이 옮겨지는데 박원순 시장은 시민의 정체성으로 치르는 선거에서 가장 돋보이는 후보라는 거죠. 국민의 정체성으로 기준을 옮기면 예컨대 안보독트린 같은 데서 장점이 잘 부각되지 않는 후보라는 약점이 있습니다.

많은 사람들이 안철수는 끝났다고 하는데 저는 아직까지는 기회가 있다고 봅니다. 물론 정치권에 들어와서 많은 한계를 보여주었고 정치에 아직도 적응을 못한 듯 보이지만 경쟁자들의 상황에 따라서는 여전히 살아 있는 카드입니다. 박원순 시장에게는 2011년 서울시장 선거에서 양보한 것과 2014년 지방선거 전에 합당을 통해 그의 재선에 크게 기여했잖습니까? 만일 2017년 당내 경선을 앞둔 시점에서 박원순 시장보다 지지율이 높거나 비슷하다면 문재인의 대항마로 양보를 요구할 수도 있을 겁니다. 그러나 목숨을 걸고 함께하는 결사 수준의 동지들이 안 보인다는 것과 누구를 대변해서 무엇과 싸우겠다는 것이 분명하지 않다는 것은 치명적 약점입니다. '안철수 현상'이라는 것이 곧 기성 정치권과 싸워달라는 요구였는데 싸워보지도 못하고 기득권에 굴복했다는 평가는 되돌리기 쉽지 않을 겁니다. 2012년에는 그가 한국 사회와 정치의 문제가 뭔지 안다는 것만으로도 충분했지만 2015년에는 그가 문제를 해결할 능력이 없다는 대중의 인식이 생겼습니다. 국민은 안철수에게서 지도자를 기대한 것이지 평론가를 기대한 것은 아니니까요. 국민과 당을 이끈다는 이미지가 필요합니다.

안희정 지사는 친노의 기반이 겹치는 문재인 대표의 위기가 온다면 기회를 잡을 수 있을 겁니다. 상대적으로 덜 알려진 후보라는 점도 오히려 돌풍을 일으키는 데 도움이 될 수 있습니다. 세 후보보다는 지지자를 결집시키는 선동력도 있어 보입니다. 그런 점은 확실히 노무현 대통령을 닮았습니다.(웃음) 지역기반도 있고요. 강준만(姜俊晩) 교수가 『싸가지 없는 진보』(인물과사상사 2014)라는 책에서도 썼습니다만, 안희정 지사는 '품성'이 좋다는 평을 받는 편이지요. 다른 후보들보다 젊기 때문에 다음에 해도 된다는 인식이 있을 수 있지만 사실 안지사도 2017년에는 50대 초반에서 중반으로 넘어가는 '좋은' 나이고 경쟁자들보다 정치적 경험은 더 많다고 볼 수도 있습니다. 다만 '운동권 학생'의 이미지는 극복해야 할 과제로 보입니다. 겸손한 것은 좋은데 젊은 정치인이 지나치게 조심스러운 점도 아쉽습니다. 그러나 야권의 대선후보 경선이 뜨거워진다면 그건 아마도 안희정 지사 때문일 것이라고 기대하고 있습니다. 김부겸 후보는 일단 대구에서 당선돼야 해서…(웃음)

선거에 나서는 모든 후보는 현역이거나 계승자이거나 도전자입니다. 하지만 한국은 단임제니까 대통령선거에서 현역은 없습니다. 여당 후보는 계승자 포지션이고 야당 후보는 도전자 포지션입니다. 도

전자 포지션의 야권 후보들은 캠페인에서 세가지를 증명해야 합니다. 첫째, 박근혜 대통령과 새누리당이 나라를 잘못 이끌어가고 있다, 그래서 정권을 교체해야 한다. 둘째, 내가 더 나은 비전과 리더십으로 대한민국을 이끌 수 있다. 셋째, 내가 더 경쟁력이 있다. 첫째는 야권 후보 모두의 공통과제지만 공격은 자기의 강점이 드러나는 방향에서 해야 하기 때문에 그 내용은 후보마다 다를 수 있습니다. 둘째와 셋째는 후보마다 차별이 분명히 드러나는 캠페인 목표인데 앞의 것은 국민을 상대로 하는 것이고 뒤의 것은 지지자를 상대로 한다는 차이가 있습니다.

정치캠페인의 전략적인 목표는 사람들이 무의식중에 가장 잘 받아들이는 캠페인 내러티브를 구성하는 것인데 영웅서사구조가 그런 것이죠. 여기, 강하고 무서운 적이 있다. 대중은 두렵고 불안하지만 힘이 없어 저항하지 못한다. 적과 싸워줄 것으로 기대했던 우리의 대표 정치인이나 경찰·군·검찰 등은 무기력하거나 적과 공범이다. 대중은 영웅을 기다린다. 이때 영웅이 나타나 적을 무찌른다. 대중은 영웅을 지도자로 따른다. 참고로 김영삼·김대중에게는 '군사독재'가 싸워야 할 적이었고, 노무현에겐 '지역주의'였고, 박근혜에겐 '종북'이었습니다.

백낙청 박근혜 대통령이 통진당을 해산한 것을 박대표 말씀처럼 영웅사관에 비추어보더라도, 영웅이 승리하기 전에는 그래야 마땅하겠지만 승리하고서까지 그렇게 해서 국정책임자로서 얻는 게 뭐냐 싶은데요…(웃음)

박성민 자신에 대한 지지가 출발하는 지점을 정확히 안 거죠. 대한민국 50대 이상이 가진 종북세력에 대한 두려움을 매섭게 꿰뚫어본 거예요. 야당 지도자들은 맞서 싸우려는 적이 없습니다. 싸울 적이 없다는 건 내가 누구를 대변하겠다는 게 없다는 뜻입니다. 어떤 대한민국을 만들겠다는 비전이 없다는 뜻이기도 하죠. 만약 진보진영이 정권교체에 실패한다면 이것 때문이라고 봐요. 보수세력은 명확한 적을 설정합니다. 왜 그것이 시대적 과제인지도 알고요.

백낙청 그 말씀을 들으면 오히려 전체적인 구도가 여당에 유리하고 여당에서 웬만한 후보만 내세우면 이길 것 같게도 들리는데 실제 어떻습니까?

정권교체의 흐름을 어떻게 밀고나갈 것인가

박성민 유권자의 흐름은 정권교체 쪽으로 보입니다. 그런데 야당과 야당의 지도자들이 그걸 주워담을 만큼은 아직 안되고요. 그럼에도 정권교체를 전망하는 이유는 여당도 별 뾰족한 후보가 없기 때문입니다. 박근혜가 강한 건 그는 보수의 분열을 막아냈고, 현직 대통령의 탈당을 요구하지 않으면서 차별화에도 완전히 성공했고, 고향이 TK와 충청도 두곳으로 인식된 아주 특이한 후보였기 때문입니다. 그런 후보는 보수 쪽에서 앞으로 나오기 힘들 겁니다.

또 하나 중요한 근거는 현직 대통령과 대척점에 선 사람이 차기 대통령이 될 가능성이 큰데 여당에서는 그렇게 하기가 어렵거든요. 박근혜가 대통령이 될 수 있었던 결정적인 이유가 바로 이명박 대통령의 대척점에 서서 야당의 역할까지 했다는 거죠. 대통령을 싫어하는 사람들은 '저 대통령이 밤에 편하게 잠을 못 잤으면 좋겠어. 내가 너무 화가 나는데 대통령이 밤에 편히 잠을 자면 더 화가 나'라고 생각하죠. 이때엔 대통령 밤잠 못 자게 하는 사람이 차기 대통령입니다.(웃음) 그런데 이명박 대통령의 밤잠을 설치게 한 유일한 사람이 박근혜였어요. 박근혜만 없으면 편하게 잘 것 같은데… 그러니까 박근혜가 정권교체 여론도 업고 가면서 이겼던 거죠. 지금 이 순간에 여당에 있건 야당에 있건 박근혜 대통령 인기가 떨어질 때 그의 대척점에 서서 정면으로 싸우는 사람이 차기 대통령이라고 봅니다. 그게 누구든지 말이죠. 그런데 그런 사람이 없지 않습니까.

백낙청 지금으로선 여당 안에선 김무성이 그런 존재 아니에요?

박성민 그걸 기대해서 뽑아줬는데 못하고 있죠. 청와대에 할 말 하는 '새로운 당청관계'를 약속해서 당대표로 뽑았더니 말 한마디 못하고 있는 거죠. 김무성·김문수·홍준표·정몽준, 이 사람들은 박근혜 대통령 지지를 받으려고 하는데 절대로 그렇게 하면 안됩니다. 절대적인 박근혜도 힘이 떨어지고 무너질 때가 옵니다. 살아 있는 권력에 할 말 하는 사람이 차기 대권주자로 부상할 겁니다. 야당도 지난 정권에서 그런 역할을 박근혜에게 뺏겨서 정권교체에 실패한 것 아닙니까? 또 그러면 안되는데 달라진 게 없어 보입니다. 노무현 대통령이나 박근혜 대통령이 전임자와 차별화에 성공해 '정권교체'의 이미지를 심어줬다는 사실을 놓치면 안됩니다.

백낙청 이제까지 대선 이야길 해왔는데요. 사실 대선의 중요 변수 중 하나는 국회의원선거 아닐까요. 특히 우리나라는 총선과 대선의 순서나 간격이 왔다갔다 하니까 총선이 대선 전에 있느냐 후에 있느냐, 또한 전에 있으면 얼마나 전에 있느냐 하는 게 중요한 변수 같아요.

전에는 상식적으로 얘기하기를 총선에서 이기면 오히려 국민들의 견제심리가 작동해서 대선에서는 불리하다고 했어요. 이런 얘기를 2012년 당시에도 하는 이들이 있었지요. 그때 다른 한쪽에서는 '그렇지 않다. 이번은 4월에 총선이 있고 바로 연이어 12월에 대선이 있기 때문에 그런 견제심리가 작동하지 않을 것'이라고 했는데 저는 이 말에 동의했어요. 첫째, 새누리당이 대선을 코앞에 둔 총선에서 이기면 국민들이 견제심리보다 안정심리가 작동해서 대통령도 새누리당에서 나와야 앞으로 국정이 원활할 거라고 생각할 듯했고요. 또 하나는, 이건 제가 『2013년체제 만들기』에서 이야기한 것인데, 이명박정부가 그렇게 인기가 없음에도 불구하고 야당이 진다면 '아, 이런 바보들을 믿고 무슨 나라를 맡기겠냐' 해서 총선에 지면 대선에 진다는 말도 했고요. 그러다가 정작 총선에 지고 나니까 그래도 대선에선 어떻게든 이겨야 하지 않나 해서 앞선 얘기를 주워담으려고 이런저런 애를 쓰기도 했지만, 결국은 원래 예측대로 갔거든요. 이번에는 지난번 대선보다는 총선(2016년 4월)과 대선(2017년 12월)의 간격이 조금 크긴 합니다. 그렇지만 박근혜 대통령의 지지율이 앞으로 별로 개선될 것 같지는 않은데, 그런 낮은 지지율 속에서 야당이 총선에서 또 진다면 대선 가서 어려워지는 거 아닐까요?

박성민 저는 대선과 총선의 상관관계는 없다고 봅니다.

백낙청 2012년에도 그랬다고 보시나요?

박성민 20년마다 비슷한 상황이 오는데 요. 2012년으로부터 20년 전이면 1992년 이죠. 당시 여당인 민자당이 3당합당 이 후 218석을 갖고 있었는데 그게 총선에 서 149석으로 떨어집니다. 그때 민주당 이 97석을 얻고 정주영(鄭周永)의 통일국 민당이 31석으로 돌풍을 일으켰는데요. 물론 나중에 민자당이 무소속을 받아들 여서 과반수는 채웁니다만 그해 대선은 여유있게 여당 김영삼의 승리로 끝났 죠. 지금 상황하고 가장 유사한 건 1996, 97년 상황입니다. 1996년 총선에서는 신 한국당이 승리했는데 1997년 대선에서 는 야당이 이겼습니다.

일단, 말씀드린 것처럼 총선과 대선 승리의 상관관계는 없어 보입 니다. 그것보다는 서울 승부가 중요합니다. 역사적으로 한반도는 한 강을 지배하는 사람들이 지배했기 때문에 여당이든 야당이든 서울 승부를 포기하면 안됩니다. 유력주자들을 서울부터 배치해야 합니 다. 옛날 양김은 그렇게 했거든요. 최고의 인물들을 다 서울에 출마 시켰죠. 1996년 15대 총선에서도 그랬죠. 그러니까 한강을 지배하고 서울·경기 쪽에서 확실한 우위를 점하면 대선에서 이긴다고 보고요. 단순히 의석 수나 표만 계산해서는 쉽지 않을 겁니다. 총선이 중요한 건 국민들이 봤을 때 '아, 저 사람은 정권을 반드시 찾겠다'라는 신뢰 를 주는 장이기 때문입니다. 그러니 명망있는 사람들이 떨어질 가능 성이 있더라도 45, 50퍼센트 승산이 있는 곳으로 턱턱 나가줘야 합니다. 안정적인 곳을 찾으려고 하면 끝난 거라고 보고요. 그런 승부를 보여주면 '역시 저 정당이 두번 지더니 국가경영을 정말 해보고자 하는 마음이 생겼구나'라고 생각하게 되죠.

백낙청 지금까지는 주로 양당을 이야기했는데 야권의 다른 당들은 어떻습니까. 정의당이라든가, 의석은 없지만 노동당이나 녹색당, 그리고 국민모임 같은 정당준비세력 등에 대해서도 말씀해주세요.

박성민 통진당 사태로 진보정당 전체가 큰 타격을 입었습니다. 큰 차이를 작은 차이인 양 생각하고 통합했다가 놀란 나머지 그뒤로는 작은 차이를 지나치게 크게 생각해서인지 당장의 연대는 요원해 보입니다. '노선 순결주의'에 빠져 있는 듯해요. 국민들은 차이도 잘 모르는데 말입니다. 다 합쳐도 될까 말까 한데 여러개 정당으로 쪼개져 있으니 솔직히 총선 전망은 밝지 않습니다. 여기에다 정권교체를 바라는 야권 지지자들의 열망까지 고려하면 솔직히 말해 진보정당은 총선과 대선 모두에서 전망이 어둡습니다. 비례대표의 확대나 권역별 비례대표제 같은 선거제도 변화에 기대하는 것 같은데 제 생각은 중대선거구제가 아니면 진보정당의 미래는 어두워 보입니다.

75퍼센트와 51퍼센트의 민주주의

백낙청 말씀을 들으니, 2016년 총선에서도 야당이 꼭 과반수를 해야한다든가 또 새누리당보다 반드시 의석 수가 많아야 한다기보다도 어떻게 선거를 치르느냐는 게 더 중요하겠군요.

시간이 많이 지났으니 마지막으로 아까 말씀하신 민주주의의 마지막 단계 혹은 제2단계, 갈등관리 등 미진한 부분에 관해 말씀해주세요. 박대표의 『정치의 몰락』을 보니 '75퍼센트의 민주주의를 하자'고도 하셨더군요. 제2장에서는 '보수의 몰락'을 얘기하셨는데 그걸 읽으면서 '아, 이 분이 내가 『2013년체제 만들기』 쓸 때 지나친 낙관에 빠져 있었듯이 ── 그때가 서울시장 보선에서 박원순이 이기고 난 직후잖아요 ── 마찬가지로 낙관하고 있었구나' 하는 생각도 들던데요.(웃음)

어쨌든 75퍼센트의 민주주의라는 꿈은 우리가 꿔봄직하다는 생각이 듭니다. 다만 지금 우리에게 시급한 것은 2017년 대선에서 51퍼센트라도 얻어서 이기는 거고요. 여기서 '우리'라 하면 반대진영에서는 안 좋아하겠지만… 어쨌든 야권에서 본다면, 또한 한국의 민주주의라는 관점에서 본다면, 한번 더 정권교체를 이룩하는 게 중요하겠죠. 그것도 안된 상황에서 75퍼센트의 꿈이라는 게 좀 과하지 않나 하는 생각도 들어요.(웃음)

박성민 한국사회가 갈등이 많은 사회고, 자기 대표를 못 가진 사람들이 점점 많아지는 추세입니다. 4당 정도가 경쟁하는 체제가 되면 지금보다는 무조건 나아질 거라고 봅니다. 노태우·김영삼 정부 때를 돌아보면 서너개 당이 경쟁해서인지 정치가 잘 돌아갔거든요. 제가 75퍼센트 민주주의를 제안한 이유는 갈등을 줄이고 승복을 이끌어내기 위해서입니다. 우리는 51:49가 되면 승복을 안합니다. 60:40은 큰 차이인데 이때도 역시 흔쾌히 승복 안합니다. 66:34는 어떨까요? 다시 말해 세명의 친구가 함께 점심 먹으러 가는데 두명이 짜장면 먹자고 해도 나머지 한명이 자기는 죽어도 김치찌개 먹어야 한다고 우기면 그것도 생각보다 쉽지 않습니다.(웃음) 그런데 한명의 친구가 합세해서 3:1의 구도가 되면 힘의 균형이 현저히 무너지기 때문에 쉽게 정리가 됩니다. 그래서 75퍼센트를 얘기하는 겁니다.

실제로 금융실명제(1993) 찬성 여론과 대통령 탄핵(2004) 반대 여론이 75퍼센트 정도 되니까 그 상대편이 승복하게 되고 조용해졌습니다. 4당체제가 되면 한미FTA나 무상급식 같은 이슈도 싸우지 않고 세 당이 힘을 합쳐 통과시키게 될 겁니다. 제가 대통령 결선투표제를 오래전부터 주장해온 이유도 같습니다. 박근혜 대통령이 1987년 이후 처음으로 50퍼센트를 넘겼지 그 전의 모든 대통령은 과반을 얻지 못했습니다. 심지어 노태우 대통령은 36.6퍼센트로 대통령이 되었습니다. 정통성이 약할 수밖에 없죠. 볼리비아식 결선투표제도 좋습니다. 1위 후보가 40퍼센트를 넘고 2위와 득표율이 15퍼센트 이상 나면 결선투표를 안하는 겁니다.

국회의원선거에서 중대선거구제를 주장하는 이유도 마찬가지입니다. 유권자의 75퍼센트가량이 자신이 투표한 대표자를 뽑을 수 있게 되니까요. 지금은 진보정당을 지지하는 유권자의 표가 지역에서는 거의 사표가 됩니다. 농촌에서는 어쩔 수 없이 소선거구를 유지해야 하는 상황도 있을 테니 소·중·대 복합선거구제를 하자는 겁니다. 저는 한 선거구에서 두명을 뽑는 중선거구제는 절대 반대합니다. 그건 양당의 기득권만 강화시키게 될 가능성이 큽니다. 예컨대 고양이나 성남, 수원에서는 단일 선거구로 하고 4~5명씩 뽑는 겁니다. 그러면 거대 정당도 2명 정도만 공천할 수밖에 없습니다. 그 이상은 표 분산 때문에 위험하니까요. 진보 후보들은 한명씩 공천한다면 많은 당선자를 낼 수 있습니다. 권역별 비례대표제는 연방국가에나 어울리는 제도입니다. 석패율제(지역구 선거에서 적은 표차로 낙선한 후보를 정당별 배분율에 따라 비례대표 국회의원으로 당선될 수 있도록 하는 제도—편집자)도 저는 반대합니다. 저는 비례대표는 없애도 된다고 생각해요. 모든 정치인은 지역현장에서 정치를 하는 게 좋다고 봅니다. 여러명의 의원이 지역의 문제를 함께 책임지기 때문에 부담도 줄어들 것입니다.

그러나 무엇보다 제가 중대선거구제를 주장하는 것은 그것이 3당 합당으로 기형적으로 태어난 보수정당을 재구성할 수 있기 때문입니다. 한국 정치가 발전하려면 야권이나 진보의 재구성이 그 핵심이 아닙니다. 보수정당을 어떻게 재구성하느냐가 관건이죠.

백낙청 동감입니다. 그 점에서 저는 2017년 대선이 참 중요하다고 생각해요. 말씀하신 것처럼 대통령 권력을 저쪽에서 놓치게 되면 수구·보수 카르텔의 균열이 생기는 게 있고요. 또 하나는 새로 들어서는 개혁정부가 아주 무능해서 죽을 쑤지 않는 한, 현 정부처럼 남북대결을 강화하고 국내에서 종북몰이를 해서 지지세력을 결집하려는 일은 없을 거예요. 왜냐하면 그건 개혁 지지세력의 뜻이 아니니까. 그러면 이게 단순히 남북관계에만 해당되는 일이 아니고 국내에서 온갖 개혁을 할 때 지형이 달라질 거예요. 언젠가는 75퍼센트 민주주의까지 가야겠죠. 하지만 당장에는 51퍼센트라도 하는 게 급선무라는 거지요.

시간이 많이 지났으니 마지막으로 마무리 겸해서 말씀해주시지요.

박성민 한국의 정당정치가 갑자기 잘될 일은 없고, 정치인들의 역량이 갑자기 강화될 일도 없고, 민주주의가 하루아침에 발전할 것 같지도 않습니다. 관료·대기업·법조의 힘이 갑자기 약해질 것 같지도 않고요. 그러면 역시 기대할 수 있는 건 대통령 잘 뽑는 겁니다.

대한민국은 역시 대통령이 여전히 힘을 갖고 있고 대통령이 어떻게 하느냐에 따라 전체적인 개혁의 방향도 결정되는 나라입니다. 대선에서 야당 후보들이 개혁과제를 사전에 분명히 하고 국가개조를 위한 담대한 포부와 준비를 갖춘다면 유권자들이 한번은 그래도 맡겨볼 의향이 있는 것 아닌가 싶습니다. 경제문제는 이미 전세계적 문제기 때문에 어느 한 대통령이 떠든다고 되지 않는다는 건 국민들 사이에서 어느정도 학습된 것 같습니다. 다만 대선이기 때문에 북한문제에 대한 확실한 독트린이 없다면 쉽지 않을 것입니다. 그것만 해결한다면 가능성이 있습니다.

백낙청 오랜 시간 좋은 말씀 감사합니다.

책을 마무리하며

백낙청

'기획의 말'과 서장에 거듭 나오듯이 이 책은 1년 전의 세월호사건에 대한 내 나름의 반응에서 출발했다. 사실 나는 애도의 현장에서건 진실규명을 위한 싸움에서건 별다른 역할을 못했다. 사회적 발언도 '2013년체제' 만들기의 실패 이래 가급적 자제하고 있었다. 그러나 4월 16일과 뒤따르는 나날의 어이없는 참상을 보면서 나 또한 가만 있지는 말아야겠다는 생각을 하게 되었다.

그러나 무엇을 할 것인가? 수많은 사람이 제기한 이 질문을 떠올리며 우선 내가 그나마 낫게 할 수 있는 일을 해보기로 마음먹었다. 그래서 2014년 9월 세교연구소의 세교포럼에서 '대적공·대전환'을 주제로 일단 구두발표를 했고 이어서 『창작과비평』 겨울호에 비교적 긴 글을 썼다. 후속 대담을 진행하여 단행본을 낸다는 구상도 그때부터 하고 있었다.

드디어 책이 나오게 되었지만 '그런다고 세상을 얼마나 바꿀 건가'라는 의문을 품어봄직하다. 세월호사건 1주년을 맞으면서 '그동안 아무것도 바뀐 것이 없다'는 비탄의 소리가 여기저기서 들려오기도 한다. 정말 아무것도 바뀌지 않았고 앞으로 바뀔 전망도 없는 것인가.

나는 '세상'이 얼마나 바뀌었나, 바뀔 수 있나를 묻기 전에 나 스스로 얼마나 바뀌었고 바뀔 수 있을지를 묻는 것이 순서라는 생각이다. 다음으로 주위에 바뀐 것이 있다면 어떤 것이 있는지 찬찬히 살필 일이다. 그리고 두 질문에 모두 '아무것도 안 바뀌었다'는 답이 나온 게 아니라면, '그런데도 세상 전체는 왜 이다지도 안 바뀌나'를 묻고 끈질기게 파고들어야 할 것이다.

'세월호 유가족 육성기록'『금요일엔 돌아오렴』(416 세월호참사 시민기록위원회 작가기록단 씀, 창비 2015)에서도 확인되듯이, 참사가 가장 아프고 어이없었을 유가족들 자신에게 일어난 삶의 변화는 2014년 4월 15일에 살아 있던 자식들이 4월 16일 이후 갑자기 사라졌다는 것만이 아니다. 그들이 비탄 속에서도 각기 자기 방식으로 삶을 이어가면서 우리가 어떤 세상에 살고 있는지를 새로 깨닫고 결연히 뜻을 세워 싸워나가는 모습들이 생생하다. 그런 분투에도 불구하고 세월호사건의 진상규명이 전혀 이루어지지 않기에 '아무것도 바뀐 게 없다'는 분노의 탄성이 나오는 것이다. 하지만 이렇게 힘든 싸움을 해내면서 아직 목표를 이루지 못해 터뜨리는 탄식의 소리와 스스로 별다른 변화를 이룩하지 않은 채 세상을 탓하며 체념하는 목소리는 엄연히 다르다.

유가족뿐 아니라 세상 곳곳에 가슴 울리는 변화가 일어나고 있음에도 정치가 안 바뀌고 사회의 큰 틀에 변화가 없는 것은 사실이다. 그러나 이는 단지 타성 때문이 아니고, 낡은 틀을 지키려는 세력들의 적극적이고 간교한 작용이 있기 때문이다. 세월호 특별법 제정을 위한 힘겨운 투쟁과 미흡한 대로 그나마 만들어낸 법률마저 무력화시킬 시행령을 제정하려는 행태야말로 그 생생한 증거가 아닌가! 여하튼 아직도 더 많은 적공이 필요한 형국임이 분명하다. 동시에 정성껏 쌓은 공은 당장에 사회의 큰 전환을 이루어내지 못하더라도 결코 사라지지 않고 대전환의 날을 향해 나아가는 위력이 됨을 잊어서도 안될 것이다.

이 책이 과연 그런 지성스러운 적공에 해당되는지는 나로서 장담하기 어렵다. 서장의 글만 해도 여러 단계의 준비와 의견수렴을 거쳐 열심히 쓰기는 했지만 처음부터 허점이 적지 않았고, 이번에 연속대담을 마친 안목으로 교정지를 읽었을 때 그 부족함이 더욱 눈에 띄었다. 그러나 여러 대담자로부터 가르침을 얻은 상태로 다시 보아도 아예 망발에 해당되는 대목은 없어 보이기에 별다른 수정 없이 서장으로 삼았다. 대화상대들이 본서 게재 이전에 공통으로 읽은 글이라는 사실도 본격적인 수정 시도를 생략한 또다른 이유였다.

7명의 대담자(정확히 말해 interviewee)는 모두 자기 분야에서 적공해온 분들임은 독자들도 인정하시리라 믿는다. 그러나 같은 분야의 전문가로서 다른 의견을 가진 경우도 응당 있을 것이며, 분야 자체가 다뤄지지 못한 사례도 많다. 얼핏 꼽아보더라도 지방의 소생과 발전이라는 오늘날 한국사회 절체절명의 과제가 빠졌으며, 그밖에 국제정치와 외교, 문화와 예술, 과학과 기술, 언론상황, 종교계의 현실과 책무 등 너무나 많은 영역이 누락되었다. 하지만 어차피 세상사는 주어진 시간과 능력의 제약 속에서 진행될 수밖에 없으니 그런 조건에서 각자가 최선을 다했고 8인이 '함께 적공'했다는 사실에 큰 보람을 느낀다. 동참해주신 일곱분에게 깊은 감사를 드린다.

책이 나오기까지 기획팀 세분의 이바지가 남달랐다. 정현곤형은 원래 나의 「'2013년체제'를 준비하자」 발제의 현장이 된 2011년 3월 시민활동가대회의 조직자로서 세월호사건 이전부터 나의 새로운 발언을 졸라오다가 4·16 이후 내가 마음을 돌리자 대담집의 기획과 섭외에 열성적으로 기여했다. 창비사 쪽에서는 염종선 이사가 초기부터 함께하며 출판의 가닥을 잡아주었고, 인문사회출판부의 박대우 팀장은 기획에 동참할뿐더러 녹취록 정리와 교정 등 편집실무를 도맡았다. 모두에게 감사한다.

아울러 관심과 논평을 통해 나의 작업을 북돋아준 창비와 세교연구소 안팎의 여러 동학들에게도 고마움을 전한다.

2015년 5월

백낙청이 대전환의 길을 묻다
큰 적공을 위한 전문가 7인 인터뷰

초판 1쇄 발행/2015년 5월 8일
초판 2쇄 발행/2015년 6월 18일

지은이/백낙청 외
펴낸이/강일우
책임편집/박대우
펴낸곳/(주)창비
등록/1986년 8월 5일 제85호
주소/413-120 경기도 파주시 회동길 184
전화/031-955-3333
팩시밀리/영업 031-955-3399 편집 031-955-3400
홈페이지/www.changbi.com
전자우편/human@changbi.com

ⓒ 정대영·이범·김연철·김영훈·안병옥·조은·박성민·백낙청 2015
ISBN 978-89-364-8595-5 03300